清代琉球官话课本新探

——对于“得”“替”“给”多功能性的考察

王　琳　著

南開大學出版社

天　津

图书在版编目(CIP)数据

清代琉球官话课本新探 ：对于“得”“替”“给”多功能性的考察 / 王琳著. —天津：南开大学出版社，2021.1

ISBN 978-7-310-06054-2

Ⅰ. ①清… Ⅱ. ①王… Ⅲ. ①汉语－语法－研究－中国－清代 Ⅳ. ①H146

中国版本图书馆 CIP 数据核字(2021)第 004832 号

清代琉球官话课本新探——对于“得”“替”“给”多功能性的考察
QINGDAI LIUQIU GUANHUA KEBEN XINTAN
——DUIYU “DE” “TI” “GEI” DUOGONGNENGXING DE KAOCHA

南开大学出版社出版发行
出版人:陈　敬
地址:天津市南开区卫津路 94 号　　邮政编码:300071
营销部电话:(022)23508339　营销部传真:(022)23508542
http://www.nkup.com.cn

北京君升印刷有限公司印刷　全国各地新华书店经销
2021 年 1 月第 1 版　　2021 年 1 月第 1 次印刷
230×155 毫米　16 开本　15 印张　216 千字
定价:45.00 元

如遇图书印装质量问题,请与本社营销部联系调换,电话:(022)23508339

前　言

“琉球学”在日本为显学，对琉球官话系列课本的研究是“琉球学”中的核心课题之一。将在海外发现的珍贵语料与汉语史、汉语方言结合起来进行语法研究，是目前汉语语法领域最受瞩目的研究课题，也是现代汉语语法和汉语语法史中值得开发的处女地。关于“得”“替”“给”的研究成果可谓汗牛充栋，但由于清中叶南方性质语料的缺乏，学界对一些问题的认识还有待进一步加强，而且从类型学视角考察多功能语义的成果还比较少见。

基于此，本书选择海外珍藏文献琉球官话课本中“得”“替”“给”及相关问题作为研究对象，试图借鉴类型学、语义地图、语法化、语言接触等理论，采用共时描写与历时比较相结合、定量考察与定性分析相结合的方法，以琉球官话课本中的“得”“替”“给”及相关的能性范畴、与事范畴、给予-使役-被动范畴的表现为出发点，以相关范畴在同时期不同地域色彩文献中的使用情况为横向线索，以汉语史上的历时地域表现为纵向线索，以汉语南方方言、壮侗语族诸语言、苗瑶语族诸语言与汉语北方方言、阿尔泰语系诸语言的类型差异为平面，形成“点线面”结合的“波状”扩散型面貌。将与“得”“替”“给”相关的三种范畴置于现代汉语南北方言及少数民族语言的类型学视野中观照，在语义地图上显示南北类型上的分布特征，进而得出汉语南方方言、壮侗语族、苗瑶语族与汉语北方方言、阿尔泰语系诸语言的类型差异，这对于研究近代语法向现代语法的过渡演变、现代汉语语法自身的演变、“官话”的性质、对外汉语教学史、拓展语义地图模型理论应用领域、丰富语言类型学研究等，均有重要的意义和价值。

本研究得出的主要结论如下：

第一，再次印证了琉球官话课本具有“南方官话”性质。因为有些近代汉语的语言现象不再发展演变，而在南方方言中得以沉积，通行于当今的南方地区，且从南向北呈现出地域特征逐渐淡化之态势，琉球官话课本中的“得”“替”“给”即如此。在找出琉球官话课本系统内部“得”“替”“给”共同点的基础上，与同时期体现共同语的北京官话、中原官话、江淮官话语料中的同类现象进行对比，并从历时的地域性角度加以分析，从而再次印证了琉球官话课本的南方地域特征。

第二，上述三大范畴在南北方言及少数民族语言中存在类型差异。琉球官话课本和南方方言与“得”“替”“给”相关的能性范畴、与事范畴、给予-使役-被动范畴的表现与南方少数民族语言类型上的一致、与北方方言及阿尔泰语系诸语言在表现类型上的分野，为学术界趋向从语序类型学角度观察汉语事实提供了一种语义类型的新视角。

第三，普通话兼具“最大公约数”与“最小公倍数”的性质。本书重视琉球官话课本与背景方言现代表现的沟通研究，在充分论证“南方官话”性质的基础上，提出现代汉语普通话兼具汉语诸方言表现的“最大公约数”与“最小公倍数”的性质。

第四，提出了一些新的看法。在对琉球官话课本“得”“替”“给”及相关语法范畴进行深入研究的基础上，本书力图打通古今，对汉语上述三大范畴研究中存在的尚未得以很好解决的问题进行探讨，对一些模糊失误之处加以梳理澄清，以求以点带面对整个汉语相关范畴的研究有所促进。由于利用了琉球官话课本的第一手语言材料，本书对汉语历时发展研究中一些不够全面、准确的描述进行了补充、修正，如论证了与事介词“替”表与事范畴三大关系之间的演变关系是“受益—指涉—相与”而非其他；对两种版本《人中画》的比照，为使役二分的合理性及必要性提供了文献证明，并对使役—被动的关系提供了补充材料；对一些不合乎客观事实的论断也提出了质疑，如有学者认为“我唱给你听”是个使役句式，但我们基于琉球官话课本的语料及南方方言、少数民族语言的事实，发现这类句式有地域特征——多在南方使用，北方则较少使用，并且“给”（或与“给”同形的给予动词）字可以省略的事实说明它并非使役动词，而仍是弱化动词。

最后，汉语自身发展的演变是内因，和其他语言的外部接触是外因，内因机制决定了汉语的发展性质及方向，但是外因也通过内因对汉语的演变起到了推波助澜的作用。本书基于琉球官话课本三大范畴的表现形式，考察南北方言古今的类型差异，同时考察三大范畴在现代南北少数民族语言中的类型差异，并在语言事实的基础上，得出三种范畴表现的类型差异有着深厚的底层原因或接触影响的结论。将语法范畴的共时类型与历史、语言接触等因素综合在一起考虑，可以为汉语自身的演变或发展提供线索。例如，在找出南北方言表达与事范畴存在类型差异的基础上，本书结合调查到的语言事实，认为南方方言与事范畴的表达主要体现了汉语内部自身发展的延续，而汉语普通话、北方方言与事范畴的表达也许不只是语言其内部发展的必然结果，而可以从它与阿尔泰语系诸语言的接触中寻找到更为合理的解释。

本书的研究工作得益于下述项目的支持：中山大学中文系博导李炜教授主持的国家社科基金重大项目“海外珍藏汉语文献与南方明清汉语研究”，国家社科基金项目“清代琉球官话系列课本语法研究”，本书作者主持的“中山大学优秀博士论文培育项目”以及“中山大学优秀研究生导师逸仙创新人才培养计划”。在开展研究的过程中，本书部分章节内容已相继发表在《中国语文》《汉语学报》等期刊上。

王　琳

2018 年 4 月

目 录

第1章 绪 论

在介绍琉球官话课本之前，有必要对琉球国与中国的关系做一简要说明。琉球（15世纪以前的明代初期为中山、山南、山北三国，1429年中山将三国统一，建立琉球王国）是古国名，即当今的冲绳地区，位于日本九州岛与中国台湾之间。明清时期曾是中国的藩属国，接受过中国的册封，并常年向中国朝贡，双方的关系保持了500年之久。在这期间，琉球人民为了与中国交往，学习中国的文化和技术，对汉语的需要变得迫切。因此，琉球国向中国派遣官生（官费留学生）、勤学（自费留学生）学习汉语和汉文化。在这样的时代背景下，出现了琉球官话课本。

1.1 选题背景及研究对象

1.1.1 选题背景

琉球官话课本是清代琉球国人学习汉语官话的课本，目前所见的5种琉球官话课本分别为：《官话问答便语》（以下简称《官》）、《白姓官话》（以下简称《白》）、《学官话》（以下简称《学》）、《广应官话》（以下简称《广》）和琉球写本《人中画》（以下简称琉本《人》）。由于《广》是一本分类语汇集，主要内容是关于“天文、时令、地理、公室”等30个门类的语汇，因此暂不把它列入我们的研究范围。

琉球官话课本有很多版本，在诸多版本中，较为完善的是日本天理大学附属图书馆收藏的手抄本，其中会话课本的手抄本有《官》《白》

和《学》，这三种课本编排体例均采用问答的形式。《官》和《学》是以琉球人在福州的各种场景对话为内容编成的会话课本，主要是琉球国的进贡官员、官生、勤生等与中国福州官员、先生、商人、医生的会话记录。而《白》则是一本故事性会话课本，叙述山东登州府商人白瑞临、瞿张顺等人雇船去江南卖豆子，途中遭遇台风，幸遇琉球国王、地方官员和通事（即翻译）的热情接待，一年后返回福州的故事，主要是中国难民与琉球当事官员（主要是通事）的会话记录。作为阅读课本的琉本《人》是一部总计 16 回的拟话本小说，包括 5 个故事——《风流配》《自作孽》《狭路逢》《终有报》《寒彻骨》。据李丹丹（2008）的研究，琉本《人》可能是作为琉球官话课本的阅读课本来使用的，其母本是早于琉本《人》一个世纪的清代拟话本啸花轩本《人中画》（以下简称啸本《人》）。

琉球官话课本的编写年代主要是 18 世纪，据濑户口律子、李炜（2004）的考证，《官》作于 1703 年或 1705 年；《白》作于 1750 年；《学》作于 1797 年。琉本《人》的语言特点与《白》非常相似，其改写年代应与《白》的编写年代（1750 年）相近（李炜、李丹丹，2007）。

“琉球学”在日本为显学，琉球官话系列课本是“琉球学”中的核心课题之一。琉球官话系列课本中的语料是近年在海外发现的极其珍贵的汉语清代官话语料，它的价值绝不在清本《老乞大》《朴通事》之下，它对汉语方言（官话）史的研究具有重大意义。琉本《人》的语言性质呈现出早期现代汉语的面貌，继承了来自其母本系统（啸本《人》）的部分江淮官话特点，吸收了部分福州方言特点，与南方多种方言整体上高度对应（李丹丹，2008），反映的是早期现代汉语“南方官话”的语言。朱德熙（1985）曾说：“就我国国内来说，研究现代汉语的人往往只研究普通话，不但不关心历史，把方言研究也看成隔行，画地为牢，不愿越雷池一步。这不管对本人说，还是对学术发展来说，都不是好事。”事实上，如今把在海外发现的珍贵语料与汉语史、汉语方言结合起来进行语法研究，这在目前的汉语语法研究领域，是最受人瞩目的。

琉球官话课本的语言学价值有以下几个方面值得我们关注：

首先，从语言发展史的角度来看，语言的发展变化是流动的，处在一个连续统中。连续统的关节点（临界点）在流动发展的过程中具有重大的意义。梅祖麟（1998）曾经谈及，目前的汉语语法史，很大程度上是在研究官话方言的语法演变，因为我们看到的各时代汉语文献，基本上都是对各个时期的北方官话的记录。但是，有些语法成分的演变过程和结果，以及语法化呈现出的阶段性特征，不一定都能在北方汉语里得到反映。琉球官话系列课本既有时间上的连续性，又具有共同的南方方言色彩，它们的时间跨度在18世纪初至18世纪末，这个阶段正是现代汉语的萌芽期和发展初期，在汉语发展史上也是关键的转折时期，我们对其进行研究，可以为近代语法向现代语法的演变流动过程提供有价值的参考，十分有利于我们对早期现代汉语的状况有更清晰的认识。同时，琉本《人》和其母本啸本《人》，为我们的研究提供了跨度近一个世纪的珍贵语料参照，更有利于我们观察100年来这些语法现象的发展变化。在这方面李丹丹（2008）已做过较为全面细致的考察，但仍有进一步研究的空间，如本书要考察的三大范畴。

其次，从琉球官话课本体现的“地域性”来看，琉球官话课本体现的“南方官话”在某些语言特征方面与闽、吴、粤、客四大南方方言存在一定的平行对应关系，而与《老乞大新释》《重刊老乞大谚解》构成的北方官话、以《红楼梦》等为代表的北京官话、以《歧路灯》为代表的中原官话等形成对立的关系。

再次，从琉球官话课本的“超地域性”[①]（李丹丹，2008）来看，琉球官话课本的“南方官话”是四大南方方言在官话层面的投射，而并非一时一地的方言。因此，琉球官话课本的某些语法现象体现的是四大南方方言的共性特征，研究琉球官话课本的“南方方言色彩”亦即研究与北方话相对的南方方言共同特征。

总之，该研究领域是现代汉语语法和汉语语法史中值得开发的新课题，对于探讨近代语法向现代语法的过渡和演变、现代汉语语法自

①“官话”既具有“超地域性”又具有“地域性”（李丹丹，2008）。地域性和超地域性并不矛盾，琉球官话课本所体现的南方官话与其他官话相比时的对立性是其地域性的表现，而在与南方方言相平行的对应性上则体现的是“超地域性”。

身的演变、方言对官话的影响、南方对外汉语教学史等均有重大的意义和价值。且琉球官话课本字数之多（《官》《白》《学》各 2 万余字，琉本《人》约 12 万字），形式之多样（会话形式、讲述形式、小说故事形式），为我们充分而全面地描写语法参项的特点及自身语言系统的演变情况提供了更丰富的语料。

吕叔湘（1990）在为 1982 年版的《中国文法要略》撰写的“重印题记”中提到：“语法书可以有两种写法：或者从听和读的人的角度出发，以语法形式（结构、语序、虚词）为纲，说明所表达的语法意义；或者从说和写的人的角度出发，以语法意义（各种范畴、各种关系）为纲，说明所赖以表达的语法形式。这两种写法各有所长，相辅相成，很难说哪一种写法准比另一种写法好。”汉语是一种缺乏狭义形态变化的语言，表达语法关系的主要手段是虚词和语序，很多学者对语言类型学的关注集中于语序等形式方面的参项。如桥本万太郎（1985）认为语言结构地域上的推移是历史演变的层次投影，他将语言句法结构的类型与地理、历史相结合，目的在于把语言区域性上的推移当作历史演变的反映。桥本万太郎（1985）、张振兴（2003）等认为整个南方方言类型上更接近 SVO 型，而北方汉语方言则有 SOV 型的倾向。“如果早期汉语是 SOV 型……北部和西部一些方言仍保留着 SOV 型语言最重要的特征之一，即宾语前置于谓语之前。现代汉语多数方言 SVO 语序是后来发展演变的结果，这个发展演变显然受到了汉藏语系、壮侗语族和苗瑶语族诸语言的深刻影响。如果早期汉语是 SVO 型，……多数现代汉语方言 SVO 语序是历史发展的直接继承，或者说古今汉语在语序类型方面就未曾有过强烈的变化。至于北部某些方言有宾语前置的特点，或者某些 SOV 型的特征，那是受到藏缅语族或阿尔泰语系诸语言影响的结果。”进而得出“现代汉语南北方言在语序类型上的差别，可能反映了早期南北汉语的来源不一样，南方某些汉语方言是早期南部汉语发展演变的结果”（张振兴，2003）这一结论。本书的研究不打算纠结于语序类型形式上的差异；受吕叔湘前述思路的启发，鉴于汉语的不发达形态特点，本书将研究视角转移到语义范畴在南北表现的类型差异上来，主要选取虚词参项作为标准，从另一个角度——

虚词代表的语法范畴入手，分析同种语法范畴表现形式在南北地域的类型差异，根据汉语自身的特点与规律，对尚未发现的语法特点进行挖掘，这也是本书的一个显著特色之一。

1.1.2 研究对象

本书的研究对象是日本天理大学图书馆收藏的四种“琉球官话课本”中具有多种功能的词（学界亦称“多功能词”）——“得”“替”“给”及其相关问题。

琉球官话课本中的“得”有实义动词、助动词、结果补语、动相补语、动态助词、状态/程度补语标志、能性补语、能性补语标志等多种用法;“替”可以通表受益关系的受益义、意志义，相与关系的交互义、协同义、等比义、关联义，指涉关系的顺指义、逆指义等三大类关系中的八小类意义;“给”可以表示给予、使役、被动义。这些多功能词及相关的语法范畴体现出与南方方言、南方少数民族语言的一致性，以及与北方方言和阿尔泰语系诸语言的差异性。

1.2 研究现状

1.2.1 琉球官话课本的研究现状

过去对琉球官话系列课本的研究主要集中在版本及相关历史方面。就课本语言本体而言，也主要集中在语音、词汇等方面，而对课本中的语法现象还未展开系统而深入的研究。也正因为如此，人们便无法对琉球官话课本的性质建立正确的认识，而且，整个琉球学界中多为日本和中国台湾学者，鲜有中国大陆学者的声音。

目前琉球官话课本的域外研究者主要是日本学者，如佐藤晴彦、濑户口律子、木津祐子等人[①]。对琉球官话课本的介绍性文章有:《白

① 详见李丹丹（2008）绪论及参考文献。

姓官话全译》(『白姓官話全訳』，瀬户口律子，1994a)、《琉球官话课本研究》(瀬户口律子，1994b)、《学官话全译》(『学官話全訳』，瀬户口律子，2003)、《日本琉球的中国语课本〈广应官话〉》(瀬户口律子，1996)、《基于汉语资料的琉球语研究与基于琉球资料的官话研究》(『漢語資料による琉球語研究と琉球資料による官話研究について』，石崎博志，2001)、《清代乾隆年间琉球久米村通事的学门和官话》(木津祐子，2007)；专门涉及不同藏书版本比较、校对的有：《〈白姓官话〉两个版本间的比较》(『白姓官話』两种における比较，瀬户口律子，1992)，《赤木文库藏〈官话问答便语〉校》(木津祐子，2004a)，涉及语音方面的文章有：《关于琉球官话集的反切》(『琉球官话集の反切について』，矢放昭文，1982)，《从〈新刻官话汇解释义音注〉到〈新刻官话汇解便览〉》(『「新刻官話匯解釋義音注」から「新刻官話匯解便覽」へ』，木津祐子，2001)；涉及词汇、语法方面的文章有《琉球官话课本〈广应官话〉的语言》(『琉球官话课本「广应官话」の言语』，瀬户口律子，1994c)、《琉球官话课本的言语——课本中的福州话》(『琉球官话课本の言语—课本の中の福州话』，瀬户口律子，1994d)、《琉球〈官话问答便语〉及其语言的考察》(瀬户口律子，2008)、《琉球编纂的汉语学习书中的“未曾”“不曾”“没有”——出现差异的原因》(『琉球编纂の唐话课本に见る「未曾」「不曾」「沒有」—その課本間差異が意味すること』，木津祐子，2004b)、《清代福建的官话——以琉球官话课本的语法特点为例》(木津祐子，2004c)等。

值得一提的是瀬户口律子(1994b)的《琉球官话课本研究》一书，首先介绍了琉球国和中国的关系，其次介绍琉球官话课本的基本情况，然后分章谈《官》《学》《白》的语音、词汇和语法现象，后附三种琉球官话课本的语料，为中国大陆学者研究琉球官话课本提供了方便。她认为琉球官话课本受到闽方言(特别是福州话)的影响；中国学者李炜、李丹丹(2007)等则认为其语言的性质并非一时一地之语，而是各大南方方言在官话层面的投射——“南方官话”。我们认为这样的界定更有科学和语言事实上的依据。

除了域外的学者，对琉球官话课本的语法研究做出较为突出贡献的国内学者有李炜（2002，2004，2007，2008）及其博士生李丹丹（2007，2008）。李炜曾与濑户口律子合作对琉球官话课本中有特色的表使役、被动义的“给”做过研究（李炜、濑户口律子，2007），并和李丹丹一起，从版本、语言特点的角度考察了《人中画》琉球写本的来源和改写年代，将琉球官话课本与同时期北方官话作品“清本老乞大”进行了比较，发现二者存在一系列差异；又将其与闽、吴、粤、客等方言材料进行了对比，发现它们之间存在许多对应关系（李炜、李丹丹，2007）。

李丹丹（2008）的博士学位论文《清琉球官话课本〈人中画〉语法研究——兼论“南方官话”及其相关问题》，在掌握较为全面的国内外相关文献资料的基础上，运用历时语法与共时语法相结合的方法、语言类型学的方法、功能语法的方法、社会语言学的方法等，对日本天理大学馆藏琉球官话5种课本中的《人中画》（简称“琉本”）与代表其母本系统的啸花轩本《人中画》进行历时语法比较，证明了早期现代汉语的上限应为18世纪中叶，并提出23条18世纪中叶的语法特征作为文学作品断代的标准；对琉本与同时代的北方官话作品、南方方言作品、其他琉球官话课本等进行共时语法比较，证明了琉本的语法特征与北方官话、江淮官话等之间存在一系列的语法差异，而与南方闽、吴、粤、客四大方言之间存在整体的语法对应，从理论层面上将琉球官话课本的语言定性为“南方官话”——闽、吴、粤、客四大南方方言在“官话”层面上的投射①。

过去的域外学者及国内学者对琉球官话课本的语言虽有一定的研究，但专项的深入研究较少。李炜关于琉球官话课本的上述系列学术论文及李丹丹的学位论文，在琉球官话课本语法方面（包括对其年代考证方面）的研究已取得极大的突破，基本上明确了琉球官话课本的语言性质，这对整个“琉球学”的研究起到了整体推进的作用，而且深化了对外汉语教学史“南支”的研究，与以清本《老乞大》《朴通事》《改订·官话指南》为主要研究对象的对外汉语教学史“北支”的研

① 本书所涉的“南方官话”之概念及含义从此界定。

究，构成南北呼应之态势。

前人的研究可谓硕果累累，但对琉球官话课本语言学价值的挖掘还有很大的空间，而且前人的某些结论尚有可资商榷之处，如濑户口律子（1994b，2008）认为琉球官话课本体现的是福州方言色彩，我们认为需要对其语言特色在方言中进行“穷尽性”的对照和调查，才能作出结论，否则容易走入“一叶障目”“盲人摸象”的歧途。语言是一个系统，语法自身也是一个系统，系统中新旧成员的共存、竞争、消长，都有一定的机制和联系。在考察的过程中，我们也应运用普遍联系的观点判别语法发展的过程。

1.2.2 “得”“替”“给”的研究现状

琉球官话课本中的“得”“替”“给”是具有多功能表义特征的语法现象，为相关课题的研究提供了丰富的语料。这三个词的多功能性用法恰好在南方方言、南方少数民族语言中可以找到一致的表现，而与北方方言、北方少数民族语言中有着整体系统上的差异。有关“得”“替”“给”的研究成果可谓汗牛充栋，但从类型学视角考察它们的多功能性的成果还比较少见。下面简单介绍一下有关“得”“替”“给”的研究现状。

过去有不少关于“得”在汉语史上的发展、在方言中的表现的研究成果，所涉方言也多是一时、一地的方言。吴福祥（2002a，2002b，2003，2009）的一系列文章对“得”历时的发展和共时的分布作了较为详细的考察，发现了南方方言与东南亚语言中“得”跨语言多功能模式的平行性，可惜对“得”表达能性的下位义没有作细致的考察；而柯理思（1995，2001）对北方一部分方言的能性述补结构作过研究，但她没有对整个能性范畴的表达情况作进一步的考察。

学界关于“替”的研究多集中于它的历史脉络，对其多功能的用法，也是在个别语料中分别与其他介词配套零星谈及，没有系统的研究。除了李炜、王琳（2011），“替”类与事介词的多功能现象至今没有引起学者的关注。学者对“替”类与事介词特殊用法的出现原因多从引申的角度来解释，并没有将其纳入到整个介词表义的内部系统来分析，也没有历时地看待“替”类多功能特征的演变与机制，对其表现的地域特征也没有给出太明确的结论。

关于“给”的研究成果也极其丰富，但是关注“给”的多功能性的研究多限于一时、一地的方言或区域方言（官话），李炜（2002a，2002b，2004）对南方官话“给”的用法有一系列的研究，但至今还未曾涉及南北不同类型的比较研究。甚至有的研究忽略了方言的因素，导致了将方言的用法混同于共同语用法的结论。如赵金铭（1992）认为在“我唱给你听”这样的句子中，是“给”的词汇义带来句子的使役义，笔者认为他没有区分词汇义和句式义，同时他也没有意识到这类复杂给予句的地域分布特点。另外关于给予、使役、被动的关系，不少学者对南方汉语“给予-使役-被动”的发展链条给予了解释，但多是从重新分析等语法化角度给予的理论阐述，极少有语言事实的支持。对使役和被动的关系，多数学者仅停留在使役层面，没有将其下位的意义进行分化，笼统地认为使役发展出被动。这些都有进一步开拓的研究空间。本书试着从琉球官话课本“得”“替”“给”的多功能语法、语义特征入手，对以上研究成果给予一些补充。

1.3 研究目的及意义

1.3.1 研究目的

本书着力研究琉球官话课本中“得”“替”“给”三个多功能词及其分别代表的能性范畴、与事范畴、给予-使役-被动范畴的历时演变与共时分布。这些可以说是汉语语法研究的热点，尤其是第一、第三，前人多有论述，但由于汉语本身的特殊性，对有些问题至今没有形成一致的看法，对有些现象尚认识不清，无论是现代汉语的横向研究，还是联系历史的纵向研究（包括对其地域特征的挖掘），这些范畴都有进一步探讨的空间。

本书的研究目的是：在对琉球官话课本的三个特殊语言现象“得”

“替”“给”作细致而全面的描写和分析的基础上，引出三种相关语法范畴——能性范畴、与事范畴、给予-使役-被动范畴，以琉球官话课本中的用法为原点，以两个坐标为纲——空间上从共时平面考察相关范畴在同时期不同地域色彩的文献中的表现，时间上从历时平面考察相关范畴在汉语史的流变以及在现代南北汉语方言、少数民族语言中的表现，勾勒出现代汉语从萌芽时期进入发展初期以来三种语法范畴的南北类型差异，最后在南北类型的大背景下对琉球官话课本的“南方官话”性质、“官话”的性质进行再认识。这是本研究的出发点，也是它的落脚点。

除了考察 4 种琉球官话课本对外表现的系统性之外，本书也试图考察其对内表现，如《官》《白》和《学》中存在的某些细微的语言差异，以判定这些差异是由于年代的差异所致，抑或是南方方言在共同语层面的投射时所取的“最大公约数”之微变所致。从这个角度，力图探寻从近代汉语到现代汉语的过渡时期的语言变化。

1.3.2 研究意义

本课题研究的意义体现在以下几个方面：

（1）对汉语语法史的意义。

语言的发展变化是流动的，处在一个连续统中。连续统的关节点（临界点）在流动发展的过程中具有重大的意义。有些语法成分的演变过程和结果，以及语法化呈现出的阶段性特征，不一定都能在北方汉语里得到反映。琉球官话系列课本既有时间上的连续性，又具有共同的南方方言色彩，它们的时间跨度在 18 世纪初至 18 世纪末，这一阶段正是现代汉语的萌芽期和发展初期，因此在汉语发展史上是关键的转折时期；考察琉球官话课本，对近代语法向现代语法的演变流动过程有一定参考价值，并有利于研究者对早期现代汉语的状况有更清晰的认识。

（2）对“官话”性质认识的意义。

梅祖麟（1998）曾经谈及，目前的汉语语法史，很大程度上是在研究官话方言的语法演变，因为我们看到的各时代汉语文献，基本上都是对各个时期的北方官话的记录。琉球官话课本中“得”“替”“给”的使用情况与北方官话语料中“你中有我，我中有你”的情形，为我们认识“南方官话”“北方官话”的异同提供了极好的标本，也为我们重新认识标准语——现代汉语普通话提供了更开阔的视野。

（3）对拓展语义地图模型理论应用领域的意义。

目前，已有学者对“语义地图模型”理论应用于汉语语法研究作出了尝试（谷峰，2008；张敏，2009；陈前瑞、王继红，2010；郭必之、林华勇，2012；范晓蕾，2017；潘秋平、张敏，2017），但对“得”“替”“给”语义地图模型的建构还有待加强，本研究为后者的建构提供了框架和基础。

（4）对语言类型学研究的意义。

汉语类型学的研究成果主要分为：对汉语及方言语序类型的探讨；对汉语某些语法项目（item）的跨语言或方言类型比较。前者在学界的研究已较为充分，后者尤其是对范畴的类型学研究还有待加强，琉球官话课本中“得”“替”“给”及其所在的能性范畴、与事范畴、给予-使役-被动范畴的类型学表现，可以为后者提供很好的实证。

1.4 研究方法

1.4.1 共时描写与历时比较相结合的方法

本书以琉球官话系列课本中“得”“替”“给”及分别与之相关的与事范畴、能性范畴、使役被动范畴为研究对象，在对琉球官话课本本系统内部进行“得”“替”“给”定量考察的基础上予以定性分析，采取以点带面、比较对照的方法，考察相关语法范畴表现出来的历史演变及地域分布的特点。

比较时采用三个维度的比较方法：一是与同时期语料的对比；二是与方言的对比；三是与现代汉语普通话的对比。力图较为“立体”地展现琉球官话课本的语法特色。

琉球官话课本的语言既属官话，又带有明显的南方方言色彩，我们在共时平面上把琉球官话课本和清代中后期以北京官话为主要特征的《红楼梦》（以下简称《红》）、以北方官话为主要特征的《老乞大新释》（以下简称《老新》）、《重刊老乞大谚解》（以下简称《重老》）、以江淮官话为背景方言的《儒林外史》（以下简称《儒》）、以中原官话为主要特征的《歧路灯》（以下简称《歧》）以及以山东话为背景方言的《醒世姻缘传》（以下简称《醒》）、《聊斋俚曲集》（以下简称《聊》）等官话作品进行比较分析，在历时平面上与清后期北京话代表作品《儿女英雄传》（以下简称《儿》）、《小额》（以下简称《小》）、《语言自迩集——19 世纪中期的北京话》（以下简称《语》）及《改订 官话指南》（以下简称《官》）、清末吴语的代表作品《海上花列传》（以下简称《海》）、粤语的代表作品《粤语全书》（以下简称《粤》）、现代南方方言进行比较，既可以展现琉球官话课本的语言面貌，也有助于挖掘琉球官话课本的南方方言特色，使人对 18 世纪“南方官话”的性质和表现有更具体的认识。

具体而言，本书使用了描写语法、历史语法、比较语法（Comparative Grammar）和对比语法（Constractive Grammar）等 4 种语法研究的方法。先从琉球官话课本的 3 种语法特点入手，细致描写出琉球官话课本中的语法面貌，探讨它们所表达的语法意义，并利用历史语法的方法进行梳理；再从各类语法意义入手，选取有代表性的现代南北方言用以表达这些语法意义的各种手段或各种语法形式，进行系统性的归纳比较，找出类型上的差异，最后对比不同语族的南北少数民族语言，寻找到类型上的对应。

1.4.2 定量考察与定性分析相结合的方法

“定量方法对研究共时的语言现象意义重大，对研究历时的语言现象也同样重要。我们若能在频率、频度的基础上进一步展现某种历时现象的频度链，那么对揭示这种现象发生、发展和消亡的历史层次就有重大的意义。”（唐钰明，1991）本书在对琉球官话课本的语法现象进行定量考察的基础上，分析了琉球官话课本中的各种语法事实，试图揭示量化形式背后所隐藏的规律性。

1.4.3 运用语法化、类型学、语言接触、语义地图的理论和方法

本书在分析琉球官话课本多功能词的演变时，运用了语法化理论；在研究琉球官话课本中表现的语言现象时，不仅进行了"普－方－古"的比较，还利用类型学视野注意了"汉（语）－亲（属语言）－非（亲属语言）"（林华勇 2005）的比较。

多义性（polysemy）是语义演变在共时平面的呈现，是观察语义言表的窗口（Kortmann，1997：17）。多义词的各义项呈家族相似性分布的典型结构，典型结构里毗邻的义项在历时演变中也紧密相承，典型结构不仅能用来解释语义演变机制，其本身也是一种真实存在的语义演变模式（Lakoff，1987：39；Geeraerts，1992：183）。目前学界对多功能词的研究多采用语义地图的理论和方法。语义地图是近年来功能—类型学派语言学家描写语法语素的多义模式时常用的方法，学者们假设多义语法语素的各用法在地图上的几何分布大致能够模拟人类的概念空间。语义地图有助于研究者解释多功能背后的语言规律（吴福祥，2009），使其在发掘语言共性的同时，更深入地了解不同语言/方言的个性，从而在材料、理论方法、比较范围等几个方面给语法学界提供新的动力（张敏，2009）。

我们在各章小结中利用了语义地图的方法，在语法语义范畴之内，先理出"得""替""给"各项用法的亲疏关系，满足"一个多功能语素所包含的不同功能在概念空间中的位置必须是毗连的"（吴福祥，2009）这一条件；再根据语言事实，画出"得""替""给"历时与共时的语义分布图。迄今为止，除了张敏（2009）和郭必之、林华勇（2012）等学者的研究有所涉及，"语义地图模型"尚未正式引入汉语语言学（张敏，2012），而本书将语义地图理论及方法应用于表现具有多种语法语义功能之"得""替""给"的南北分布类型差异及对"官话"的再认识上，是利用适合汉语事实的新理论的一次尝试。

1.5 用书版本

1.5.1 琉球官话课本

《人中画》琉球写本天理大学藏本十六卷。

《官话问答便语》日本天理大学图书馆藏本。

《官话问答便语》日本法政大学冲绳文化研究所藏本。

《白姓官话》日本天理大学图书馆藏本。

《学官话》日本天理大学图书馆藏本。

1.5.2 历时与共时比较的材料

《人中画》啸花轩写刻本，《古本平话小说集》(上)，路工、谭天合编. 北京：人民文学出版社，1984.

《原本老乞大》(影印本)，北京：外语教学与研究出版社，2002.

《老乞大谚解》，刘坚、蒋绍愚主编《近代汉语语法资料汇编》(元明代卷)，北京：商务印书馆，1995.

《老乞大新释》，韩国奎章阁藏本，未公开出版.

《重刊老乞大谚解》，汪维辉主编《朝鲜时代汉语教科丛刊》，北京：中华书局，2005.

《元刊杂剧三十种》(影印本)，《古本戏曲丛刊》. 北京：商务印书馆，1958.

《敦煌变文集》，北京：人民文学出版社，1957.

《敦煌变文集新书》，潘重规编. 北京：文津出版社，1994.

《祖堂集》，京都：日本中文出版社，1972.

《五灯会元》，北京：中华书局，1984.

《训世评话》，李边编. 首尔：韩国太学社，1998.

《入唐求法巡礼行记》，刘坚、蒋绍愚主编《近代汉语语法资料汇编》(唐五代卷)，北京：商务印书馆，1990.

《大唐三藏取经诗话》，刘坚、蒋绍愚主编《近代汉语语法资料汇编》（宋代卷），北京：商务印书馆，1992.

《三朝北盟会编》，刘坚、蒋绍愚主编《近代汉语语法资料汇编》（宋代卷），北京：商务印书馆，1992.

《朱子语类》，北京：中华书局，1986.

“四种南戏”[①]，汉籍全文检索系统（第三版）.

北京官话材料：

《红楼梦》甲戌本、己卯本、庚辰本、戚序本（影印本），《古本小说集成》. 上海：上海古籍出版社，1994.

《红楼梦》甲辰本（影印本）. 北京：书目文献出版社，1989.

《儿女英雄传》（影印本），《古本小说集成》. 上海：上海古籍出版社，1994.

《小额（社会小说）》，松龄（松友梅）著. 太田辰夫、竹内诚编. 东京：日本汲古书院，1992.

《语言自迩集——19世纪中期的北京话》[②]，威妥玛著，张卫东译. 北京：北京大学出版社，2002.

《骆驼祥子》，老舍著. 北京：北京燕山出版社，2009.

《四世同堂》，老舍著. 北京：人民文学出版社，1998.

《老舍剧作》，老舍著，傅光明选编. 杭州：浙江文艺出版社，2007.

《评书聊斋志异》（一、二集），陈士和讲述. 天津：百花文艺出版社，1980.

《京味小说八家》，刘颖南、许自强编. 北京：文化艺术出版社，1989.

《改订 • 官话指南》，郑永邦、吴启太合著，金国璞改订. 东京文求堂藏版，明治39年（1906年）三刊于东京，日本京都大学文学部藏本.

中原官话材料：

《歧路灯》，李绿园著，栾星校注. 郑州：中州书画社，1980.

① “四种南戏”指：《张协状元》《小孙屠》《宦门子弟错立身》《新刊元本蔡伯喈琵琶记》。

② 本书仅将该书中所有记录和描写的当时口语片段作为研究语料。

江淮官话材料：

《儒林外史》(影印本). 北京：人民文学出版社，1974.

《九尾龟》，张春帆著[①].《古本小说集成》. 上海：上海古籍出版社，1992.

《孽海花》，曾朴著，韩秋白点校. 北京：中华书局，2002.

吴方言背景材料：

“三言”[②]：

《喻世明言》，冯梦龙编. 北京：人民文学出版社，1956.

《警世通言》，同上.

《醒世恒言》，同上.

“二拍”[③]：

《初刻拍案惊奇》，凌濛初编著，冉休丹点校. 北京：中华书局，2001.

《二刻拍案惊奇》，凌濛初编著，孙通海点校. 北京：中华书局，2001.

《山歌》，冯梦龙编. 南京：江苏古籍出版社，2000.

《清平山堂话本》[④]，洪楩编. 北京：人民文学出版社，1958.

《型世言》[⑤]，陆人龙著，覃君点校. 北京：中华书局，1993.

《官场现形记》，李宝嘉著. 北京：人民文学出版社，1978.

《二十年目睹之怪现状》，吴趼人著，张友鹤校注. 北京：人民文学出版社，1959.

《文明小史》，李伯元著. 北京：中华书局，1959.

《海上花列传》(影印本)，《古本小说集成》. 上海：上海古籍出版社，1994.

《海上花列传》，韩邦庆著. 北京：人民文学出版社，1982.

① 作者张春帆，江苏常州人，曾寓居上海，后到广东做官。

② 作者冯梦龙，江苏苏州人。

③ 作者凌濛初，浙江湖州人。

④ 作者洪楩，浙江临安（今杭州）人。

⑤ 作者陆人龙，浙江钱塘（今杭州）人。

《缀白裘》，钱德苍编. 北京：中华书局，2005.

《金瓶梅词话》，香港：太平书局，1982.

《金瓶梅》，陶慕宁校注，宁宗一审定. 北京：人民文学出版社，2002.

《水浒传》①. 施耐庵著. 北京：人民文学出版社，1982.

粤方言背景材料：

《粤音指南》，光绪贰拾壹年岁次乙未（1896 年）仲春新刊，香港文裕堂活字板承印，日本京都大学文学部藏本.

《粤语全书》，悟民氏编. 上海：上海石印书局/上海图书局，1921/1932-1933.

《粤语易通》（Cantonese Made Easy）. J. Dyer Ball. HongKong: China Mail Office, 1883.

山东方言背景材料：

《聊斋俚曲集》，蒲松龄著.《蒲松龄全集》，盛伟编. 上海：学林出版社，1998.

《醒世姻缘传》（影印本），《古本小说集成》. 上海：上海古籍出版社，1994.

1.6 凡例

一、为方便读者阅读，我们将正文援引的琉球官话课本文献的繁体字转换为了简体字。

二、文中凡引用到对应的例句时，均用相同数字加“’ ”的方式标注，以便比较。琉本《人》和啸本《人》的例句按照“版本/卷名/回目”的简写顺序标明出处，其中琉本《人》和啸本《人》中的五个故事卷名“风流配”“自作孽”“狭路逢”“终有报”“寒彻骨”分别简称为“风”“自”“狭”“终”“寒”。例如：

① 《水浒传》通常被视为南方方言系作品的观点见蒋冀骋、吴福祥（1997：491）。

（1）华岳留心要替他拣个好女婿，又怕人晓得，天天吩咐家人不许外头乱说，因此京里头没有人晓得。（《琉/风/一》）

（1’）华岳留心要与他择一个佳婿，却怕人缠扰，每每戒家人不许浪传，故京师中无人知道。（《啸/风/一》）

相同数字序号 1 表示这两句出自琉球写本《人中画》、啸花轩本《人中画》中相应的句子。句末括号内的“《琉/风/一》”“《啸/风/一》”分别表示出自琉球写本《人中画》、啸花轩本《人中画》“风流配”的第一回。

三、方言用例的普通话翻译在该方言例句之后，用“（　）”括起。

四、因涉及方言俗字，与普通话差距较大的方言文献中的用例，我们尽量沿用书中的繁体字，并将普通话翻译置于该例句之后，用“（　）”括起。如：

七隻孙子傍傍都拗唔断，每隻都话冇隻做得箇。(七个儿子个个都拗不断，每个都说没人能做到的。)

五、因每章用例较多，为了方便阅读，我们仅对琉球官话课本及啸本《人》的用例排序，其他文献用例及方言用例不再编排顺序。

六、文中提到的“南方官话”，并非指江淮官话，在本文中均指南方方言在官话层面的投射，具体参见李丹丹（2008）。另外，除特别说明，文中提到的“南方方言”均指以吴、闽、粤、客等典型南方方言代表的南方方言。文中提到的“北方方言”“西北方言”及“华中方言”均指按地域而言的方言。北方官话是北方地区的官话层面的语言，北京官话是北京地区官话层面的语言。

七、为行文方便，本书结构式中的V代表动词，N代表名词，Adj代表形容词，O代表宾语，C代表补语。

八、很多方言地区的方言俗字有音无字，我们把这样的字记为“□”后加国际音标。

九、每章涉及的图表、琉球官话课本例句均重新排序。

十、本书涉及的少数民族语言用例均转写为国际音标表示。

第 2 章　琉球官话课本中的“得”及其相关问题

琉球官话课本中的“得”有以下几种用法：作动词、助动词；在述补结构中作补语或补语标记。我们先对动词和助动词的用法作一简单的说明，着重讨论述补结构尤其是能性述补结构中的“得”，将涉及能性范畴的表达特点，进而从历时演变与共时类型分布的角度讨论“得”及其表达能性范畴的特点，从类型学角度看南北方言使用“得”及能性述补结构在格式、句法以及意义方面的差异，并从“得”的语法化路径来拟测“了”的语法化历程。

2.1 琉球官话课本中的“得”

琉球官话课本中的“得”既可以作实义动词、助动词，还可以作较为虚化的动相补语、动态助词以及程度/状态补语标记、能性补语、能性补语标记，体现出语法语义上的多功能性。

2.1.1 “得”作谓语动词

主要动词

琉球官话课本中的“得”作动词单用的时候，有“拥有、获得”之义，如：

（1）因这一看，叫那挑花担上再得个好女人。(《琉/风/一》)

其否定式在“得”前加否定副词“不”，如：

（2）我连日穷忙，不得闲来。(《琉/终/三》)

助动词

“得”位于主要动词之前，作可能类的助动词，表示客观条件的“可能”或情理上的许可，共有 89 例：琉本《人》中有 24 例，《官》《白》《学》中共见 65 例。如：

（3）也不知道几时才得回家，替父母妻子相见。(《白》)

（4）人生就像大海一般，你东我西，那里还得相见？(《琉/狭/二》)

（5）如今盘缠用尽，候考又没有日子，回去又不得起身，进退两难。(《琉/自/一》)

（6）不得陪先生，失礼了。(《学》)

“得”后的内容对于主语来说，是受益的。其否定式为“不得+V”，如例（5）（6），表示不能够、没有条件，其肯定与否定的形式是对称的。普通话类似的意思肯定式要用“能+V”的格式表达，而否定式为“动词+不+助词”，如“能睡着”/“睡不着”，肯定与否定是不对称的。

“得”的这种用法与作动词的用法是相通的，当宾语是名词性成分时，表示具体得到某物；当宾语是谓词性成分时，表示得到某种动作、结果，即达到、实现某种结果，用在未然的语境中则表示可能达到、实现某种结果，这和位于动词后的“得”虽然位置不同，但有相平行的用法。

2.1.2 V+得[①]$_{动相补语/动态助词}$+O

琉球官话课本中共有 42 例“V+得$_{动相补语/动态助词}$+O”：琉本《人》有 29 例，《官》有 8 例，《白》有 1 例，《学》有 4 例。这种“得”是从“获得”义动词语法化而来，在非“获得”义动词之后表示动作或状态已经实现[②]，在句中充当动态助词。“V+得+O”语义上表示动作或事件的实现，其中 O 是整个动补结构“V+得”的宾语。

① 鉴于高度虚化的动相补语在概念上跟完整体标记不易区分，有人（吴福祥，2009）将动相补语和完整体标记合为一类。除非有必要特别说明，本书均按此处理。也有人将这种“得”称为表动态完成的动态补语/动态助词（刘子瑜，2006）。

② 梅祖麟（1981：74）指出：“一件事总要完成后才能有结果，所以结果补语既表示结果，也必得同时表示完成。”

用在“取”义动词后的“得”具有很明显的“获得”意义，虽然“得”作为补语表示动作实现并且有结果，隐含动作“完成”的语义特征，但是，相对非取义动词而言，取义动词后的“得”有明显的实词义，因此将其看作动相补语较为合适。非取义动词（表示感知、思维认知活动的动词除外）后的“得”一般比较虚化，表示动作或状态的实现、完成，因此非取义动词后的“得”是动态助词。

V+得_{动相补语}+O

出现在动相补语“得”前的动词，主要是表示取义的动词、表示感知、思维认知活动的动词及与“得”结合后带有明显结果义的动词，“得”有明显的结果义，多出现在已然或虚拟已然的语境里，隐含有动作“完成”的语义特征。如：

（7）如今挣得十两银子，回来赎女。(《琉/狭/二》)

（8）你接着家信，就像拾得黄金一样。(《官》)

（9）到了武昌府白杨湾地方，遇得（着）一伙打渔船，看见都摇拢来，把李春荣救起。(《琉/狭/一》)

（10）到此时草稿还没有完，见得功名又没有望了！(《琉/风/一》)

（11）那老人家说：“听得贵处黄山，也要算一个好地方？”(《琉/自/一》)

（12）我说探花既聘荇烟，定会忘记我女儿，故此做这个圈套来，看你是怎么样的？才消得你当日不告诉我又娶别人的罪。(《琉/风/四》)

例（7）（8）的动词均是取义动词，表示通过某种动作而“获得”某物。例（9）的“得”在琉球官话课本原文的旁边写有“着”，意为此处的“得”相当于“着”，即“遇到”之义，“得”是动相补语。例（10）（11）中的“见、听”均是表示感知、思维认知活动的动词，其后的“得”相当于“到”。例（12）的“消得”表示“消掉”的意义，“得”的结果义较明显，仍是动相补语。

V+得_{动态助词}（+O）

出现在动态助词“得”之前的动词主要是非取义动词，根据动词的不同类别，作动态助词的“得”表示两种语法意义：第一，在非持续动词之后，表示动作或状态的实现或完成，语法作用相当于动态助词“了”；第二，在持续动词（包括动作本身的持续和动作实现后所产生的结果的持续）后表示动作或状态持续的实现，语法作用类似于持续态助词“着”，但仍有些不同，即后面往往有后续小句，表示事件或状态是前面动作的一种结果。

A 组：

（13）到得坐位，都尊敬汪费坐头位。(《琉/自/一》)

（14）我替他讲得（了）几头亲事，他又说这个好，那个不好，再不肯应承。(《琉/终/二》)

（15）不想庄小姐贞节，没有说得半句，他急得满面通红，走下楼去，连小妇人都不睬。(《琉/终/四》)

（16）过得一两年，事情冷了，那时候再接你来京也不迟！（《琉/寒/一》)

例（14）中的“得”在琉球官话课本中旁边写了个“了”，说明这里的“得”与“了”大致相当。但是，“得”不完全等于“了”，如例（15）中的“得”就不能换为“了”，因为纯粹的完成体助词与否定词是不能共现的。琉球官话课本中没有一例“了”可以进入“否定词+V+[ ]”的句法槽中。因此，琉球官话课本中的“得”只能算作一个准动态助词。沈家煊（1995）指出，有界名词的形式最典型的是“数量名”，数量词对句法结构的制约实际上是“有界”“无界”对句法结构的制约，数量结构具有使无界变为有界的功能。例句（14）至（16）中的宾语均是“数量名”结构，与之相关的动作也变为有界的动作。“得”在这样的语境中虚化程度更高，完全没有实词义，仅表动作的完成，是完成体助词。宾语不是动作获得的对象或达到的结果，而仅仅是为了说明动作完成的情况。琉球官话课本中这种用法的“得”，其后的宾语仅限于处所词、时间词和数量短语。

B 组：

（17）带得去时，天又大晴，叫人实在难以防备。(《官》)

（18）头上包着头布，身上穿得短衣，手中暗执木棍，大锣大鼓打起，满街冲来撞去。(《官》)

例（17）是“动 $_1$+得+动 $_2$”结构，“带得”相当于“带着”，其后省略了“伞”，表示“去”的状态。例（18）中的“穿得”相当于“穿着”，“穿”是既可以表示“动作”情状又可以表示“状态”情状的动词，这类动词的语义特点是，动作一旦实现，相应的状态也就随之产生，在没有外力作用下该状态将继续存在或持续，但由于“得”不能用于典型的[+动作]、[-状态]动词之后表示持续，因此，我们仍把这类“得”当作表动作实现的准动态助词。

“V+得$_{动相补语/动态助词}$+O”在琉球官话课本中无否定的形式，因为“V+O+不得”和“V+不得+O”在琉球官话课本中都是可能补语的否定形式，它们出现的语境都是在非现实（未然或假设）的语法环境中。高名凯（1986）和雅洪托夫（1958）把“V 得（结果）”称为“结果体”，是很有见地的。

2.1.3 “得”字述补结构形式

朱德熙（1985）认为典型的述补结构有三类：第一类是述语和补语直接组合、当中不带“得”字的格式；第二类是述语和补语之间有“得”字表示可能性的格式；第三类是肯定形式和否定形式都带“得”字表示状态的格式。学界普遍把“得”视作补语的标记。琉球官话课本中的“得”在述补结构中有两种不同的性质：一是充当补语；二是充当结构助词，引出补语成分。我们把琉球官话课本中的这些“得”字述补结构分为以下三类进行考察[①]：

V/Adj+得+C $_{程度}$

V+得+C $_{状态}$

V+得$_{可能补语}$，V+得+C $_{可能}$

V/Adj+得+C $_{程度}$

在琉球官话课本中，由“得”字构成的程度补语结构有“~得紧”和“~得狠”两种，分别有 25 例、50 例。“~得紧”在琉本《人》中有 1 例、《官》中有 8 例、《白》中有 6 例、《学》中有 10 例。如：

---

① 琉球官话课本中的结果补语往往都是不使用“得”的粘合式结构，因此这里没有提结果补语。

（19）那里晓得他聪明得紧，一看过就认得不会忘记。(《琉/风/二》)

（20）不特我们庙中有做普度，各处都有，大得紧。(《官》)

（21）好说，没有什么好东西奉敬，怠慢得紧，不要见怪。(《白》)

（22）如今坐在家里，越坐越闷，十分闷得紧。(《学》)

（23）学生这几日心里好愁闷得紧，自己也不知道是怎么样的。(《学》)

这种结构的程度补语在现代汉语普通话中已经没有了，但在琉球官话课本中仍有相当的数量。而且这种结构的前面还可加副词作状语，加深述补结构所表达的程度。也可以加否定副词“不”，如《官》中有“不干净得紧”的用法。例（22）中“十分闷得紧”的成分划分是“[十分] 闷〈得紧〉”；例（23）中“好愁闷得紧”的成分划分是“[好]愁闷〈得紧〉”；它们的层次划分是：

十分 / 闷 // 得紧　　　　　　好 / 愁闷 // 得紧

琉本《人》中“~得狠”有 13 例，《官》中有 9 例，《白》中有 7 例，《学》中有 21 例。如：

（24）汪费坐在舱里闷得狠，推开窗子，在那里闲看。(《琉/自/二》)

（25）不想惊动老（人家），得罪得狠！（《琉/终/一》）

（26）今日天气热，身上都是汗，腌臜得狠，要烧水洗个澡。(《官》)

（27）虽是这样说，现今烂得这个样，其实看不得了，见了他，好可怜得狠。(《学》)

在琉球官话课本中这种结构的前面还可加副词作状语，加强述补结构所表达的程度。如例（27）中“好可怜得狠”的成分划分是“[好]可怜〈得狠〉”，层次划分是：

好 / 可怜 // 得狠

在现代汉语的程度表达中，要么说成“好可怜”，要么说成“可怜得很”，没有这样叠床架屋的现象。

汉语程度范畴的表达主要有两种方式：一种是在谓语前增加作状语的程度副词，另一种是在谓语后附加作程度补语的成分，表达谓语所达到的程度。琉球官话课本的“~得很（狠）”“~得紧”属于后置的方式。

V+得+C 状态[①]

在已然的语境中，“V+得+状态补语”表示通过某种动作行为获得某种结果的状态，本质上，状态的产生也是一种结果。动词是非取得义动词，“得”在这种语法形式中作结构助词，用来引出状态补语，朱德熙（1982）所分出的状态补语是个内容丰富的补语类别，分为：

形容词性补语　A. 补语是单个儿形容词：飞得高；B. 补语是“程度副词+形容词”或状态形容词：飞得很高、飞得高高的

动词性补语：亮得睁不开眼睛

主谓结构补语：A 停顿在“得”后：写得谁也看不懂；B 停顿在体词后：走得我累死了

琉球官话课本中共有 234 例状态补语结构：琉本《人》有 160 例、《官》有 29 例、《白》有 17 例、《学》有 28 例。按照形式，可以分为以下几种：

A. V+得+C，V+得+不+C

动词既可以是及物的动作动词，也可以是不及物的状态动词（包括形容词）。补语的情况比较复杂，可以是单个形容词或形容词重叠式，也可以是偏正、并列、述宾等结构。如：

（28）县里的地皮，都给他卷得干净，百姓咒骂。（《琉/自/二》）

（29）这天正是顺风，走得好好的，忽然一阵把风转了。（《琉/狭/一》）

（30）那些曲蹄婆，头发梳得光光，簪花首饰带起。（《官》）

（31）我那李春荣亲儿，死得好苦嗄！（《琉/狭/一》）

（32）庄临见唐辰讲话行动，来得文雅又风流，十分欢喜，又见少年没有娶亲，更加欢喜。（《琉/终/一》）

这种“V+得+C”的用法古今变化不大，我们对照了啸本《人》，发现多数琉本的用例继承自啸本。现代汉语中表状态的“V+得+C”

① 结果补语和状态补语都用于已然语境，结果补语叙述动作产生了某种结果，状态补语描写动作造成的某种状态，二者关系紧密，难以区分。张美兰（2003）认为表状态的的述补结构是由表结果的述补结构引申而来的。宋以后带“得”的结果补语趋于消亡，琉球官话课本中的情况亦然。因此该部分讨论带“得”的述补结构时，没有讨论结果补语。

的否定式“V+得+不+C”在琉球官话课本中也有体现。如：

（33）探花看诗这样，敢是这首诗做得不好么？（《琉/风/四》）

（34）我在这小船上摇得不自在，快些来（过去）！（《琉/终/二》）

B. V+得+O+C

这种用法只在琉本《人》中出现，在其他课本中未发现用例。根据宾语与动词、补语之间的语义关系，可以分为以下三类①：

甲类：进入这种格式的述语动词主要有“气、慌、急、吓、羞、喜、欢喜”等不及物的感受类（生理或心理感受）动词或形容词，主语是零形式，O 与 C 之间存在主谓结构关系，且 O 同时是全句意念上的施事。如：

（35）汪费听见报是真的，喜得他骨头都酥了。（《琉/自/一》）

（36）急得唐辰抓耳顿脚，心像火烧一般。（《琉/终/三》）

这种格式中，由于宾语在语义上既是全句意念上的施事，同时又是补语成分的施事，因此宾语可以自由置于句首作施事主语，形成“$S_{施}$+V+得+C”结构。如：

（37）连他也欢喜得心花都开，就走到船边来贺喜。（《琉/狭/三》）

（38）张媒婆急得没法，心里想说……（《琉/终/二》）

值得注意的是，《红》中也存在这种用法，并且可以用“把”将 O 提到前面作介词宾语，如：

把个鸳鸯气的无话可回。（《红》第 46 回）

而我们在琉球官话课本中没有发现这样的用法。

乙类：述语动词为及物的行为动词，宾语在语义上既是动词的受事，同时又是补语成分的施事或当事，与补语有陈述关系。如：

（39）到了场里头，商春荫学问深了，做得文章好得狠。（《琉/寒/三》）

（40）司马玄听见说得句句都有凭据，惊得一身冷汗，忙忙扯张老头子到厅上来，就叫人请吕老爷出来。（《琉/风/三》）

丙类：述语动词是及物的行为动词，O 是述语动词的宾语，这个宾

① 分类时，我们也参考了蒋绍愚（2005）的分法。

语不能与后面的补语直接搭配，即与补语之间没有直接的语义关系。如：

（41）哪里晓得他年纪虽然小，眼睛却高，看得这些婊子就像屎尿一样，全不动心。(《琉/风/一》)

（42）后生时候也有些须本钱，因看得钱财为轻、仁义为重……(《琉/狭/一》)

宾语“这些婊子”“钱财”与“就像屎尿一样”“为轻”表面上看似乎是主谓结构，但实际上这种“V+得+O+C”的结合形式，不是“V+得/O+C”，而是“V+得+O/C”，宾语与前面的述语构成动宾关系，补语“就像屎尿一样”“为轻”是补充说明“看”的，宾语和补语是没有直接成分关系的两个句法结构成分。另外，这类述补结构还可以转换为重动句，如“看这些婊子看得就像屎尿一样”“看钱财看得轻”。最后，句子的语音停顿也是在宾语之后，因此，它和主谓结构作补语的情形不同。

以上三种带宾语的状态补语结构，表层语法形式虽然相同，但底层语义表现有别。甲、乙两类的宾语与补语之间有陈述语义的关系，而丙类的宾语与补语之间则没有直接的陈述关系。但甲、乙两类之间也有差别，主要体现在由动词的语义类而带来的动词与宾语之间语义的不同关系：甲类的宾语为动词的施事，乙类中的宾语为动词的受事。如表 2-1 所示：

表 2-1　甲、乙、丙的差异

类型	宾语与补语的关系	宾语与动词的关系
甲	陈述关系	施事
乙	陈述关系	受事
丙	无陈述关系	受事

蒋绍愚（2005）指出：“从时间上看，甲、乙两类唐代已产生，丙类则直到宋代才产生；从发展趋向上看，甲、乙两类格式现代汉语里仍在使用，而丙类格式在现代汉语里已不再使用。”而我们看到，丙类在琉球官话课本中仍使用。

V+得$_{\text{可能补语}}$，V+得+C$_{\text{可能}}$

表示某种动作、结果或状态实现的带“得”补语结构，如果用于未然或假设的语境中，就表示具有实现某种动作、结果或状态的可能性。能性助动词并非琉球官话课本表达可能语义范畴的主要语法手段，“得”作为能性助动词一共才有 23 例，主要的语法手段是含“得”的能性述补结构，共有 506 例。琉本《人》共有 273 例，《官》《白》《学》中分别有 57 例、105 例、71 例。“得”既可用于主要动词后，表示活动或动作的能性（如下文的 A、B）；也可用于可能式组合性述补结构，用来引导补语成分（如下文的 C、D、E）。具体形式见下：

A．V+得/不得

“V+得/不得”是朱德熙（1982）所说的粘合式述补结构，吕叔湘（1990：246）认为该结构是词尾。在琉球官话课本中的用例分别为 71 例、95 例，其中：琉本《人》中分别有 28 例、44 例、《官》中分别有 7 例、14 例、《白》中分别有 21 例、22 例、《学》中分别有 15 例、15 例。“得/不得”作可能补语，表示肯定或否定实现某种动作的可能性，根据具体的语义，可以分为以下几种：

“V+得$_{1}$/不得$_{1}$”表示是否有能力实现某种动作行为或是否善于做某事。如：

（43）我这一首寿诗，没有人比得。（《琉/风/一》）

（44）门生（敬）祝寿之心，不能做得。（《琉/风/一》）

（45）怎么样连父母都保全不得？（《琉/寒/二》）

“V+得$_{1}$/不得$_{1}$”主要表达一种主观能力，因此施动者在逻辑上通常指人，动词往往是自主动词，可以是单音节动词，也可以是双音节动词，而且动词多是中性，其次是积极的动词，没有消极的动词。

“V+得$_{2}$/不得$_{2}$”表示客观条件是否容许实现某种动作行为，V 多为自主动词。如：

（46）这里耳目多，住不得。（《琉/寒/一》）

（47）你扶持我儿子一片的好意，也可补得了！（《琉/狭/三》）

（48）这一半桐油，虽卖不到一千两，九百两到是卖得的。（《琉/狭/二》）

（49）在这西南方上，要有西南风，才可以来得。(《白》)

主语在句中多表受事，“V+得$_2$/不得$_2$”以表达被动义为主。现代汉语普通话中虽有此用法，但多是高度词汇化的词。

“V+得$_3$/不得$_3$”表示对某一命题的或然性的肯定或否定。如：

（50）相公前日亲自坐在轿里头，怎么会赖得？（《琉/风/三》）

（51）你得罪本院，到还解得。(《琉/自/二》)

（52）纔成你是个好事，礼物厚薄，那里论得！（《琉/自/一》）

（53）有许多担搁的日子，怎么会等得？（《白》）

（54）都在，没有一件少得。(《白》)

以上例句在现代汉语普通话中是不成立的，但是可以理解为“可能+V”“会+V”或“V+得+了”。

“V+得$_4$/不得$_4$”表示情理上是否许可或准许实现某种动作行为。如：

（55）这个事体甚大，怎么轻易做得？（《琉/寒/一》）

（56）赵崇礼听见，慌忙上前止住说：“这一卷填不得！”(《琉/自/二》)

（57）慌忙里头，委曲不得，寡叫一声：“哎呀！原来就是……”(《琉/狭/三》)

（58）张老头子说：“使得，使得！我明日就替你去。”(《琉/风/三》)

（59）我们万里水洋，过海来到这里，存留看馆，馆内务必安静，混杂不得。(《学》)

“V+得$_4$/不得$_4$”所在的句子多以否定形式出现，可能与“V+得$_4$/不得$_4$”用于提醒、劝阻、警告、禁止等场合有关，都是指出不宜或不准许做某事或某动作。

“V+得/不得”实际上是“傀儡补语结构”，“得/不得”就是“傀儡补语”[①]。“得”和“不得”作傀儡补语的时代是在唐朝以前，唐宋以后，对称的格局完全定型。琉球官话课本中仍有这样的傀儡补语，应该是历史用法的保留。

琉球官话课本中也有一些凝固为“V得”的合成词，如“舍得、

① 关于“傀儡补语”，详见赵元任（1979）和吴福祥（2002a），柯理思（2001）称之为“虚补语”。

觉得、晓得、认得、记得”等。判断它们是否为合成词，只需依据否定式中否定词的位置。否定词在动词前的是词，如“不记得”；否定式在中间的则是短语，如“使不得”。

B．V+得/不得+O，V+O+不得

据岳俊发（1984）的考察，动词“得”在先秦时引申出“可能”义；东汉始，这种“得”开始用于动词后，产生了表可能的“V+得”和“V+不得”；至魏晋南北朝时，表可能的“V+得”式后面出现了动作涉及的对象，产生了“V+得+O”式，表示动作实现的可能性。杨平（1989）也对“V+得+（O）”式作了较深入的探讨，认为“V+得+（O）”结构勃兴于唐代，宋元时最为活跃，明清以后则渐趋萎缩，到了现代汉语普通话中，“V+得”已基本没有能产性，一般也更不用带宾语的“V+得+O”式。但在琉球官话课本中，不仅“V+得”式大量运用，而且“V+得+O”及其否定式“V+不得+O”和“V+O+不得”也都很活跃。“V+得+O”“V+不得+O”“V+O+不得”的语义表达类型与“V+得”相同。在琉球官话课本中，“V+得+O”有 64 例，“V+不得+O”有 61 例，“V+O+不得”有 13 例，否定式“V+不得+O”比“V+O+不得”更常见。

a．V+得+O

“得”作可能补语，整个结构表示实现某种动作的可能性，琉本《人》中有 3 例、《官》中有 8 例、《白》中有 8 例、《学》中有 8 例。出现的动词有“做、问、比、写、瞒、叫、认、值、算、选、辜负、卖、落、讲、受、催、免、见、过”等。如：

（60）我是山西人，又不服你老爷管，你老爷怎么叫得我呢？（《琉/自/二》）

（61）冬至也算得大节么？（《官》）

（62）那天几百人娶进城来，瞒得那一个？（《琉/风/三》）

（63）李天造爱我一片的好情，托我的一番好意，怎么辜负得他呢？（《琉/狭/二》）

（64）只求老爷给我选得一官半职，感恩不浅！（《琉/自/一》）

这个格式既可以表示实现某种动作行为的主观能力，如例（60）；

可以表示实现某种动作行为的客观条件，如例（61）；可以表示肯定某一命题的或然性，如例（62）；可以表示情理上的许可，如例（63）；还可以表示准许，如例（64）。这类句子表示主客观条件是否允许实现某种动作，这些动作由动作发出者有意识地发出，施事者具有明显的主动倾向，因此，进入该格式的往往都是自主动词，而像“病、变、死”等非可控动词、“忘、跌、丢”等非自主动词则不能进入该格式。

宾语可以是体词，如以上例句；也可以是谓词、词组或小句，如：

（65）我这财主，是落得做的。（《琉/狭/二》）

（66）连我也不知情，怎么怪得季龙可疑？（《琉/终/四》）

（67）那当得那些家人如狼似虎的一般，横拖倒扯？（《琉/狭/二》）

b．V+不得+O

琉本《人》中有 47 例、《官》中有 3 例、《白》中有 7 例、《学》中有 4 例，均是可能补语结构。如：

（68）那灶君是一家之主，那人家家里，做有好事，做有歹事，都瞒不得他的。（《学》）

（69）怎奈递呈子的多，一百张也准不得一两张。（《琉/自/一》）

（70）要思念家中，就出不得门了。（《官》）

（71）当不得两家天天来寻，张媒婆想来想去，忽然想起来，欢喜说：“我有主意了！不如将错就错，抽个包罢！”（《琉/终/二》）

宾语可以是体词，也可以是谓词，还可以是词组、小句等较为复杂的形式。例（68）表示实现某种动作行为的主观能力；例（69）表示实现某种动作行为的客观条件；例（70）的“得”表示肯定某一命题的或然性；例（71）的“得”表示情理上的许可。

c．V+O+不得

宾语 O 还可以放在“不得”之前，构成“VO 不得”式，但这种格式共出现 15 例：琉本《人》12 例、《学》3 例、《官》《白》均无，所有的 O 都是人称代词，而且只要是人称代词作宾语，一般都置于“不得”之前。如：

（72）这个女子果然十分才美，就怪他不得。（《琉/风/三》）

（73）本院听见你贪酷好久，得罪百姓，饶你不得！（《琉/自/二》）

（74）明日老子知道，是他不好，就怪我们不得了。（《琉/寒/二》）

（75）你们初到这里，不会说中国的话，十分教你不得。（《学》）

（76）你舍我不得，你这一条手巾，送我做表记肯不肯？（《学》）

现代汉语普通话中没有这种用法，南方方言中存在这样的用法（见下文）。普通话中“得/不得”作可能补语时多是否定式，同时对谓词也有一定的限制，而且很少带宾语（刘月华，2001）。在琉球官话课本中，基本没有以上限制，带宾语的（无论在“不得”之前还是之后）反而更为常见。

C．V+得/不+C

“V+得+C”有 54 例，“V+不+C”有 100 例。

a．V+得+C

琉本《人》中有 19 例、《官》中有 9 例、《白》中有 20 例、《学》中有 6 例。这种格式的能性述补结构与表状态的述补结构形式是一样的，我们对二者的区分是根据句子出现的语言环境，在非现实的语境中，就是能性述补结构。如：

（77）女儿虽是软弱，人品也还看得过。（《琉/终/一》）

（78）两个人怎么会抱得紧？（《琉/狭/一》）

（79）对得来，我自然宽你。若是对不来，假冒童生，这拐带的事，定是你了。（《琉/狭/二》）

在现代汉语中也还常见这样的用法。只是在琉球官话课本中，还可在该结构前加能性助动词“会”，这在现代汉语普通话中是没有的。例（78）中助动词“会”赋予句子认识情态的色彩，表示对“V+得+C”实现可能性的推测。

“V+得+C”本身有“自主性”和“企望义”，表达的实现能性意义往往都是积极的，消极的目标不易进入，非自主的动词也不易进入。V 和 C 在肯定形式下相互加强，阻碍认识情态[①]的产生（李剑影，2007）。

蒋绍愚（1994：200-201）指出：“结果补语结构的否定式（表示

① 认识情态表达说话人对某事件或状态存在可能性的推测。

某一动作没有产生某一结果）和可能补语结构的否定式（表示某一动作不能产生某一结果）之间差别较小……如果说初期的‘V+得+C’要靠语境来区分究竟是表结果还是表可能的话，那么，初期的‘V+得+C’有时靠语境也难以区分究竟是表结果还是表可能。正因为如此，所以后来‘V+得+C’全用来表可能，是很自然的事情。”琉球官话课本中的“V+得+C”不全是用来表可能的，说明与现代汉语还存在差别。

b．V+不+C

琉本《人》中有 45 例、《官》中有 12 例、《白》中有 26 例、《学》中有 17 例。表面形式是“V+得+C”的否定形式，且语义上是对动作实现可能性的否定，但实际上二者无关（吴福祥，2002a）。它本是表示结果实现的“V+C”的否定式，原表实际之结果没有实现，后来才表悬想之可能。作补语成分的有形容词、不及物动词、趋向动词等。如：

（80）小弟的苦，讲不尽！（《琉/风/一》）

（81）若是对不来，假冒童生，这拐带的事定是你了。(《琉/狭/二》)

梁银峰（2006）曾将“V+不+C”演变模式总结为：

重新
（隋唐以前）分析　（隋唐宋时期）　　　　　　单一化（元代以后）
V_1 不 V_2 ⟶ V 不 C（表不可能，表结果）⟶ V 不 C（表不可能）

琉球官话课本中的“V+不+C”和元代以后只用来作为可能补语结构的否定式是一样的，表示施事者主观上不能做某事。

D．V+得+O+C，V+O+不+C

这是宾语在补语前的肯定和否定形式，肯定形式有 6 例、否定形式有 16 例。

a．V+得+O+C

琉本《人》中仅见 2 例，《官》1 例、《学》3 例，《白》无：

（82）就像大海里一颗颗的芝麻一样，那里数得他着？（《琉/自/一》）

（83）到有大半是进过学的，也都做得两篇来。(《琉/寒/一》)

（84）岂能带得一点去？（《官》）

（85）今晚表得些汗出来就好了。（《学》）

（86）我和你们主顾家时常来和你买，下遭补得你着的。（《学》）

（87）那里去赶得他着？（《学》）

这种肯定式中充当补语的成分主要是趋向动词或“着”。现代汉语普通话中没有这样的用法。

b．V +O +不+C

a 的否定式，琉本《人》有 15 例，《官》有 1 例，《白》和《学》中无。如：

（88）这个女子才有十七岁，一村的人个个都讲他标致得狠，这还不打紧，说他的才学聪明，随你甚么人也敌他不过。（《琉/风/三》）

（89）“他是一个不通的老腐儒，也扶持他不起。”（《琉/自/二》）

（90）傅星羞得满面通红，站脚不定，往里头就走。（《琉/狭/三》）

（91）商春茂见美人局弄他不动，心里十分不快活。（《琉/寒/二》）

（92）因日晚了，恐怕城门关，告辞起身，众人留我不住，只得送我出门。（《官》）

其宾语大都是有定的、确指的、且较为简单的成分，如人称代词、单音节名词。这似乎和汉语的一条规律“名词谓语动词之前趋于有定，位于动词之后趋于无定”（戴浩一，1988）相悖，梁银峰（2006：327）从汉语韵律结构的角度做出了较为合理的解释，我们表示赞同。

E．V+得+C+O，V+不+C+O

这是宾语在补语后的肯定和否定形式，肯定形式有 3 例、否定形式有 22 例。

a．V+得+C+O

这种格式的用例也极少，琉本《人》中仅见 2 例，只有 1 例为有效用例①，《白》中仅见 1 例，《官》《学》均无。如：

（93）尹老头子老实人，那里看得出个真假？满口应承。（《琉/风/三》）

① 另一例为诗体：“却喜功成仇尽报，芳名留得到如今。”（《琉/寒/一》）本研究认为这是高语体的表达，不能算作有效用例。

（94）身边盘缠一厘也没有，怎么会回得到家？（《白》）

“V+得+C+O”在现代汉语中多见，但在琉球官话课本中却极为少见。

b．V+不+C+O

a 的否定式，琉本《人》有 20 例、《官》有 2 例、《白》《学》中无。如：

（95）黄舆听了，摸不着头路，只得含糊答应说……（《琉/自/一》）

（96）巡狩撇不过同年的情谊，才肯了。（《琉/自/二》）

（97）原差拿不着犯人，要追比。（《琉/终/四》）

（98）见不着他，就将馆内东西偷去。（《官》）

助词“得”从唐代开始形成，唐宋时兼有表示获得结果、完成、持续、作动补结构的标志等多种功能；元代以后，表示完成、持续的用法逐渐衰落，作补语标志成为其主要功能，早期兼类，晚期功能迅速向单一化发展，是近代汉语中“得”字发展的基本过程（曹广顺，1995：80）。经过我们的考察发现，琉球官话课本中“得”的用法并没有单一化，仍表现出“得”的多功能性，与当时的北方作品和现代汉语北方话有所差别；而琉球官话课本中“得”的多种语法功能，在近代汉语末期的南方系作品和现代南方方言中都可以找到相对应的表达，这正是对琉球官话课本具有南方方言色彩这一语言性质的再次印证。

2.2 琉球官话课本中的“得”与同时期语料的比较

2.2.1 “得”的多功能性

“得”语法多功能性的表现

琉球官话课本中的“得”既可以作实义动词、助动词，还可以作较为虚化的动相补语、动态助词以及程度/状态补语标记、能性补语、能性补语标记，体现出语法上的多功能性。而在与之同时期的以北京官话为主要特色的《红》、以北方官话为主要特征的《老新》《重老》、以中原官话为主要特征的《歧》中，“得”的用法虽然也表现出一定的多功能性，但没有琉球官话课本中的活跃程度高（见表 2-2）。

表 2-2 清中叶不同语料中“得”的语法功能分布

语料	助动词	动态助词	程度/状态补语标记	能性补语	能性补语标记
《红》[①]	65	29	58	197	30
《老新》	2	2	5	10	3
《重老》	2	2	5	10	3
《歧》	88	11[②]	195	295	57
琉球官话课本	89	27	308	305	63

琉球官话课本的语料量远远小于《红》《歧》，但课本中“得”各种语法功能分布的用例却远远大于《红》《歧》；与之语料量相近的《老新》《重老》“得”的用法则相当式微。

不仅如此，“得”的语法环境相对于其他语料也宽松得多。

元明时期的《古老》和《老》中能性述补结构的“得”在清中叶《老新》和《重老》中有 33 例改为其他助动词形式的例子，如[③]：

若教道他不立身，成不得人，也是他的命也者。咱每为父母心尽了，不曾落后。 (古老 31a6)

若教道他不立身，成不得人，也是他的命也。咱们尽了为父母的心，不曾落后。 (老 38b1 / 204)

若教的不好，不能成人，虽是他的命该如此，咱们为父母的心，怎么能不懊悔呢？ (老新 36b5)

若教的不好，不能成人，虽是他的命该如此，父母的心能不懊悔？(重老 41al / 215)

“得”语义多功能性的表现

语法功能负载相应的语法意义：琉球官话课本中的“得”既可以表“获得”“得到”义，也可以表示实现某种结果或动作实现的意义，

① 这里统计的语料来自《红》前八十回的对话部分。

②《歧》中有近 200 例“的”表完成，但是否仅仅是“得”的字形变体，还很难说清楚。因为《歧》中“的”还有表持续的用法，而写作“得”的字形则没有。“的”完全有可能是“着”的弱化形式。关于《歧》中“得”“的”的现象将另文研究，这里还是有区分的必要。

③ 该资料中的引文均标记书名、页数、行数。例如：（古老 4a7）（老 4b7/8），“古老”表示“古本老乞大”，“老”表示“老乞大谚解”，“4”表示原书的页数，“a”表示正面，“b”表示反面，“7”表示“行数”，“8”表示现代影印本的页数。

还可以表示能性范畴的 5 种下位义，体现出语义上的多功能性。而在与之同时期的以北京官话为主要特色的《红》、以北方官话为主要特征的《老新》《重老》、以中原官话为主要特征的《歧》中，“得”的用法则没有如此丰富的语义功能，在表现能性范畴的语义涵盖性上要窄得多（详见能性述补结构部分）。

2.2.2 “得”字程度述补结构的特点

琉球官话课本中有 25 例“~得紧”，在同时期的以北京官话为主要特色的《红》、以北方官话为主要特征的《老新》《重老》、以中原官话为主要特征的《歧》中共见 7 例，在同时期有江淮官话色彩的《儒》中共见 23 例。可见，表高程度的补语“~得紧”在清中叶带有北方色彩的语料中并不常用，而在带有南方色彩的语料中常用。香坂顺一（1997）曾指出：“在表示很强程度的时候使用‘得紧’的例子，在现代语里也可以见到，但多见于南方话，北方话用得就不一定普遍了。”这一观察与我们的考察结果是大致相同的。

2.2.3 “得”字能性述补结构的特点

汉语从古到今表动作的可能性有两种方式：一是词汇形式，在主要动词前用表可能的助动词“能（够）”“可能”“会”“可（以）”“得”等；二是句法形式，即表能性意义的述补结构（李宗江，1994）。琉球官话课本能性范畴的表达也不外这两种：一种是前置助动词，另一种是中置、后置能性述补结构。

“得”字能性述补结构[①]的语义分布情况及特点

经过前述考察可以发现：在琉球官话课本中，能性述补结构表达的语义可以涵盖 5 种下位义，它是表达能性意义最具原型特征的典型成分。那么与之相关的表示能性的助动词的使用情况如何？琉球官话课本表示能性的两种方式在同时期语料中的表现又是如何？

琉球官话课本中使用最多的能性助动词是“会”，它不仅具有现代

① 这里的能性补语结构包括能性傀儡补语结构。

汉语普通话“会”的所有用法，而且还有另外的特殊用法。如：

（99）你如今虽然做个知县，不会展你的才能，也要替朝廷办事，爱惜百姓才好。(《琉/自/二》)

（100）不晓得这女子是怎么样的，会接他来一看，替他比比才学，若是他才高，孩儿就甘愿了！（《琉/风/三》）

（101）文章的道理，本司颇颇也自家抱负，若是你下科不会联捷高中，我不剜眼睛谢你，我再不敢议论文章！(《琉/自/一》)

以上例句中的“会”后面的动作是人或生物发出的某种具体动作，也即非类指性[①]的动作，“会”表示的均是实施某种具体动作的条件，与现代汉语普通话中表示具有某类动作能力的“会”不同，现代汉语普通话中“会”后如果加具体的动作，表示的则是可能性。

上文已经提到，琉球官话课本中的“得”有能性助动词的用法，表示“客观条件促使”，在此不赘述。“可（以）”表示具备实现某种动作/结果的客观条件、情理上许可/准许，“能”表示具备实现某种动作/结果的主观能力、表示具备实现某种动作/结果的客观条件、表示对某一命题的或然性的肯定，这些用法在现代汉语普通话中均可以找到相应的表达，显示出与官话的一致性。我们将这些能性助动词的语义分布统计为表 2-3：

表 2-3　琉球官话课本能性助动词的语义分布

语料	语义类型								
	主观能力		客观条件				可能		许可/准许
	会	能	得	可（以）	会	能	会	能	可（以）
《官》	14	9	8	14	5	4	2	3	12
琉本《人》	59	4	24	28	31	2	32	3	8
《白》	15	2	41	18	5	4	10	1	4
《学》	10	0	16	1	4	1	1	0	4
共计	98	15	89	61	45	11	45	7	28

① 大致而言，“类指性”动作一般是指一种能力，“非类指性”动作是指某种具体的动作，二者之间的具体差别，详见蒋绍愚（2007）。

经过统计和分析可以看出：

第一，大致而言，琉球官话课本中表达能性范畴的助动词主要有“会、可（以）、能、得”，其中“会”188 例、“可（以）”89 例、“得”89 例、“能”33 例，四者中没有一个可以通表能性范畴的 5 个语义次类，它们都只能表示能性范畴的前三个语义次类，即使是占有相当优势的“会”也是如此。因此，琉球官话课本中能性助动词的语义涵盖性不强。

第二，具体而言，在这三个语义次类中，几种能性助动词的分布各有侧重：“会”的主要用法是表达主观能力，同时也是主观能力这个语义次类最主要的能性助动词，也可表达客观条件和可能，但是不能表达许可/准许；“可（以）”表客观条件和许可/准许，但不表主观能力和可能；“得”仅表客观条件，也是客观条件这个语义次类最主要的能性助动词；“能”在琉球官话课本中从《官》的 16 例，到琉本《人》的 9 例、《白》的 7 例，最后到《学》的 1 例，说明它的用法越来越萎缩，它是琉球官话课本中表达能性范畴的最“边缘”成员。

与琉球官话课本同时期的《红》《老新》《重老》《歧》中“能”“会”的语义分布情况如表 2-4 所示：

表 2-4　《红》《老新》《重老》《歧》中　“能”“会”的语义分布

语料	语义类型									
	主观能力		客观条件		可能		许可/准许		共计	
	能	会	能	会	能	会	能	会	能	会
《红》	125	103	127	0	101	2	9	0	362	105
《老新》	5	21	9	0	5	0	4	0	23	21
《重老》	5	21	7	0	4	0	4	0	20	21
《歧》	171	160	140	5	133	13	20	0	464	178

经过比较发现，在具有北方方言色彩的文献中，“能”的语法功能、语义分布比“会”要更为全面。而“会”的表义较为单一，正如吕叔湘（1999：416）所指出的：“北方口语多用‘能’，别的方

言多用‘会’。”“能、会”在东南方言里，闽语说“解”（胡买切，晓也），说普通话时对应为“会”，不说“能”；吴语经常说“会、会得”，很少说“能够”；粤语也是只有“会”没有“能”，“能够”只用于书面语（刘晓梅、李如龙，2004：64）。客家方言也可以用“唅”表“有可能”。琉球官话课本中“会”大量使用且用法多样化的倾向，或许正是其南方色彩的表现。

琉球官话课本、北方语料中能性范畴的语义分布分别如表 2-5、表 2-6 所示：

表 2-5　琉球官话课本中能性范畴的语义分布

能性范畴的表现形式		语义类型				
		主观能力	客观条件	可能	许可	准许
助动词	会	+	+	+	−	−
	能	+	+	+	−	−
	可（以）	−	+	−	+	+
	得	−	+	−	−	−
能性述补结构		+	+	+	+	+

注：+表示具备该种用法；−表示不具备该种用法，或即使具有也是个别用例。

表 2-6　《红》《老新》《重老》《歧》中能性范畴的语义分布

能性范畴的表现形式		语义类型				
		主观能力	客观条件	可能	许可	准许
助动词	会	+	+	+	−	−
	能	+	+	+	+	+
	可（以）	−	+	−	+	+
	得	−	+	−	+	+
能性述补结构[①]		+	+	+	−	−

注：+表示具备该种用法；−表示不具备该种用法，或即使具备也是个别用例。

在表达能性范畴的两种手段中，琉球官话课本能性述补结构的语

① 《红》《歧》中有表示许可、准许的“得”字述补结构，但所占比重不到“得”字能性述补结构的 3%，是极不常见的用法。

义涵盖性最强，是表达能性范畴最全面的手段；在《红》《老新》《重老》《歧》中，表达能性范畴最全面的手段则是助动词。在能性范畴手段的选择上面，琉球官话课本与同时期北方色彩的语料存在着分野，体现出与北京官话、中原官话、北方官话不同的“南方官话”色彩。

琉球官话课本中能性述补结构不仅是语义涵盖性最强的手段，而且在表主观能力、客观条件、可能性三种下位义时，《红》《歧》肯定义多用“能+V+C”或“可以+V+C”，“V+得+C”用得较少；否定义一般用“V+不+C”，“不能+V+C”用得极少，体现出与现代汉语普通话的一致性。琉球官话课本中表主观能力、客观条件、可能性三种下位义的肯定义的能性助动词和能性述补结构的数量相当，接近 1∶1；表主观能力、客观条件、可能性三种下位义否定义的能性助动词和能性述补结构的数量之比接近 1∶2，能性助动词（主要是“会”）的用法也很活跃。总之，琉球官话课本的能性范畴与同时期北方语料中的表达存在着不小的差异，这种差异正是其南方性质的表现。

能性述补结构的特点比较

肯定式、否定式的比较

本研究发现，琉球官话课本中带“得”的能性述补结构否定形式比肯定形式略占优势，二者比例接近 3∶2。整理、归纳见表 2-7：

表 2-7　琉球官话课本中带“得”的能性述补结构

类型		肯定形式	用例	否定形式	用例
I	A	V+得	71	V+不得	95
	B	V+得+O	63	V+不得+O	61
				V+O+不得	15
II	C	V+得+C	54	V+不+C	100
	D	V+得+O+C	6	V+O+不+C	16
	E	V+得+C+O	3	V+不+C+O	22
共计		197		309	

而与琉球官话课本同时期的《红》《老新》《重老》《歧》中否定式占有绝对的优势，否定式与肯定式的比例分别约为 15∶2、10∶1、

10：1、19：1。因此，琉球官话课本与同时期北京官话、北方官话、中原官话有相同之处，均是否定式占优势，体现出琉球官话课本与官话的一致性；但前者的优势没有后者的明显，又显示出一定的特殊性。

能性述补结构中宾语和补语位置的比较

能性述补结构宾语和补语的位置牵涉到两种类型的格式，一种是宾语在前的“V+得+O+C/V+O+不+C”“V+O+不得”，另一种是补语在前的“V+得+C+O/V+不+C+O”“V+不得+O”；两种类型的格式在琉球官话课本中的用例各为37例、86例，比例接近1：2。这与同时期的《红》《老新》《重老》和《歧》存在明显的不同，如表2-8所示。

表2-8 清中叶语料中宾语、补语位置的使用情况

语料	宾语居于补语前			宾语居于补语后		
	V+得+O+C	V+O+不+C	V+O+不得	V+得+C+O	V+不+C+O	V+不+得+O
《红》	0	15	0	56	246	182
《老新》《重老》	0	0	0	0	4	8
《歧》	0	9	0	5	135	126
琉球官话课本	6	16	15	3	22	61

琉球官话课本与《红》《歧》均有宾语在补语前、后的用例，但是《红》中宾语在补语前与宾语在补语后的比例接近1：32（15：484）；《歧》中宾语在补语前与宾语在补语后的比例接近1：30（9：266），而《老新》《重老》则无一例宾语在前的用例。它们的情况与琉球官话课本中二者比例接近1：2（37：86）的情况形成了鲜明的对比。

“得”在琉球官话课本与同时期北方色彩的语料中体现出的相同之处，体现出官话的趋同性；而与同时期北方色彩的语料中体现出的差异，体现出了已被证明的南方官话的性质。

能性述补结构的强化式

琉球官话课本的能性述补结构既可表示客观条件促使的情况，也可表示主体的能动能力，还可以表示可能性，情理上是否许可或准许实现某种动作行为。能性助动词“可以”多表示客观条件或情理上限制的情况下（非现实条件），可以发生的动作或事件，强调客观、情理允许的可能性；而能性助动词“会”“能”多侧重主体主观的能动性、命题的可能性。如例（102）和例（103）表示的是主体主观能力达不到；而例（107）则表示的是要具备“由下刮上去的风”这一条件，纸鹞才能够“放起”。因此，能性述补结构之前如果有“可以”或“会”“能”，所强化的语义是不同的（见表 2-9）。

表 2-9　“可以”“会”“能”的强化作用

能性述补结构	前加“可（以）”	前加“会”	前加“能”
作用	强化客观条件、情理允许	强化主观能力允许或可能性	强化主观能力允许或可能性

强化主观能力允许：

（102）吕柯听了欢喜道：“门生（敬）祝寿之心，不能做得。子苍兄的大才，正好应老师之命，亦可为小弟借光。”（《琉/风/一》）

（103）那里晓得司马玄才高这样的，尹荇烟怎么会和得呢？（《琉/风/四》）

（104）还望老爷出个题目，容我做几句，求老爷看。会做得知县，做不得知县，凭老爷裁夺。（《琉/自/一》）

强化客观条件允许：

（105）我女儿起头不服，意思要替他比比才学。怎么会叫得他来呢？（《琉/风/四》）

（106）先在眼前日用言语，学习明白，然后那些事物的话，皆可渐渐理会得来。（《官》）

（107）到了秋时，风气是由下刮上去，纸鹞才可以放得起。（《官》）

强化可能性：

（108）你虽有田园产业，金银财宝，一朝大限来时，催你去见阎

王，那些东西，岂能带得一点去？（《官》）

（109）这里地方，毒蛇狠多，若是给他咬了，立刻就死，有药也不会救得来，各位小心要紧。(《白》)

强化情理允许：

（110）就在这港口外边，离这里不多远，可以望得见的。(《白》)

这种格式主要是表示实现某种动作行为的能力或条件。我们考察了琉本《人》的母本啸本《人》，发现琉本《人》中的10个强化式的用例并非源自啸本[①]。如：

（102’）吕柯听了欢喜道：“门生敬祝之心，苦无可伸，子苍兄大才，正好应老师之命，亦可为小弟借光。”(《啸/风/一》)

（103’）心下想道：“我一时高兴，倚着荇烟有才，指望和一妙诗压倒司马玄，谁知司马玄才高若此，却教荇烟如何又能出奇？倘和韵不佳，未免倒自取其笑。”(《啸/风/四》)

（104’）还望老恩台赐题，容贡生竭驽马之才，于篇章之末，求老恩台公阅，或堪百里，或堪佐二，悉听老恩台裁酌。(《啸/自/一》)

（105’）小女初心不服，意欲与之一较，而不能致之以来。(《啸/风/四》)

仅见的3例“会+V+得”也并非由啸本直接继承而来，而是将“能够、能、可以”改为了“会”。

未然语境中的“V+得”格式本身可以承载能性意义，但还有“不能做得”“会和得”“可以放得起”这种叠床架屋的现象，“会”“能”“可以”都表示实现动作的可能，“得”是否已属于羡余的成分呢？[②]我们如何来看待和解释琉球官话课本出现的这一“叠床架屋”的现象呢？能性范畴是语法使用频率较高的一个语法范畴，很有可能发生语义的虚化或弱化。随着时间的推移，会发生语义的消耗磨损，为了抵消语义虚化或弱化带来的磨损，于是兼用其他手段作为代偿，加强表达能性的意义。这就是刘丹青（2001）所说语法化中的“强化”。他指出，语法化中的强化（reinforcement）指在已有的虚词虚语素上再加上同

① 仅有3例来自啸本。

② 李思明（1991）认为这是表可能的述补结构，我们从此说。

类或相关的虚化要素，使原有虚化单位的句法意义作用得到加强。他引用雷曼（Lehman，1995）的话说：虚化成分过分弱化时，更新和强化具有抵消和弥补虚化造成的损耗的功能是保存语法力量的两种选择。也就是说，强化是抵消语法化损耗的有用机制。更新是新旧形式的交替，而强化则是新旧形式并存，而且新旧形式的表义作用及句法性质可能相差较大，因此其表现形式也较为复杂。强化现象大致分为四类：一是具体强化，即用更加具体的词项来强化较抽象的语法化程度更高的单位；二是同义强化，即把几个同义虚词联合在一起构成一个同义的新虚词；三是连接强化，即在表达句法关系的虚词上再加上起连接作用的虚词；四是焦点强化，即在有关虚词上加上焦点标记以示强调，并发展为固定的强调形式。琉球官话课本中兼用能性助动词和“得”这两种手段的方式，我们可以认为是一种具体强化。这一现象可以和上文表程度补语的“十分闷得紧”“好可怜得狠”看作是平行的现象。

“得”在琉球官话课本与同时期北方色彩的语料中体现出的相同之处，体现出官话的趋同性；而与同时期北方色彩的语料中体现出的差异，是不是体现了已被证明的南方性质呢？我们将琉球官话课本“得”的主要特点置于汉语史的背景，考察其特色用法的发展流变，进而对其用法进行定性。

2.3 琉球官话课本中“得”的历时演变与类型

语言成分的多功能性是历时演变的产物。一个语言成分在历时过程中先后产生各种意义或功能，如果这些意义或功能并存于某个共时层面，该语言成分就会呈现多功能性（吴福祥，2009）。琉球官话系列课本中“得”的多功能用法，是不同层次历史用法积淀的结果。我们以琉球官话课本中“得”的主要特点为纲，对各种特征的发展进行梳理，考察其性质。表“得到”“获得”义的动词“得”自上古沿用至今，因此本书不做它的历时分析。助动词“得”表达能性意义，我们与能性述补结构的历时演变一起谈。

2.3.1 “得”多功能性的历时演变与类型

助动词“得”的历时演变与类型

“得+V”的使用并不广泛，俞光中、植田均（1999：196）认为只是存在于近代汉语时期。其实早在《论语》《左传》《荀子》等文献里，就出现了“得”作为助动词的用例，如[①]：

盗贼得变，此不得变也。（《荀子·非相》）

射中，则得为诸侯；射不中，则不得为诸侯。（《礼记·射记》）

有北方色彩的《敦煌变文12种》中仅见29例助动词“得”，但在有南方色彩的《祖堂集》中助动词“得”多达226例。元代“四种南戏”中的《蔡伯喈琵琶记》共有22例助动词“得”。

明代“三言”中也多见到这样用法的“得”，如：

若要千绢，除非伯父处可办。只是关山迢递，怎得寄个信去？（《喻世明言》第8卷）

但并不仅限于近代汉语时期，因为这种用法在清末粤方言材料《粤》中也可以见到，如：

冇得添咯。（不能加了。）（《粤》第9课）

倘若过哓时候，就冇得睇嘅喇。（要是过了时候就看不到的了。）（《粤》第70课）

现代南方方言如粤语广州话、客家丰顺话、赣语宜丰话（邵宜，2007）、湘语长沙话（张大旗，1985）、衡阳话、洞口话（胡云晚，2005a）也有与琉球官话课本平行的助动词的用法。如：

粤语广州话：你得好返，真系万幸咯。（你能恢复健康，真幸运。）

客家丰顺话：饭得熟（饭会熟）

赣语宜丰话：落口个大咯雨，佢得来吗？（下这么大的雨，他会来吗？）

湘语长沙话：冒带房门钥匙，哪里得进去咧！（哪能进去哩！）

湘语衡阳话：你不向我道歉，我就不得走！（你不向我道歉，我就

---

① 以下两例转引自林新年（2006：104）。

不走！）

湘语洞口话：日头大，衣衫才得干。（太阳光强烈，衣服才能干。）

现代北方方言表达能性意义不用助动词“得”，北方方言中的助动词“得”表达必要的意义。

吕叔湘（1984）指出：“得”之表可能，又可判别“可”“能”二义。能与不能，以行事者自身能力而言；可与不可，则取决于外在之实力，如情理之当然，如他人之好恶，而非行事者本人所左右者也。在琉球官话课本中，助动词“得”主要表示“客观条件促使”或“情势所然”，多是主体所不能主观控制的。《祖堂集》中的助动词“得”出现了 226 例，也不表主体所不能控制的因素。祝敏彻（1960）提到：“助动词‘得’的语法作用，与能愿动词‘能’字很相近，但它与‘能’字有所分工：‘得’字一般是表示客观条件的许可（可能），而‘能’字专表人的主观可能性。”与课本相比，琉本《人》中作助动词的“得”不是特别常见的用法，与“会”[①]（188 例）、“可（以）”（89 例）和“能”（33 例）共同表示动作或事件可能性的范畴。课本中作助动词的“得”的相对比例较高，但也不是能性范畴的主要表达手段。可见“得”在琉球官话课本中还带着助动词的性质，而现代汉语普通话中“得”置于动词前已没有作助动词表可能的用法，只能出现在否定的句法环境，组成表禁止的书面用语“不得~”，普通话的“得”已经完全虚化为助词[②]。而在琉球官话课本中作助动词的“得”没有普通话这种表情理、事理是否允许动作实现和表准许、允许的用法。

动态助词“得”的历时演变与类型

表完成、实现的准动态助词“得”在唐代已有用例，如：

到得南岸，应是舟舡，溺在水中……（《敦煌变文集·伍子胥变文》）

到了宋朝有所发展，但不同地域色彩的语料有速度的差别：有北方色彩的《三朝北盟会编》仅出现 26 例，而有南方色彩的《朱子语类辑略》中则出现 155 例准动态助词“得”（吴福祥，2004：216）。

---

① 关于琉本《人》中的“会”，可参见李丹丹（2008）。

② 作助动词的“得”仅保留在书面语体中，且以否定形式出现，限于表“不允许、禁止”义。如：机房重地，不得入内。

曹广顺（1995）认为，动态助词“得”到元代以后逐渐趋向消亡。但是据我们的考察，元代以后有南方色彩的历史文献中，仍能看到不少动态助词用例。

《清平山堂话本》是明代洪楩编刻的宋元话本集，吕叔湘（1956）认为“话本系汴梁话和钱塘一带的吴语相混合的一种方言”。江蓝生（2000：46）认为它所反映的应是南宋首都临安（今杭州）一带的方言，是明代嘉靖年间刊刻的至今知道得最早的话本小说集。梅祖麟（1998：78、83）更明确主张，南宋以来的话本带有南宋临安话中的吴语成分，“至晚从南宋开始，在长江中下游流行一种南方话，后来变成皖南的部分徽语方言以及江浙地带的部分吴语方言”。该部作品中可见到用作动态助词的“得”。如：

到得明日，早饭后，王吉把那封书来，拆开看时，里面写着四句诗，便是夜来梦里见那浑家做底一般，当便安排行李，即时归家去。（《简帖和尚公案传奇》）

安住去：“自从离了伯父，到路州高平县下马村张学究家趁熟，过不得两年，父母双亡，止存得孩儿。”（《柳耆卿诗酒玩江楼记》）

明代有吴语色彩的《型世言》（以下简称《型》）[①]中也见用例，如：

那师祖定公甚是奇他，到得十岁，教他诵经吹打，无般不会。到了十一二岁，便无所不通。（《型》第35回）

“得”与“了”变文同义。明代有吴语色彩的《山歌》、晚清有吴语色彩的《九尾龟》（以下简称《九》）中也有大量动态助词“得”，如：

姐听情郎刚上得楼，弗知个星闲神野鬼。（《山歌·捉头》）

说我不应这样的荒唐，刚刚到得苏州，便把带来的银子一齐输掉。（《九》第59回）

现代吴语（刘丹青，1996a、1996b）、江淮官话[②]（王健，2006、

---

① 《型世言》（共四十回）保存了大量明末口语，刊行于崇祯五六年间（约为1628年），作者陆人龙，浙江钱塘（今杭州）人。

② 鲁国尧指出“江淮之间和江南古为一体，吴语区本北抵淮河，永嘉丧乱后，大量北方居民南迁，江淮间随由吴语变为北方方言区。”（汪如东，2003）“江淮官话既有官话方言的特点，还有吴方言的特点，实质上是吴方言到官话方言的过渡区。”（侯精一，2002：36）因此600多年前江淮官话就多少带有了吴方言的一些特征。

2008)、湘语（张大旗，1985；胡云晚，2005b)、西南官话昆明话（张华文，1991)、丹江话（苏俊波，2007）中也存在“得”作为表完成的动态助词。无论是历史语料中还是现代方言中的这种“得”，均用于前景事件（foreground event）[①]中，即用在小句中，不能单独成句。

可见，琉球官话课本“得”字动态助词的用法继承于近代汉语，延续有南方色彩语料的特点，体现出南方特色。

2.3.2 “得”字程度补语的历时演变与类型

“得”字程度补语结构在明清之前使用并不多见，因此我们从明清开始考察。明清吴语材料中，程度补语形式较为多样化，如“~得极”表示程度很高，与“得紧”音近义同：

天气风凉得极，着子单海青，冒子点寒哉。(《缀白裘》第 9 集第 2 卷）

承蒙大少笃匆嫌待慢，肯到奴搭来，奴真真感激得极。(《九》第 18 回）

“～得来”表程度之高，如：

先生客气得来，啥人匆晓得上海滩浪沈小红先生，再要说匆好！(《海》第 24 回）

陆里来个小伙子，标致得来！(《海》第 64 回）

“~得势”也表程度极端的高，与“~得（的）很（狠)”意义接近。如：

（丑）一个活扭扭，好得势个。进去，进去。(《缀白裘》第 8 集第 4 卷）

我看起来，上海场花要寻点生意也难得势哚。(《海》第 12 回）

与琉球官话课本年代相近的《红》(前 80 回)、《歧》《儒》和年代稍后的《儿》《海》中“得紧”与“得（的）很（狠)”的使用情况见表 2-10：

① 我们把表示背景时间信息的事件称为背景事件（background event)，把表示前景时间信息的事件称为前景事件（foreground event)。有关前景事件和背景事件的区别，详见杨永龙（2001：27）

表 2-10 “~得紧”等与“~得（的）很（狠）”的使用情况

语料	~得紧	~得（的）很（狠）	总计
《红》（前 80 回）	1	32	33
《歧》	6	36	42
《儒》	23	23	46
《儿》	3	10	13
《小》	0	0	0
琉球官话课本	25	50	75
《海》	3（~得极） 67（~得来） 35（~得势）	0	105

我们可以从统计数据中发现，琉球官话课本、吴语色彩的《海》中程度补语结构要比其他语料更为常见，琉球官话课本的语料不到 16 万字，程度补语结构就有 75 例之多，《海》也有 100 余例；而《红》（前 80 回）、《歧》《儒》《儿》《小》的语料中程度补语结构多选用“~得（的）很（狠）”，且均比琉球官话课本少，尤其是《儿》更加式微，《小》则不见。在表现程度范畴的形式上，琉球官话课本、《海》的后置要比其他的更突出一些。

据调查，表达程度范畴的前置方式在多数北方方言中较为常见。中原官话河南浚县话中的程度副词“些”意思相当于普通话的“很”，但却只能前置于谓语作状语，不能后置于谓语作补语（辛永芬，2006）：

这儿嘞东西些贵。（这儿的东西很贵。）

*他对人实在嘞些。（他对人实在得很。）

晋语神木话（邢向东，2007：538）中的“海[xE213]”相当于普通话“很”，极其常用，但只能前置于形容词或助动词前，不能作补语：

而真的孩伢儿海难伺应嘞。

*人家那后生能行嘞海。

某些北方地区的方言中即使有后置的补语成分，也仅限于“~得很”或“~得慌”，前者如兰州方言，后者如安阳方言。

而南方方言则不然。

闽南厦门话[①]表程度的后置成分是“□死”[beʔ^{32}si^{51}]，如：

好甲□死[beʔ^{32}si^{51}]。

欢喜甲□死[beʔ^{32}si^{51}]。

另外还可以在“□死”[beʔ^{32}si^{51}]前再加一个“活”字，用前加后补的形式来表示，构成“活 beʔ^{32}+形容词+死”，这种“叠床架屋”的形式与琉球官话课本的表达相一致。如：

两人活□[beʔ^{32}]好死[si^{0}]。（两个人好得要命。）

闽语永安话[②]表程度高的副词“极”只能位于谓语后，不能位于谓语之前，如：

好极（*极好）、累极（*极累）、歹极（*极歹）

吴语苏州话后置的程度副词“来稀”“得势”“煞”“得来”[③]较为发达，如：

大来稀、客气得势、怕煞、吓煞、睏来、时髦得来、性急得来、牢记得来

吴语温州话程度副词修饰形容词，以后置占优势（且不加“得”）[④]。如：

好显（很好）、大显（很大）、悬显（很高）、用力显（很卖力）、苦死（很苦）、臭倒（很臭）、香尽（十分香）

兴宁客家话[⑤]也有大量丰富的后置程度补语结构，而且也很常用，如：

红死里、冷到难、白到喂死、香到死、造光□[ŋa^{52}]死（调皮得很）

粤语广州话后置的程度补语结构也很丰富，如：

---

① 以下厦门话用例转引自黄伯荣（1996：408）《汉语方言语法类编》。

② 以下永安话用例转引自黄伯荣（1996：409）《汉语方言语法类编》。

③ 以下苏州话用例转引自袁家骅（1960：98）。

④ “好显（很好）、苦死（很苦）、臭倒（很臭）、香尽（十分香）”转引自黄伯荣（1996：407）《汉语方言语法类编》。

⑤ 以下兴宁客家话用例转引自黄伯荣（1996：409）《汉语方言语法类编》。

呢件衫梗新啦，我都冇着乜滞。（这件衣服当然新啦，我差不多没穿它。）

我只脚痛得滞。（我的脚太疼了。）

湖南安仁方言（陈满华，1995：233）也有后置的程度补语的句式，如：

有几斤很咯（很有几斤）

走哒几回很咯（走了好几回）

南方方言后置于谓词的补语结构较北方方言①更特别，不仅体现在使用的补语结构多样化上，还体现在使用的频率上，相对于北方方言，南方方言程度范畴的语序选择更倾向于后置。这也许与南方方言的特征有关。

据李云兵（2008：116），侗台语族台语支的傣语，侗水语支的莫语、拉伽语等，苗瑶语族湘西苗语、布努语、巴哼语、炯奈语、勉语等语言，程度副词均以后置为优势，如：

西傣语	va:n^{1}tɛ^{4} 很甜	di^{1}tɛ^{4} 很好
	甜 很	好很
莫 语	vuŋ^{1}han^{5} 很高	vəi^{2}han^{5} 很肥
	高 很	肥 很
拉伽语	khja:ŋ^{1}a:k^{7} 很高	tsɛt^{7}a:k^{7} 很痛
	高 很	痛 很
湘西苗语	ntɕhi^{53}ta^{53} 真红	ntɕha^{53}hen^{53} 很害怕
	红 真	怕 很
布努语	kwe^{33}si^{54}nə^{232} 很远	aŋ^{42} si^{54}nə^{232} 很高兴
	远 很	高兴 很
巴哼语	kwɔ^{35}ŋ^{35} 很白	l̥jo^{35}ŋ^{35} 很大
	白 很	大 很
炯奈语	l̥jeu^{44}vaŋ^{33} 很大	ŋkheŋ^{44}vaŋ^{33} 很高
	大 很	高 很

① 虽然在西安、兰州等方言中也有“得很”，但它们仅有这一种程度补语结构，且在语法功能上与我们这里谈到的程度补语结构不同。

勉　语　　khɔ^{35}tu^{53}khəu^{35} 瘦得很　　　　njɛn^{35}ṇən^{35} 很多

　　　　　瘦　得　很　　　　　　　　　多　很

他指出，Adj+AD 为优势语序的语言，AD 大体上是固有词。

连南八排瑶语（巢宗祺、余伟文，1989：225、279）亦然：

tsam^{44}　siang^{53}　o^{44}.

热　　　很　　　啦。

kui^{44}　tong^{24}　du$^{24-21}$　siang^{53}　e^{22}.

头　　　发　　　长　　　很　　（助）。

傣雅语（邢公畹，1989：95）：

xa:u^{53}　wa:n^{31}　ta^{11}　ti^{31}.

快　　　乐　　　得　　很。

2.3.3 “得”字能性述补结构的演变与类型

“得”字能性述补结构语义分布的演变与类型

历时语料中能性述补结构语义涵盖性的演变与类型

A. 表达能性助动词的语义分布情况

据我们对历时语料的考察，“能”能否通表能性范畴所有下位义的用法最晚从唐、五代就出现了南北的差异：具有北方方言色彩的文献《敦煌变文集》《三朝北盟会编》《元刊杂剧三十种》《训世评话》中的“能”均表现出丰富的表义多功能性，可表主观能力、客观条件、可能性、许可或准许，通表整个能性范畴；具有南方方言色彩的文献《祖堂集》《朱子语类》《全元南戏》《型》的“能”多集中表现主观能力，其次是客观条件，不能通表整个能性范畴。

“会”在中古前主要用作表“汇合、会见、懂得”等义动词，到宋元时期才产生助动词的用法。如《朱子语类》《蔡伯喈琵琶记》中，虽没有可以通表整个能性范畴所有下位义的助动词，但“会”的用法与琉球官话课本中表义的涵盖性一致，如[①]：

客观条件：人若读得左传熟，直是会趋利避害。然世间利害，如

① 以下《朱子语类》中的两例转引自蒋绍愚（2007）。

何被人趋避了！（《朱子语类》）

若是孩儿在家里，也会区处裨补，也不到得恁地狈。（《蔡伯喈琵琶记》）

可能性：古人有取于“登高能赋”，这也须是敏，须是会说得通畅。（《朱子语类》）

不因分俵赈济，如何会泄天机？（《蔡伯喈琵琶记》）

我们考察了记录两宋之间有北方方言色彩的《三朝北盟会编》，能性助动词“会”仅有 5 例，且均表具备实现某种动作/结果的主观能力，元代《元刊杂剧三十种》中“会”也极少使用，且没有具有南方色彩的《朱》、琉球官话课本中表客观条件、可能性的用法。

B. 能性述补结构语义涵盖性的演变与类型

琉球官话课本能性述补结构中的“得”与南系旧白话中“得”的用法是一致的。反映唐末五代时期白话、带有南方方言色彩的《祖堂集》中表可能的“得”可以表示能性范畴的所有下位义，如：

主观能力：又问：“是何人诵得？”师指禅床左臂云：“这个师僧诵得。”（《祖堂集·卷十七·岑和尚》）

客观条件：僧曰：“和尚病，争看得他？”（《祖堂集·卷六·洞山》）

可能性：只到这里岂是提得起摩？（《祖堂集·卷六·洞山》）

情理许可或准许：若有心入定者，即一切有情悉皆有心，亦合得定；若无心入者，一切无情亦合得定。（《祖堂集·卷二·僧伽难提》）

《朱子语类辑略》①中带“得”的能性述补结构有 339 例，也可以表现能性范畴中的各种下位义，如：

主观能力：如今为学甚难，缘小学无人习得。（第 42 页）

客观条件：又曰：“须是踏翻了船，通身都在那水中方看得出。”（第 160 页）

可能性：今区区小儒，怎生出得他手？（第 233 页）

情理许可或准许：天下有必亡之势，这如何慢慢得！（第 258 页）

元代“四种南戏”中的《蔡伯喈琵琶记》中带“得”的能性述补

① 以下《朱子语类辑略》用例转引自吴福祥（2004：77）。

结构有 91 例，可以表现能性范畴的各种下位义，如：

主观能力：我相公实学多才，怕解得这故事，也不见得？

客观条件：虽然这头发值不得恁多钱，也只把做些意儿，一似教化一般。

可能性：奴便是糠么，怎的把糠救得人饥馁？

情理许可或准许：我这坦自闲评论，他须记一夜夫妻百夜恩，怎做得区区陌路上人？

明末有吴语色彩的南方系作品《型》中也有这样的用法，该作品中出现了大量带“得”的能性述补结构，如：

主观能力：看定事做得来，何必张张皇皇惊吓里边，张大自己的功？（《型》第 17 回）

客观条件：当胸一把，连崔科的长胡子也扭了，崔科动也动不得。（《型》第 9 回）

可能性：但他父子从不曾见面，如何寻得？（《型》第 9 回）

情理许可或准许：县尊道：“看你这人强梁，毕竟日后还思谋害朱玉，这决饶不得。”（《型》第 25 回）

在清末粤方言材料《粤》中也可以见到这样的用例，如：

呢把秤秤得几多斤呢？呢把秤秤得一百斤重嘅。（《粤》第 23 课）

个啲官府至高嘅係总督，佢嘅权管理或一省或两省，官府所住嘅地方叫作衙门，有（有）啲好大间，住得几千人咁多嘅。（《粤》第 45 课）

“秤得几多斤”在普通话中要表示为“能称多少斤”，“住得几千人”在普通话中要表示为“能住几千人”。

在一百多年前编写出版的新界客家方言课本《启蒙浅学》中，带“得”的可能式可以表示能性范畴，如[①]：

主观能力：七隻孙子侪侪都拗唔断，每隻都话冇隻做得箇。（七个儿子个个都拗不断，每个都说没人能做到的。）

客观条件：草木爱有汁正生得。（草木得有汁液才能存活。）

① 以下用例引自庄初升、黄婷婷（2008）。

可能性：若使係有一脏唔尽口家本分，人就生唔得。（要是有一个器官不尽它的本分，人就活不了。）

情理许可或准许：肉身死得，灵魂永久唔死得箇。（肉身会死，灵魂永远不会死。）

南方历时文献“得”字能性述补结构的语义涵盖情况，与琉球官话课本中“得”的用法一致①。

与南方历时文献和琉球官话课本形成差异的是具有北方方言色彩的文献：宋代有北方方言色彩的《三朝北盟会编》仅有42例“得”字能性述补结构，不仅数量上较具有南方方言色彩的文献少，而且表义范围也较狭窄，集中表示客观条件的可能。元代《元刊杂剧三十种》中仅有62例“得”字能性述补结构，而且表义没有具有南方方言色彩的文献中的全面，主要表示客观条件的可能。明代《训世评话》中仅见17例“得”字能性述补结构，表义仍限于表示客观条件的可能。

现代汉语能性述补结构语义涵盖性的类型差异

A. 现代南北方言能性述补结构的类型差异

现代南方方言如吴语上海话（钱乃荣，1997：125）、客家连城话（项梦冰，1997）、永定话（李小华，2009）、粤语广州话（彭小川，1998a）、湘语长沙话（张大旗，1985；胡云晚，2005a）的“V+得”都有以下用法：

a. 表示是否有能力实现某种动作行为或是否善于做某事。如：

吴语上海话：小弟弟还勿会得走路。（小弟弟还不会走路。）

客家连城话：（紧）尔侪这多人都饿得（一般）时我也饿得。（要是你们各位都禁得住饿的话，我也禁得住。）

客家永定话：佢茶也食唔得，酒也食唔得。（他茶也不能喝，酒也不能喝。）

粤语广州话：我睇得明。（我能看懂。）

粤语阳江话：佢好悭得。（他很能节省。）

① 一百多年前新界及现代的客家话中，存在“唔+V+得+（O）”“唔+V+得+C”的形式，庄初升、黄婷婷（2008）认为是从粤方言移植而来。而余霭芹认为，粤方言的这种形式是属于上语层次，并非汉语标准语层次。琉球官话课本中没有这样的形式，也正证明了琉球官话课本的标准语性质。

湘语长沙话：讲得做不得的人一概不要。（能讲不能做的人一概不要。）

湘语洞口话：我吃得睏得，样样做得。（我能吃能睡，什么事情都能做。）

主要表达一种主观能力，这种能性述补结构已不见于普通话。这类“V+得 $_1$”在现代南方方言中还有所保留，主要用于吴、客、粤、湘等方言中。“V+得 $_1$”这种能性述补结构在现代汉语普通话中虽然有，但是少见，如：

车上人太多，挤得我动不得。（李宗江，1994）

但是我们确认了李宗江文中的用例，发现其所举这类“V 得 $_1$”在普通话口语中的可接受度很低。

北京话一般不用“V+得”结构而用“不能、不许”来表达“准许不准许做某事”（彭小川，1998a）。普通话“得”后置于动词或形容词表“可能、可以、允许”的意思，也受到以下几个条件的限制：肯定形式的动词限于单音节；动词一般表被动意义，不能带宾语；少数表主动意义的动词偶尔也可在“得”后带上宾语，但只限于简单结构形式，复杂宾语习惯上转到句首作主语（或话题），能前置于“得”的动词并不多，实际运用中，多用“能+V”来代替“V+得”；肯定式与否定式的使用是不对应的，肯定式极少使用，否定式的使用频率比肯定式要高得多（刘月华，1980）。而与普通话相比，琉球官话课本中的“得”几乎没有这些限制。

b．表示客观条件是否容许实现某种动作行为。如：

吴语上海话：搿眼蘑菇吃得个。（这些蘑菇可以吃的。）（钱乃荣，1997：127）

客家连城话：两碗饭时正够得一个人食。（两碗饭才够一个人吃的。）

客家永定话：要看脾气，有的侪作好唔得。（要看脾气，有的人开不得玩笑。）

粤语广州话：呢个香蕉咁生，点生食得？（这个香蕉那么生，怎能生吃？）

粤语阳江话：路好窄，唔过得。（路很窄，不能过。）

湘语长沙话：看得吃不得买来做么子？（可看不可吃，买来干嘛？）

湘语洞口话：肉熟呱哩，吃得哩。（肉熟了，可以吃了。）

主要表达一种被动义，主语在句中多表受事。普通话虽有此用法，但不大普遍。不过在典型的南方方言中常常可以见到。在清末粤语课本《粤》《粤语易通》（*Cantonese Made Easy*）中我们也见到了相同的用法，如：

個海口好阔大，湾得好多船。（这个海湾很宽阔，能停靠许多船。）（《粤》第 28 课）

個船装得几多货呢？（那艘船能装多少货呢？）（《粤语易通》第 28 页）

“V+得/不得+O”这类句子表示主客观条件是否允许实现某种动作，这些动作由动作发出者有意识地发出，施事者具有明显的主动倾向，因此，进入该格式的往往都是自主动词，而像“病、变、死”等非可控动词、“忘、跌、丢”等非自主动词则不能进入该格式。这种限制在现代粤语中也有（彭小川，1998a）。

c．表示对某一命题的或然性的肯定。如：

吴语上海话：雨马上会得小一点个。（雨马上会小点的。）（钱乃荣，1997：127）

客家丰顺话[①]：食恁多样瘦得？（吃那么多怎么可能瘦？）

湘语衡阳话：吃那么多怎么瘦得了？（吃那么多怎么可能瘦？）

“V+得”的这种用法虽然不大常见，但在南方方言吴、客、粤、湘中存在。

d．表示情理上是否许可或准许实现某种动作行为。如：

吴语上海话：介伤心个闲话是讲勿得个。（这么伤心的话是不能说的。）（钱乃荣，1997：127）

客家永定话：绿灯过得，红灯过唔得。（绿灯可以过，红灯不能过。）

客家丰顺话：细人子惜唔得。（小孩子宠不得。）

粤语广州话：食唔食得啊？食得。（可以不可以吃啊？可以吃。）

① 客家丰顺话用例转引自黄婷婷（2009）。

粤语阳江话：佢有心脏病，唔激得口架。（他有心脏病，不可以激怒他。）

湘语长沙话：骑车子慢得快不得。（骑车可以慢不可以快。）

湘语洞口话：你出去得，其出去不得。（你能出去，他不能出去。）

现代汉语普通话的“得”置于动词后主要有表示具备实现某种动作/结果的客观条件和表示情理上许可的用法，不能表示具备实现某种动作/结果的主观能力、对某一命题的或然性的肯定以及表准许的用法。“V+得”“V+不得”表容许，相当于“可/不可~”，与“能/不能~”不完全相同，只相当于后者的部分用法。如①：

这匹马还骑得。

生冷的东西吃不得。

以上两例的用法分别是表示具备实现“骑”的客观条件，表示“生冷的东西”情理上不该吃，动词的受事一般不作宾语而作主语，因此也有人称为“被动”的可能（刘月华，1980；吕叔湘，1980）。香坂顺一（1997：104）认为“旧白话单纯的可能不可能采用‘V+得’‘V+不得’的形式，后来朝容许的方向发展，直到跟现代汉语接轨”。说明现代汉语中表可能不可能的用法已经式微，主要表容许不容许了。相比琉球官话课本和南方方言，现代汉语普通话“得”的用法要狭窄得多。

琉球官话课本的“得”字能性述补结构较多地继承了古汉语的格式，不仅语义上更丰富，形式上更多样，而且运用上更自由，语法意义和功能分布均与现代南方方言相平行。不仅如此，琉球官话课本和南方方言能性述补结构中“得”的分布与苗瑶、壮侗等南方少数民族语言存在平行一致的现象。据吴福祥（2009）的研究，中国南方侗台语系的临高语、拉基语、壮语、傣语、布衣语、仫佬语、水语、仡佬语、村语、标话，苗瑶语系的吉卫苗语、畲语、勉语勉方言、勉语标敏方言，以及南亚语系孟高棉语族的京语、布芒语、倈语等均有与南方方言“得”平行的能性表达方式，显示出区域类型特征。我们列举出吴福祥未提及的南方少数民族语言，如：

① 以下两例从香坂（1997：104）转引张志公《汉语语法常识》（1959 年修订本）摘得。

侗语（王均等，1983：386、393）：

nan^{1}　ta^{5}　nu^{5}　li^{3}，　ti^{1}　kwe^{2}　li^{3}。

个　那　看　得，吃　不　得。

ŋu^{1}　ha: ŋ^{2}　əi^{3}　pa:i^{1}　li^{3}?

怎　么　不　去　得？（怎么不能去？）

八排瑶语（巢宗祺、余伟文，1989：217-219）：

tsia^{44}　neu^{41}　lei^{44}　gnot^{22},　mu　neu^{41}　ng^{53}　gnot^{22}.

我　拿　得　动，　你　拿　不　动。

hong^{24}　ng^{53}　lei^{44}　heng^{24}　tsong^{44},　nung^{22}　na^{24}　oi^{41}　ai^{41}　lei^{44}　leu^{44}.

用　不　得　这么　多，　要　这　点儿　做　得　啦。

na^{24}　tu^{53}　ngan^{22}　lei^{44},　ti^{24}　tu^{53}　ng^{53}　ngan^{22}　lei^{44}.

这　个　吃　得，　那　个　不　吃　得。

北方方言表现能性范畴时，没有统一的语法形式表现能性范畴所有的下位语义。如：

安阳方言：

主观能力：我能说三种外语。

客观条件：这儿没水，打不了打井。

可能性：都黑了，他还能来嘞？（已经晚了，他还会来吗？）

情理许可或准许：这是我嘞地荡儿，你不能在这儿打井。

西北方言敦煌方言（刘伶，1988：220、248、221）：

主观能力：酒能喝完喝不完？

客观条件、可能性：老人们说：“泉水、铁背鱼、七星草都是宝贝，能治病，有缘的吃咧，还会长生不老，成神仙哩！”

情理许可或准许：开开门，开不开门？（把门能打开吗？）

西宁方言（张成材、朱世奎，1987：302）没有一致的手段表达能性范畴：

主观能力：家能说快吗说不快？（他能不能说快？）

客观条件：一锅饭十个人吃嗬够了。（一锅饭够十个人吃了。）

情理许可或准许：你来哈俩不？（你能来不能来？）

东北三省黑、吉、辽均以使用能性助动词“能”为主，且大多数方言点在表达能性的“吃不得”“吃得饱”“打得过他”时，仅有“不能吃”“能吃饱”“能打过他”的说法（曹志耘，2008：71、72、80）。

我们调查了阿尔泰语系的能性范畴，发现阿尔泰语系诸语言表达能性范畴时与北方方言表现一致，均没有同一形式可以表现以上的语义次类。如[①]：

蒙古语：

表示具备实现某种动作/结果的主观能力：

pi　xitʰad-ijar　jari-ʧʊ　ʧʰita-na.
我　汉语-凭借格　讲-并列连接式　能-非过去时
我会说汉语。

表示具备实现某种动作/结果的客观条件：

əntə ʊsʊ　karxʊ　ukəi,xʊttʊk maltʰaʧʊ　pɔlxʊ
这里　水　出-形动词　不　井　挖-并列连接式　可以（形动词）
ukəi
不
这里不出水，不能挖井。

表示对某一命题的或然性的肯定：

əimu ɔrɔi pɔlʧʰixaksan , tʰərə pasa irəʧu　təiluna
这样　晚　成为-形动词　他　还　来-并列连接式　能-非过去时
uu?
疑问语气
这么晚了他还能来吗？

表示情理上是否许可或准许：

ənə pɔl minʊ kaʧar,ʧʰi əntə xʊttʊk maltʰaʧʊ　pɔlxʊ　ukəi.
这是我-领格　地，你　这里　井　挖-并列连接式可以-形动词　不
这里是我的地盘，你不能在这里挖井。

① 中央民族大学的高莲花老师及北京师范大学的硕士研究生马赫同学为音标的转写做出了大量工作，谨致谢忱。

锡伯语：

表示具备实现某种动作/结果的主观能力：

pi jaq^{h}an kizun kizərəm paʁənəm

我 汉 语 说 会

我会说汉语。

表示具备实现某种动作/结果的客观条件：

ərvat^h muk^{h}u aq^{h}w q^{h}otɕ^{h}in t^{h}antəm otʂoq^{h}w

这里 水 没有 井 打 不能

表示对某一命题的或然性的肯定：

uturun ɕit^{h}amaq^h t^{h}ətʂaq^h tɕim mut^{h}um na

这么 晚 他 来 能 吗

表示情理上是否许可或准许：

ər minj pa ɕi ərvat^h q^{h}otɕ^{h}in t^{h}antəm otʂoq^{h}w

这 我们的 地方 你 这里 井 打 不能

东乡语：

表示具备实现某种动作/结果的主观能力：

我打得过他。ʂidanə

表示具备实现某种动作/结果的客观条件：

这里没水，不能打井。uliə olunə

表示对某一命题的或然性的肯定：

这么晚了，他还能来吗？ʂidanu

表示情理上是否许可或准许：

这是我的地方，你不能在这里打井。uliə olunə

维吾尔语：

表示具备实现某种动作/结果的主观能力：

mɛn jazalajman

我 能写。

表示具备实现某种动作/结果的客观条件：

bu jɛrdɛ su joq quduq qazʁili bolmajdu

这 地方 水 没有 井 打 不能

表示对某一命题的或然性的肯定：

apam　　maŋa　berɛmiki

我的母亲　我　　也许给

表示情理上是否许可或准许：

bu　jɛr　meniŋ　sɛn　quduq　qazmajsan

这　地方 我的　你　　井　　不要打

由以上的例句，我们可以看出，蒙古语、锡伯语、东乡语、维吾尔语中表达能性范畴的语义次类没有统一的形式手段，这与北方方言的表现情况一致，而与上文的南方方言统一的表现情况形成了类型上的差异。

B. 从格式、句法以及语法意义来看现代南北方言能性述补结构的类型差异

赵元任（Chao，1968：452-457）将普通话的可能补语分成以下四种类型：

a．中缀“得”和“不”：V+得+R；V+不+R

b．傀儡可能补语（Dummy Potential Complements）：V+得+了/V+不+了、V+得+来/V+不+来

c．最小的可能补语或后缀“得”（Minimal Potential Complement or suffix 得 de）：V+得；V+不得

d．词汇性的可能补语（没有相应的基本式）

普通话中“V+得/不+C”表示主、客观条件是否允许实现某种动作的结果或趋向（刘月华，1980）；“V+得+了/V+不+了”表示动作实现的可能性，有时也会表示主观判断（李宗江，1994）；“V+得”既可以用于陈述句中，客观报道某一动作实现的可能性，不包含说话者对动作 V 实现与否的主观态度；也可以表示基于动作 V 可能引起的后果而得出的结论，含有说话人对动作 V 实现的主观态度（李宗江，1994）。

普通话的情形是共同语的用法，方言事实中能性述补结构则有不同于普通话的表达。袁家骅（1960）很早就注意到汉语方言中可能补语表现形式的多样性。柯理思（1995）在考察山西、山东、河北等地区部分方言的基础上，指出：结果补语可能式，否定形式与普通话一

样；但肯定形式“在普通话里以‘V+得+C’形式来表现，但在北方方言中有不少方言不用这个形式”，而是以使用“V+C+了”为主。即普通话采用中置的能性修饰性助词，不少北方方言采用后置的能性修饰性助词或能性补语标记。柯理思（1995）认为“V+C+了/V+不+C”表示的是动作、状态本身的可能、不可能而不是动作的结果的可能、不可能。我们认为这种说法也许不大合适，因为这个“了”活动的层面是“V+C”短语，并非只是“V”这个词，否定词“不”亦然。因此，可能表述为“表示动作行为或状态实现的可能、不可能”更加恰当。真正表示动作、状态本身的可能、不可能的，使用“V+C+了/V+不+C”的北方方言还有以“了”作能性傀儡补语的“V+了/V+不+了”，这里我们重点谈“V+C”后有能性助词或能性补语标记的形式。我们调查了部分北方方言，发现其肯定式和否定式是不对称的：否定式用“V+不+C”；肯定式以不用“得”更为常见，与否定式“V+不+C”相对应的是“V+C+了”或“能+V+C”[①]。如：

晋语安阳话：

恁沉嘞东西，拿动了拿不动？（那么重的东西，拿得动拿不动？）

恁沉嘞东西，能拿动不能？（那么重的东西，能拿动不能？）

山东济南话：

这一大篮子菜我拿唠。（这一大篮子菜我拿得了。）

这一大篮子菜我拿动唠。（这一大篮子菜我拿得动。）

山东聊城话（钱曾怡，2001：284）：

他买起彩电喽。（他买得起彩电。）

他挑动水喽。（他挑得动水。）

山西方言中没有“V+得+C”形式，肯定的能性范畴的表达形式是（乔全生，2000：160）：

V+C+了：　　拿动了　　搬走了

能+V+C：　　能拿动　　能搬走

在长治、交城等地，二者均使用，但在大部分地区，还是只使用

① 能同时使用“V+C+了”和“能+V+C”的方言，两种形式有细微的差别，表现在：可能补语表示的可能义比能性助动词客观。

“能+V+C”。据《洛阳方言词典》，洛阳方言肯定式是“能+动”或“动+补+咾”；否定式是“不+能+动”或“动+不+补”。浚县方言中的可能表达也不用“得”字，而采用“V+C+了$_3$/V+不+C”“V+了$_2$+了$_3$/V+不+了$_2$”的形式，“V+得”在浚县方言中常用能性助动词“能”“会”等加动词来表达（辛永芬，2006）。

成书于明末清初、以山东方言写就的白话小说《醒》中有 11 例“V+C+了”式能性述补结构（王衍军，2009），我们考察了代表清中叶中原官话的《歧》，发现有 2 例“V+C+了”和 38 例“V+不+了”。如[①]：

骆校尉接过帽囊，取出一定貂皮帽套，又打又冠冕，大厚的毛，连鸭蛋也藏住了，一团宝色的紫貂，……（《醒》第 84 回）

你不信，明日四更天大炮响时我就起身，随着出南门。天明就要到镇上，还误不了赶集哩。（《歧》第 29 回）

我们在代表清中叶北京官话的《红》中既没有发现“V+C+了”用法，而且除了“V+得/不得”，也没有发现很多“得”字能性述补结构，《红》的能性意义多由能性助动词表示。

西北地区的西宁方言也有用“V+C+了”表能性意义的格式，如（张成材、朱世奎，1987：301-302）：

致个东西胡嘟重，拿动俩拿不动？

家说快俩说不快？

“俩”应是“了”在西宁方言中的借音字。

有的西北方言虽然没有作能性傀儡补语、能性补语标记的“了”，但有与之语法意义和功能分布完全一致的“下”。如：东干话[②]在表示可能、不可能时，不用“V（+不）+得”或在结果补语或趋向补语和它们的中心语之间加“得”或“不”的格式来表达能性补语，而是用能性傀儡补语“下”构成“V（+不）+下”来表达能性，如：

他来不下，我去下呢。（他不能来，我可以去。）

---

① 《醒》用例转引自王衍军（2009）。

② 东干话指 1876 年陕、甘的部分回族西迁至今吉尔吉斯斯坦、哈萨克斯坦等国后所使用的汉语方言（王森，2000），以下三例转引自该文。东干话也有使用“能、会”表可能的用法，但是不及“V（+不）+下”普遍。

一锄头挖不下个井。（一锄头不能挖个井。）

要的是好好儿把书念下。（要的是能好好儿念书。）

西北方言临夏话的“下”不仅可以作能性傀儡补语，而且可以作能性补语标记，如（王森，1993）：

兀个事情三天做完下啦不？（那件事三天做得完做不完？）

这个物件我拿动下呢。（这个东西我能拿动。）

西北地区敦煌方言（刘伶，1988：220）：

炕上睡下睡不下？（有地方睡吗？）睡下咧。（有地方能睡下。）

酒能喝完喝不完？（酒能不能喝完？）喝完咧。（能喝完。）

被儿盖严盖不严？（被子能盖住吗？）盖严咧。（能盖住。）

现代南方方言的能性傀儡补语和能性补语标记的情况如何？据我们看到的材料和调查情况发现，南方方言多使用中置能性补语标记“得”的述补结构。如：

闽语汕头话：

食会落/食会得落。（吃得下。）

吴语苏州话：

半斤烧酒俚一顿吃得光，我是吃勿光。（半斤白酒他一顿吃得完，我可吃不完。）

俚穷忙，平常是寻勿着葛，只有礼拜日碰得着。（他很忙，平时是找不到的，只有星期天才碰得着。）

吴语上海话：

小巴士 10 个人乘得落。（小巴士坐得下 10 个人。）

粤语广州话（彭小川，1998b）：

不论几嘈，佢都瞓得着。（无论多嘈，他都睡得着。）

而家医学咁先进，呢种病医得好嘅。（现在医学这么先进，这种病医得好。）

佢双眼盲咗，睇唔得见嘢。（他的眼睛瞎了，看不见东西。）

呢个花樽好实净，唔打得烂嘅。（这个花瓶很结实，打不烂的。）

粤语有特殊之处：否定形式也保留“得”，而且出现了宾语也是在能性述补结构之后。

西南官话重庆话[①]：

你这病医得倒。（你这病医得好。）

这张床睡得倒五个人。（这张床睡得下五个人。）

湖北大冶话[②]：

我照得倒相，不要你教。（我会照相，不要你教。）

你要说得倒渠算你有本事。（你要能说服他算你有本事。）

即使福州话使用的不是“得”而是“会”，但至少从位置来看，也是中置的能性补语标记，与多数南方方言是平行一致的，与北方多用后置的能性补语标记形成对立。

北方中部地区方言和西北地区方言分别使用后置的“了”“下”作为能性傀儡补语和能性补语标记，与使用中置“得”的南方方言形成了类型上的差异，而且在宾语的位置上也存在差别：前者的宾语在“了”“下”之前，如上文山东聊城话“他挑动水喽”；后者的宾语在“得”的后面，如客家梅县话“你食得完那么多吗”。相比较而言，北方方言能性述补结构述语与补语的粘着性更强。

我们考察了有吴语色彩的《山歌》《海》《缀白裘》、粤语学话课本《粤》，均未发现后置的“V+C+X”（注：X 代指相当于“了”“下”等能性补语标记的成分）。琉球官话课本中也没有“V+C+X”的格式，“能+V+C”也用得不多，说明琉球官话课本没有北方方言的这个特性。

另外，在能性“傀儡补语”的选取上，琉球官话课本没有选择现代北方方言的 “了”“下”等，而是选择了与南方方言在形式上、句法上及语义上相同的“得”，这也说明了琉球官话课本的南方方言特征。

另外，普通话的可能补语“V+得+了/V+不+了”和“V+得/V+不得”在语法意义上显示出一种分工状态：前者表示能力或一般可能义，有时也会表示主观判断，后者表示说话人对动作的适当性的判断，限于“许可/禁止”“应该/不应该”之类的意义（柯理思，2001）。“V+得”的使用已经渐趋萎缩，在普通话口语中其实几乎不用，否定式“V+不得”虽能用，但受到很多限制（刘月华，1980；吕叔湘，1980），如

① 以下重庆话用例转引自杨月蓉（2006）。

② 以下大冶话用例转引自汪国胜（1998）。

上文提到的：V 一般是单音节词，而且语义限于“情理上不许可”，禁止或警告；句式上常常使用受事宾语句。普通话的这种情况在南方方言中的表现并非如此——湘、赣、客、粤方言的“V 得”及其相应的否定式除了表示“许可/适合”义之外，还能表示动作者的能力；而且动词也不限于单音节和语义上的被动（柯理思，2001）。

格式上，北方方言多用后置于“V+C”的能性补语标记或“得”字以外的能性傀儡补语，南方方言多用中置于“V+C”的能性补语标记或“得”字能性傀儡补语；句法上，北方方言能性述补结构结合的动词、形容词范围没有南方方言的宽泛；语法意义上，北方方言只能表示传信情态，不能表示认识情态，南方方言则均可，说明南方方言的能性述补结构语法化的程度更深。可见，在“傀儡补语”的选择上、能性补语标记的选择上、“V 得”及其否定式的使用上，还有宾语与补语的语序上，琉球官话课本与几大南方方言有着明显的一致性，而与北方方言存在着对立性。

C. 从“得”“了”的语法化路径看现代汉语两种类型的差异

吴福祥（2009）总结了“得”的语法化历程，如下：

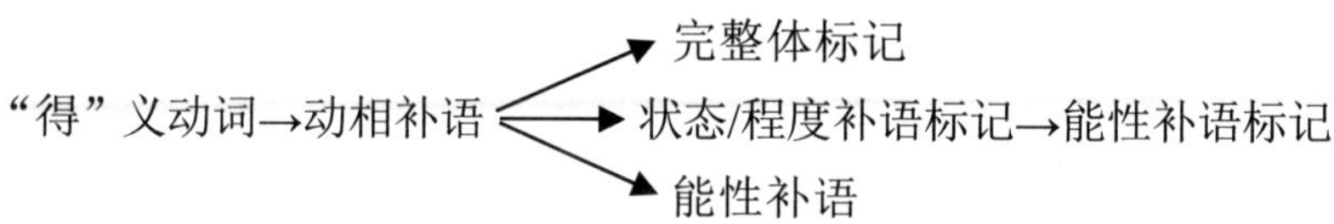

吴福祥（2002a）认为：

由于“V得”所带谓词的语法属性和语义特征有别，“V得C”表现出来的语法意义也有所不同：当“V得”后接单个形容词（记作A）时，“V得A”多数表示动作实现后造成某种状态。当“V得”后接单个动词（记作V i）或趋向动词（记作V d）时，“V得V i”或“V得V d”表示动作实现后产生某种结果或造成物体发生位移。

“V 得”后接谓词性成分时，整个结构就变成“V 得 C”述补结构，由于“V 得 C”中补语“C”已蕴涵了表示动作实现/完成的语义，“得”原有的表示动作实现或完成的语义功能便逐渐消失。

表示某种结果/状态实现的“V得C”如果用于叙述未然事件的语境里，那么就变成表示具有实现某种结果/状态的可能性。

上面的三段话，正好可以对应“得”语法化的历程。而这样的历程在南方方言中保留得比较完全，在琉球官话课本中也有各阶段的表现。

现代南方方言中还有“得”作为完整体标记的用法：

吴语常熟话[①]：

学堂里下半日开得三个会。（学校里下午开了三个会。）

下得课再出去白相。（下了课再出去玩。）

赣语宜丰话[②]：

你莫同假阿争，阿只比你多得忽积。（你别和我争，我只比你略多了一点。）

湘语长沙话：

坐得一下咧，他就去担水。

客家丰顺话[③]：

书卖得了/书烧尽得去/这个电影偓看得三次

粤语廉江话[④]：

三只梨我食□[tε²¹]两只。

不过这个过程在有些方言中的发展是不完全的，如温州话（游汝杰，1981）的“得”没有往补语标记的方向发展，V 和 C 之间一律不能用“得”，它没有虚化为结构助词。而在北方方言中，大多只保留了能性补语标记和能性补语的用法，完整体标记已经退出历史舞台。

据王秀玲（2007：67）对《歧》的考察，完整体标记“得”后的宾语只有处所名词较多，其他形式都很少，和宋代动态助词“得”的用法相比，完整体标记“得”发展到清代，能产性和应用范围已经大大衰弱。我们考察了与琉球官话课本同时期的《红》，发现“得”作为完整体标记的用法微乎其微。可见“得”作为完整体标记的用法并非

① 以下常熟话用例转引自王健（2008）。

② 以下宜丰话用例转引自邵宜（2007）。

③ 以下丰顺话用例转引自黄婷婷（2009）。

④ 以下廉江话用例转引自林华勇（2005），该文证明了“□[tε²¹]”的来源是“得”。

当时主流汉语的用法。

而在北方方言中，兼表“能性补语”“能性补语标记”和“实现体标记”的“了”，有可能与“得”的发展路径相似，但仍有待证明。

柯理思（1995）指出：“V+C+了”的“了”来源于“‘了 liao’字的形式”，“和‘得’在表达上具有平行性。两者是从表示‘实现’义转到‘可能’义。但出现的句式却大不相同，可能词尾‘了’放在‘V+C’后来构成可能补语‘V+C+了’，而普通话的‘得’插在 V 和 C 之间构成‘V+得+C’”。“用‘V+C+了/V+不+C’的方言偏离了普通话‘V+得+C/V+不+C’的对称形式”，“这种语法形式不能简单地归之于‘词汇替代’现象，还需要另外加以分析”。辛永芬（2006）沿着已明确探讨“了”来源的思路，结合“V+得+C”的历史演变情况，推测“V+C+了”的演化路径如下：

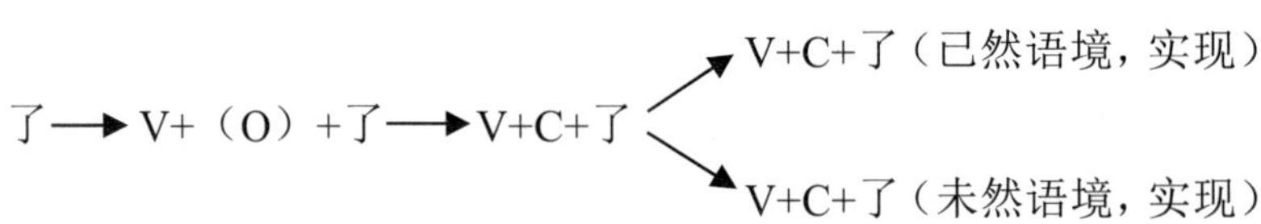

完结 → 完成、结束 → 完成、实现 → 实现；可能

我们在她的研究基础上，结合吴福祥对“得”语法化历程的探讨，采用“共时推勘法”[①]，拟测北方方言“了”的语法化路径可能是：

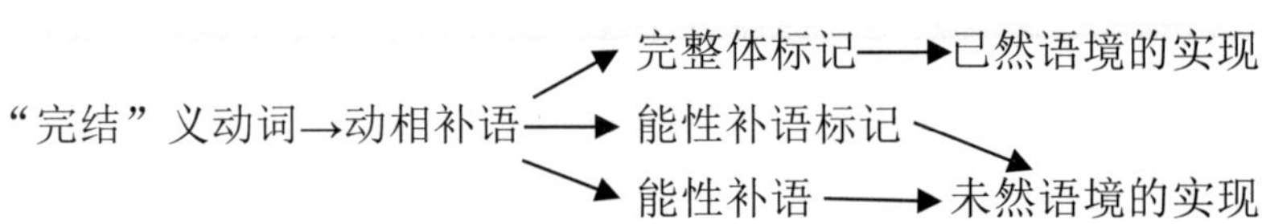

孙利萍（2008）认为补语标记“了”是从完成体助词虚化而来，我们不同意此观点。仅从河南安阳方言可能补语标记“了”与动相补语

① “共时推勘法”运用时基于这样的认识，“某个虚词在共时平面内的不同用法往往能体现该虚词历时演变的过程，而不同用法之间的差异则反映了该虚词在演变过程中的历时阶段性”（吴福祥，2001）。

“了”同音，均为[·lau]，而与完成体助词“了”[·la]不同音，也能说明较之完成体助词，可能补语标记与动相补语的关系更为密切。

总之，应该说南北方在“得”与“了”的选择上有对立性：大致而言，南方方言在能性述补结构的表达上选择了中置的“得”，而北方方言则以选择后置的“了”为主，如图 2-1 所示。

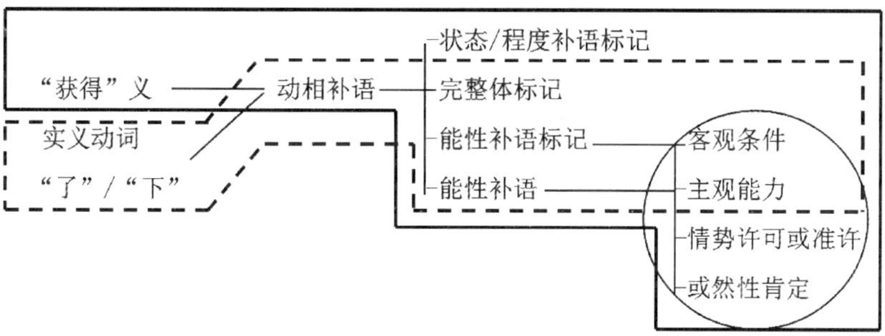

图 2-1 南方方言“得”与北方方言“了”/“下”的多功能语义图

注：实线部分代表琉球官话课本、南方方言、南方少数民族语言“得”的语义区域，虚线部分代表北方方言“了”/“下”的语义区域。圆圈部分代表表达能性的各种语义次类形成的语法语义范畴。阿尔泰语系诸语言的表达十分复杂，不能在此图显示。

能性述补结构否定式的演变与类型

否定式的演变与类型

沈家煊（2005）对现代能性述补结构肯定和否定两式的结构、频率和分布、语法化程度、历史上形成早晚等不对称的方面做了较为全面、细致的解释。沈家煊（2005）对吴福祥（2002a）一文列出的近代能性述补结构的全部例子一一考察，发现肯定式（包括“V+得+C”和“V+得+（O）”）只出现在两类句子中：未然句和对举句（作者按：与否定式对举的句子）。

吴福祥（2002a）指出：现代汉语中当补语 C 为形容词 A 时，肯定式“V+得+A”是个两歧结构：可以是可能式，也可以是结果式[①]，而否定式“V+不+A”只能是可能式：

这件衣服洗得干净，洗不干净？（可能式）

这件衣服洗得干净，那件衣服洗得不干净。（结果式）

“洗不干净”不能表示结果没有实现，而“洗得不干净”则可以。这说明“V+不+C”表示已经不需要借助语境而固定使用的可能式，相比之下，“V+得+C”还不能专表可能式，需要借助语境才能确认，其语法化程度没有“V+不+C”高（沈家煊，2005）。因为“跟充分语法化的虚词只能体现某种特定的虚词义相平行，充分语法化的语法结构/句式也只能表达一种特定的结构/句式义（结构或句式所体现的一种较为抽象的语法意义）”（吴福祥，2002a），但这是现代汉语普通话的使用情况，据调查在汉语南方方言中，“V+不+C”与相应的肯定式一样，也是既可表可能式也可表结果式，两种格式的语法化程度是一样的（吴福祥，2002b）。如：

洗勿会澈。

既可以表示“洗不干净”，也可以表示“洗得不干净”。

而琉球官话课本中的用法已经接近了现代汉语普通话的用法了，这体现了其官话层面的性质，但是其否定式的优势并没有像现代汉语普通话一样占绝对的优势。据刘月华对曹禺、老舍等人 110 万字作品的统计，“V+得+C”仅出现 24 次，“V+不+C”达 1211 次，后者的出现频率是前者的 50 倍。因此在现代汉语普通话中“V+不+C”的使用频率远远高于“V+得+C”。琉球官话课本中否定式与肯定式之比不到 2∶1。

林俐（2006：21）对清末粤语语料[②]做过统计，其结果如表 2-11 所示：

---

① 吴福祥先生所说的结果补语应包括我们所说的状态补语。

② 这些粤语材料包括《粤语全书》（*Cantonese Made Easy*）《法文、广东、北京语音指南》（*Manual Da Lingua Sinica Escripta E Fallada*）（1903 年，由澳门 Typographia Mercantil 出版）。

表 2-11　清末粤语语料中肯定式与否定式的分布

结构格式	肯定式	否定式	共计
V+得	35	28	63
V+得+O	36	10	46
V+得+C	48	42	90
V+得+O+C	2	1	3
V+得+C+O	0	3	3
合计	121	84	205

资料来源：林俐（2006：21）

在粤语材料中，否定式与肯定式相比并没有占绝对优势。这点与琉球官话课本是一致的。

在一百多年前编写出版的客家方言课本《启蒙浅学》（1879 年）中，其肯定式与否定式的分布情况如表 2-12 所示：

表 2-12　《启蒙浅学》中带“得”可能式的分布

<table>
<tr><th>类型</th><th>肯定形式</th><th>用例</th><th>否定形式</th><th>用例</th></tr>
<tr><td rowspan="2">A</td><td rowspan="2">V+得</td><td rowspan="2">20</td><td>V+唔+得</td><td>10</td></tr>
<tr><td>唔+V+得</td><td>18</td></tr>
<tr><td rowspan="2">B</td><td rowspan="2">V+得+O</td><td rowspan="2">60</td><td>V+O+唔+得</td><td>2</td></tr>
<tr><td>唔+V+得+O</td><td>11</td></tr>
<tr><td rowspan="2">C</td><td rowspan="2">V+得+C</td><td rowspan="2">44</td><td>V+唔+C</td><td>38</td></tr>
<tr><td>唔+V+得+C</td><td>3</td></tr>
<tr><td rowspan="2">D</td><td rowspan="2">V+得+O+C</td><td rowspan="2">67</td><td>V+O+唔+V+C</td><td>23</td></tr>
<tr><td>唔+V+得+O+C</td><td>14</td></tr>
<tr><td rowspan="2">E</td><td rowspan="2">V+得+C+O</td><td rowspan="2">5</td><td>V+唔+C+O</td><td>6</td></tr>
<tr><td>唔+V+得+C+O</td><td>2</td></tr>
<tr><td>共计</td><td colspan="2">196</td><td colspan="2">127</td></tr>
</table>

资料来源：庄初升、黄婷婷（2008）[①]

《启蒙浅学》中否定式更没有肯定式占优势。

① 原表中还有“有得+V”和“冇得+V”，但我们认为这两种形式中的“得”是助动词的形式，并非能性补语标记。

据我们对现代闽、吴、粤[①]、客等方言的初步调查，其肯定与否定的用法分布相对平衡，差异不是很大。因此琉球官话课本中否定式占有的优势也是带有典型南方特征的。

“V+O+不得”与“V+不得+O”的演变与类型

琉球官话课本带宾语的“得”字能性否定式还体现出与主流汉语的不同。宋代以前“V+不得”带宾语的时候，不管宾语多长，宾语总是置于“不得”的前面，即是“V+O+不得”结构。直到宋代，“不得”才移至宾语前，紧跟在动词后，真正成为与“V+得+O”相对应的否定形式“V+不得+O”（杨平，2001）。我们对历时文献进行了考察，发现“不得”前移的倾向在南北方的速度并不一致，见表 2-13[②]：

表 2-13　“V+O+不得”与“V+不得+O”使用情况

文献名称	V+O+不得	V+不得+O
《敦煌变文集》[唐]	16（100%）	0（0）
《祖堂集》[五代]	25（100%）	0（0）
《五代史平话》[宋]	103（98%）	2（2%）
《朱子语类》[宋]	284（89%）	36（11%）
《元刊杂剧三十种》[元]	0（0）	64（100%）
四种南戏[元]	13（65%）	7（35%）
《老乞大谚解》[明]	0（0）	12（100%）
《朴通事谚解》[明]	0（0）	7（100%）
《水浒传》[明]	73（53%）	65（47%）
《金瓶梅词话》[明]	20（15%）	117（85%）
《红楼梦》[清][③]	0（0）	82（100%）
琉球官话系列课本[清]	15（20%）	61（80%）

① 粤语的否定式很特殊，但我们这里主要谈的是否定式与肯定式的使用倾向问题，对具体的否定形式不做深究。

② 表 2-13 中《祖堂集》的数据来源于张美兰（2003：311），《朱子语类》的数据来源于李思明（1992），《老乞大谚解》《朴通事谚解》《水浒传》《金瓶梅词话》的数据来源于杨平（2001），《歧路灯》的数据来源于王秀玲（2007），其余数据均为笔者统计所得。

③《红楼梦》中有两例：第一，探春：“书虽替他不得的，字却替得的。”（第 70 回）第二，赵姨娘：“那时你要什么不得？”（第 25 回）我们认为这两例“不得”所指并非动词，而是整个事件，因此没有将此两例计算在内。

标为斜体的文献是有北方方言色彩的作品，唐、五代时期，“V+O+不得”占有绝对的优势，宋代开始“V+O+不得”的绝对优势地位已经开始有所松动，从元代开始具有北方方言色彩的文献中的“不得”全部移至宾语前，而在各个时期有南方方言色彩的作品（未标为斜体）中，“不得”随时间的推移逐步向前移动，但始终没有退出过历史舞台。琉球官话系列课本中“不得”与宾语的前后位置，恰好与有南方特色的历时材料的表现成系统的一致关系，这一点又反过来证明了琉球官话系列课本的南方方言色彩。

吕叔湘（1984：137-138）指出，（e1）“V+O+得”、（e2）“V+得+O”、（e1’）“V+O+不得”、（e2’）“V+不得+O”和（e”）“不+V+得+O”五式的应用，“在唐、宋人语中似无分轩轾，而近代则惟取（e2）及（e2’）”。就我们所考察的现象而言，我们认为吕叔湘的论断是针对北方色彩的作品而言的。吴福祥（2002b）进一步指出：“宋元以后，由于‘V 得 O’与‘V 不得 O’在形式上已获得对称，原有的‘VO 不得’和‘VO 得’两种格式逐渐萎缩甚至最终消失。而‘V 得 O’‘V 不得 O’虽然在普通话以及多数官话方言里不再使用，但在吴、徽、湘、赣、粤、客等南方方言里却仍然比较活跃。”就琉球官话课本而言，从使用频度看，“V+O+不得”虽不如“V+不得+O”活跃，但与同时期北方话语料相比，其萎缩进程比北方话要慢得多。

能性述补结构中宾语与补语位置的演变与类型

宾语和补语的位置牵涉到两种格式，一种是宾语在前的“V+得+O+C/V+O+不+C”，另一种是补语在前的“V+得+C+O/V+不+C+O”。俞光中、植田均（1999：30）指出，“V+得+O+C”在近代汉语里十分多见，但具体时期未指明。朱德熙（1982：132）指出：“宾语放在述语之后（拉他不住）或‘得’字之后（岂能瞒得我过）是宋元白话的格式，现代语里除了一些熟语性的说法（放心不下，吃罪不起）之外很少见。”我们就先从宋元时期“V+得+O+C/V+O+不+C”的使用情况，再从“活化石”现代方言的角度来谈。

宋元时期：

见得道理透，自不迁不贰。（《朱子语类》卷三十）

前辈做《春秋》义，言辞虽粗率，却说得圣人大意出。(《朱子语类》卷八十三)

[末]哥嫂，此行怎料？[净]季子料得他过。(宋元南戏《苏秦金印记》)

明代：

喜的家道旧是殷实，虽没个人支持，店面生意不似先时，胡乱改做了辣酒店，也支得日子过。(《型》第3回)

又因时日急迫，取官看卷，又在里边寻自己私人缘，何轮得他着，只得空辛苦一场。(《型》第18回)

若吃了发得汗出，便有可生之机。(《醒世恒言》第10卷)

据崔山佳（2004：85）对有吴方言色彩的《鼓掌绝尘》《禅真后史》《清夜钟》《连城璧》《觉世名言十二楼》《无声戏》和有广东、福建方言色彩的《绣戈袍全传》的考察，均有“V+得+O+C”的用例。我们在琉球官话课本中发现的 6 例，是近代汉语的遗留，还是有其他诸如地域的因素使我们在现代汉语的早期阶段仍可以看到？我们考察了与之同时期的北京官话的代表作品《红》、北方官话的代表作品《老释》和《重老》、中原官话的代表作品《歧》，均没有发现“V+得+O+C”的用例。而在清末的粤方言材料《粤》中，我们捡得至少 6 例“V+得+O+C”，比“V+得+C+O”的用例还多。“V+得+O+C”的用例如：

你信得呢個人过唔呢？(你觉得这个人值得信赖不？)(《粤》第17课)

我们认为这种“V+得+O+C”用法可能与南方的地域色彩有关。因为在现代南方方言中，我们也可以见到“V+得+O+C”的用法。

“V+O+不+C”在有具有南方方言色彩的文献中屡见不鲜，如[①]：

我甘受其苦不过，情愿与他偕亡！(《宣和遗事》前集)

我家寒，攀陪你不着，到今不来往。(《清平山堂话本·简帖和尚》)

而今人所以识古人文字不破，只是不曾子细看。(《朱子语类辑略》卷八)

① 前 3 例宋代用例转引自俞光中、植田均（1999：31）。

阿婆立脚跟不牢，不免又去做媳妇也。(《古今小说》第 29 卷)

妈妈从小管他不下的，今日那里留得他住。(《醒世恒言》第 5 卷)

却寻那厮不见。(《水浒全传》第 502 页)

这妇人见拘搭武松不动，反被他抢白了一场。(《金瓶梅》第 2 回)

俺们是没时运的人儿，骑着快马也赶他不上。(《金瓶梅》第 23 回)

这些大多是具有南方方言色彩的语料。我们考察了北方官话作品《老新》和《老谚》，并未发现一例“V+O+不+C”，在北方作品中，“V+得+C+O/V+不+C+O”占有绝对的优势。

从历时的角度来看，清代以前一直是“V+得+O+C”占主流，到了清代“V+得+C+O”才超过它（岳俊发，1984）。蒋绍愚（2005）指出，现代汉语北方话“V+得+C+O”完全取代了“V+得+O+C”，不过在许多南方方言里，“V+得+O+C”仍是活跃的表达能性意义的形式。与之相平行的否定形式“V+O+不+C”和“V+不+C+O”的发展也是，“V+O+不+C”自唐宋至明清的整个近代汉语阶段使用频率一直很高，占有较强的优势；而“V+不+C+O”的出现年代比较晚而且使用频率也比“V+O+不+C”低得多。直到清代，“V+O+不+C”大量减少，“V+不+C+O”急剧增加，开始占绝对优势，到现代汉语北方话里，“V+O+不+C”基本消亡，“V+不+C+O”独占绝对优势。而现代南方方言里依然活跃的“V+得+O+C”和“V+O+不+C”，体现的正是唐代的语法层次（吴福祥，2003）。以上各家观点均是基于汉语整体而言，没有明确有方域色彩文献中的具体情况，为了更细致地反映出这一更替变化，我们考察了历史语料中宾语、补语位置的分布情况，整理为表 2-14 所示[①]：

表 2-14　历史语料中宾语与补语的语序

语料	宾语居前		宾语居后		二者之比
	V+得+O+C	V+O+不+C	V+得+C+O	V+不+C+O	
《朱子语类》	290	169	23	8	15∶1
“三言”	60	146	15	63	3∶1

① 《朱子语类》《水浒全传》《红楼梦》的数据来源于李思明（1992），其余均为笔者统计所得。

续表

语料	宾语居前		宾语居后		二者之比
	V+得+O+C	V+O+不+C	V+得+C+O	V+不+C+O	
“二拍”	83	89	16	52	3：1
《水浒全传》	47	149	24	47	2.8：1
《醒世姻缘传》	14	52	46	65	1：2
《红楼梦》	0	15	56	246	1：20
《歧路灯》	0	9	5	135	1：16
琉球官话课本	6	16	1	22	1：1

由上表，我们发现宾语居前的“V+得+O+C”“V+O+不+C”在南方系作品中较占优势，在北方作品中补语居前的“V+得+C+O”“V+不+C+O”发展的速度要快于南方系作品，反映出动词与补语的黏着度存在着方域的差别。处于现代汉语初期阶段的琉球官话课本中“V+得+O+C”“V+O+不+C”的数量与“V+得+C+O”“V+不+C+O”相当，并没有像早期南方系作品一样，“V+得+C+O”“V+不+C+O”比“V+得+C+O”“V+不+C+O”更占优势，这显示出琉球官话课本的现代汉语特征以及与官话的趋同性；但是也没有像同时期的《红》《歧》那样，“V+得+C+O”“V+不+C+O”占有绝对的优势，显示出其南方方言的地域特征。

我们来看一下南方方言肯定式中宾语和补语的位置。

闽语汕头话：拍伊会赢/拍会赢伊。/抱我会得起/抱会得起我。

闽语永春话（林连通、陈章太，1989：191）：拍伊死/拍伊会赢

吴语苏州话：对耐得起、说俚得过

吴语高淳话：吃得饭下

徽语休宁话：打得渠过

湘语湘潭话（曾毓美，2001：97）：打得赢他、打得他赢、考得起大学、考得大学起、买得到鞋子、买得鞋子到、讲得起话、讲得话起

湘语安仁话（陈满华，1995：232）：比得佢上、请得你到、赶得

汽车到。

客家连城话：讲得尔赢/讲得赢尔。/食得饭落/食得落饭。

吴福祥（2003）认为，南方方言中的“V+得+O+C”结构是方言对历史汉语的继承，体现的是唐代的语法层次，到了清代，这种结构在北方方言里逐渐减少，最终消失，但却大面积地保留在南方方言里。“V+得+C+O”是宋代兴起的，到了元代则开始大量使用，但这种格式只局限在北方方言里，后来才逐渐向南方方言扩散，就是说“V+得+C+O”是一种源于北方官话的外来层次。至于“V+O+得+C”结构，在历史文献中也较为罕见，应该是方言在使用过程中类推出来的结构形式。我们认为其相应的否定式应该与肯定式有相同或平行的发展。

琉球官话课本中的能性否定式也与现代南方方言存在一致性。

蒋绍愚（2005）指出：现代汉语里，“V+O+不+C”基本消亡，“V+不+C+O”取得了独占的地位，但在一些方言里，“V+O+不+C”式仍保留着。但是我们发现，现代在多数南方方言里即使保留“V+O+不+C”式，也是像琉球官话课本一样，有条件的保留——宾语必须是人称代词。

闽语泉州话（李如龙，1997）存在“V+O+会/勿会+C”的格式：

我拍伊勿会赢，说伊会赢。（我打不过他，说得过他。）

吴语苏州话（刘丹青，1997）可能式的动词后带宾语，有两种语序，一种是宾语在补语之后，不受什么条件限制，和普通话相同；另一种是宾语紧接在动词之后，即“V+O+得/勿+C”，和普通话不同，如：

对俚勿起（对不起他）、说俚勿过、看我勿起、抓伲勿牢（抓不住我们）、吃唔笃勿消（吃不消你们——拿你们没办法）

虽然第二种语序有较多限制——宾语限于人称代词，主要见于否定句，更多用于习语性的可能式，是一种正在衰落的、较老的句式，但不比第一种语序少见。

吴语高淳话（石汝杰，1997）的可能式否定形式有两种：

吃不下饭/吃饭不下去、叫不醒他/喊他不醒、找不到人/找人不到、打不过他/打他不过其对宾语的限制条件没有苏州的严格，非人称代词亦可进入“V+O+不+C”的格式中。

吴语汤溪话可能式否定形式以使用宾语加在“弗（不）”与可能补语之间为常，例见曹志耘（1997）。

湘语湘潭话、安仁话均有“V+O+不+C”的形式，例分别见曾毓美（2001：97）、陈满华（1995：232）。

客家连城话（项梦冰，1997）可能式无论宾语是否是人称代词，其肯定式“V+得+C+O”和“V+得+O+C”都有，且二者的使用频率相当；否定式“V+O+唔+C”和“V+唔+C+O”亦然。如：

讲尔唔赢/讲唔赢尔、食饭唔落/食唔落饭

粤语广州话（李新魁等，1995）多数情况下也是“V+得/唔+C+O”，但当宾语是指有定的人时，“V+O+唔+C”也可以成立。如：

买唔到票、打唔过你/打你唔过

香港粤语（张双庆，1997）的宾语如果是有定的人，也可以把宾语放在补语之前。如：

揾你唔到、我帮你唔到

“V+得+O+C”和“V+O+唔+C”是粤语从历史汉语中继承下来的固有形式，体现的是唐、五代的语法层次。在粤语的土语层次里，“V+唔+C+O”是受到限制的（补语不能是趋向动词）。且在 19 世纪早期广州话资料里并未发现“V+唔+C+O”（余霭芹，1995）。因此，余霭芹（1995，2001）推测“V+唔+C+O”可能来自非土语层次，张双庆（1997）认为因受共同语影响，上例也可以说成“揾唔到你”和“我帮唔到你”。这种现代粤语使用的“V+唔+C+O”应该是 19 世纪以后由官话扩散进来的（吴福祥，2003）。

不仅如此，连南八排瑶语（巢宗祺、余伟文，1989：214）中也有“V+不+C+O”和“V+O+不+C”两种语序，如：

tsia^{44}　gnan^{22}　ng^{53}　ga^{22}　nong^{41}.
我　吃　不　下　饭。

tsia^{44}　gnan^{22}　nong^{41}　ng^{53}　ga^{22}.
我　吃　饭　不　下。

现代北方方言只用“V+得+C+O/V+不+C+O”，不用“V+得+O+C/V+O+不+C”；琉球官话课本中“V+得+O+C/V+O+不+C”格式有23 例，“V+得+C+O/V+不+C+O”格式有 24 例，二者数量相当，可体现其南方方言特色。

吕叔湘（1944）曾指出，“不得”和“不 C”的位置置于宾语 O 前“皆表示其依附动词之趋势之增盛，亦即其虚词化之程度之加深也”。可见，现代南方方言和琉球官话课本的能性述补结构较普通话和北方方言，发展要相对滞后。

总之，在普通话中，如果一个句子的谓语既带补语同时又带宾语，常见的语序是补语在前，宾语在后（李如龙，2001：140）。据我们的调查，绝大多数北方方言与普通话是一致的。琉球官话课本和南方方言、少数民族语言中宾语在前，补语在后的情形，与普通话和北方方言形成了语言类型上的对立。

能性述补结构强化式的演变与类型

“得”字能性补语结构的强化式早在五代的《祖堂集》就存在。《祖堂集》的能性助动词“解”“能”“得”“可”“会”“要”“须”等用于“V+得”前，构成“解/得/能+V+得（+O）”的能性补语结构，其否定式是“不+能+V+得、不/未+解+V+得、不+可+V+得”，也可以是“V+不得”（张美兰，2003：297–298）。如：

若有人能解弹得，一弹弹尽天下曲。（第 288 页）

师曰：“三岁孩儿也解道得，百岁老人略行不得。”（第 105 页）

南宋有南方色彩的《朱子语类》中也见到这样的用例：

颜子似创业之君，仲弓似守成之君。仲弓不解做得那前一截，只据见在底道理持守将去。（42/1078）

赵武灵王也是有英气，所以做得恁地。也缘是他肚里事，会恁地做得，但他不合只倚这些子。如后来立后一乖，也是心不正后，感召得这般事来。（134/3212）

下此，亦须房、杜、姚、宋之徒，方能处置得天下事。（《朱子语类辑略》第 152 页，转引自吴福祥，2004：283）

我们在清末的《粤》中也发现有这样的用例：

有时上高山，有时行平地，亦有的跳深坑，而且要操行军队，有时都令佢抵肚饿，或冇水饮，使佢能抵得各样艰难辛苦。(《粤》第 53 课)

我觉得好出奇，因为枝灯挂起咁高，点解会打烂得咁关係呢？(《粤》第 64 课)

清末对话部分为吴语的小说《海》中有多种“强化”的形式，如：

耐相好末勿攀，说例会说得野哚！(《海》第 1 回)

张蕙贞哚末坍仔台哉，王老爷原到该搭来，耐沈小红场面也可以过得去哉。(《海》第 10 回)

故歇衣裳、头面、家生，再有万把，我阿能够带得去？俚倒再要我三千！(《海》第 37 回)

这种“强化”的形式可能在南方色彩的作品中见到较多。北方作品不仅形式单一，而且数量也极少。我们考察了元代有北方方言色彩的元刊《全相平话五种》，发现只有一种能性助动词均是“能”(4 例)的强化式。在《红》《歧》中，我们发现各仅有 5、4 例“能+V+得+C”。

延续至现代南方方言中，也有这种强化式。而现代北方方言中则没有发现这种强化式[①]。原因可能与能性述补结构的使用范围没有南方方言广泛（尤其在肯定句中），以使用能性助动词为常有关。

2.4 小结：从“得”再看“官话”的性质

吕叔湘（1980：246）对于“可能”的论述，可以说是最早且较为全面的，他认为总括起来说的“可能”，分开来说，“有指能力够得到够不到的；有就旁人或环境或情理许可不许可的。还有不含能力或许可的意思，仅仅估计将成为事实与否的，这是最客观的可能，即‘或然性’”。

① 在一些北方方言如林州方言中，有“能+V+C+了”的格式，似乎是叠床架屋，但是我们进行了证实，这种现象老派不说，是新派的说法，我们认为很有可能是受到普通话的影响而发生了“杂糅”，并非是原本就有的这里提到的强化现象。

表能力够得到，“能”字文言白话都用，“会”字白话常用；表许可，文言用“可”或“可以”，白话只用“可以”，否定用“不能”；文言、白话都用“得”表可能，兼有“可”和“能”两种意义；表一件事情的“或然性”，多借用表能力或许可的“会”“能”。这种概括大致可以作为我们所说的能性范畴，但下位义的区分似乎还不是特别明晰。

吴福祥（2002a）参考丁声树等（1980）、吕叔湘（1980）、刘月华（1980）和朱德熙（1982）把“能性”分为五个语义次类：

（a）表示具备实现某种动作/结果的主观能力；

（b）表示具备实现某种动作/结果的客观条件；

（c）表示对某一命题的或然性的肯定；

（d）表示情理上许可；

（e）表示准许。

他指出现代汉语的能性助动词“能”的意义能够覆盖上述五个语义类别，它是这个范畴中最具原型特征的典型成员，其语义辖域大于能性述补结构的语义辖域[①]。而现代汉语普通话中的“V+得/不+C”只能表达（a）（b）（c）三种语义次类，不能表达（d）和（e），（d）、（e）只能使用能性助动词表达。

基于刘月华（1980）、杉村博文（1982）的研究，他指出能性述补结构在能性范畴的表达上所具有的独特价值：第一，在表示不具有实现某种结果/位移的可能时，能性述补结构“V+不+C”是唯一的表达形式；第二，在对具有实现某种结果/位移的可能性做出语气较轻、程度较低的肯定，或者委婉地表达否定时，倾向于选择“V+得+C”；第三，如果说话人对具有实现某种结果/位移的可能性旨在做出一种客观的判断，通常选择“V+得+C”。我们在他以上的结论和能性范畴次类的基础上，整理出普通话中能性范畴表达的形式分布域，如表 2-15 所示：

① 语义辖域是指一个语言单位意义所及的范围。

表 2-15　普通话能性范畴的表达形式

能性范畴	语义	肯定	否定
主观能力、客观条件	实现某种动作	能/会/可以+V	不能/不会+V
	实现某种结果/位移	能/可以+V+C	V+不+C
可能性	实现某种结果/位移	能/会+V+C、V+得+C	V 不 C
准许/许可	实现某种动作/结果/位移	可以+V（C）	不能/不可以+V（C）

普通话在表现能性肯定义和否定义时，倾向性地“杂糅”使用两种不同的手段：在表传信情态[①]肯定义时，多用助动词“能+V+C”或“可以+V+C”，能性述补结构“V+得+C”用得较少；表传信情态否定义时，一般用能性述补结构“V+不+C”，使用助动词的“不能+V+C”“不可以+V+C”用得极少。我们对有南方母语背景的普通话使用者进行了调查，发现他们在使用表现四种能性下位义的句子时，无论是肯定义还是否定义，多使用能性述补结构，即使用助动词也不大使用“能”，而是使用“会”。据我们对清中叶以来具有北方方言色彩的文献中助动词“会”的考察，“会”的使用并不像具有南方方言色彩的文献及南方方言活跃，现代汉语普通话助动词“会”进入能性范畴表达主观能力、客观条件、可能性的多种用法，似乎是杂糅了南方官话的结果。

李丹丹（2008）将“官话”的性质概括为超地域性、地域性、模糊性，并将官话之间的共同特点称为“最大公约数”。我们认为，官话是一定地域方言提取的“公约数”，普通话作为最高层级的官话，才能称得上是“最大公约数”。对于表现能性的手段而言，大量使用能性助动词是北方方言表达的“公约数”，是北方官话表达能性的特征；大量使用能性述补结构则是南方方言表达的“公约数”，是南方官话表达能性的特征。而普通话两种手段的杂糅则是南北官话的“最大公约数”。

因此，我们可以这样认为，最起码在表达能性方面，普通话是南北两种官话进行“叠加”或“杂糅”的结果，其结果明显地表现为：

---

① 据 Palmer（2001：24-47），传信情态和认识情态（epistemic modality）属于命题情态范畴（propositional modality），命题情态关注说话人对命题的真值或实际状况的态度。其中传信范畴又分为报道（reported）和感官（sensory，所闻或所见）两种（林华勇，2007）。

我们既能看到北方官话的成分，又能看到南方官话的成分，如表达能性肯定义时大量使用能性助动词，与北方官话一致；而表达否定义时则使用能性述补结构，与南方官话一致。再如“V+得”在普通话中有所使用，表现出渗透的南方官话的特点，但同时受到一定的限制：一般都用作被动的意义（吕叔湘，2001：165），表现出适度地吸收南方官话的用法。当然，普通话是以北方方言为基础方言的共同语，其北方官话的成分占有更多的比重。

第3章 琉球官话课本中的“替”及其相关问题[①]

琉球官话课本的“替”可以表示服务义、意志义、交互义、协同义、等比义、关联义、顺向指涉义、逆向指涉义，体现出丰富的语法意义及语法功能。琉球官话课本的“替”所代表的这类词，为我们认识与事范畴提供了独特的视角。

3.1 琉球官话课本中的与事介词

琉球官话课本的与事介词有“与”“替”“和”“同”“对”“向”等，其中“替”的用法最有特色：它既可以表示受益关系，也可以表示相与关系，还可以表示指涉关系，这种多功能的用法无论在当时的共同语还是现代的普通话中都是罕见的。

3.1.1 琉球官话课本中与事介词“替”的用法

琉球官话课本中的“替”有动词、连词、介词的用法，其中介词共出现507例，《官》有9例，《白》有86例，琉本《人》有393例，《学》有19例，大部分用法是现代汉语所没有的。我们将这些介词分为以下三类，分别进行考察：

第一类：

（1）华岳留心要替他拣个好女婿，又怕人晓得，天天吩咐家人不许外头乱说，因此京里头没有人晓得。(《琉/风/一》)

① 本章的3.1部分是在导师的指导下与导师合作完成的，纳入该书前征得导师同意并进行了修改。

（2）若不好说，定有暧昧的情了，替我拶起来！（《琉/终/四》）

（3）下二遭做事，不要你做了，你替我快走开去罢。（《学》）

第一类的“替”介引受益对象，表示受益关系。例（1）中的“替”表示服务义，在现代汉语中相当于“给、为、替”，但现代汉语的“给、为、替”分别只能有琉球官话课本中“替”的一部分用法，较之后者，其使用范围要窄得多，某些在琉球官话课本中成立的句子在现代汉语中是不成立的，如此例。而且琉球官话课本中所有的“给”均不表服务义，[①]“替”几乎是表达服务义的唯一介词。例（2）（3）中的“替”表示“顺某人之意而为之”（吕叔湘，1982）的意志义。意志义在现代汉语中很常见，[②]但在琉球官话课本中仅见 2 例，说明还是新兴的用法。表受益关系的“替”组成的介词结构修饰的动词见附录一。

第二类：

（4）柳春荫替孟小姐对吃交杯酒。（《琉/寒/三》）

（5）有一件事情，要替通事商量。不知道使得使不得。（《白》）

（6）就在灯下收拾头脸，替尹荇烟齐齐站着，真真是一对仙子一样。（《琉/风/三》）

（7）我虽然没有事，他们陪你出来的人要回去，我替他一起回去也好。（《白》）

（8）就这些本钱，丈人又给我，替交还我老子一样。（《琉/狭/三》）

（9）虽是这样说，我们国王送给你们吃的，就是替你们的都一样。（《白》）

（10）张媒婆说：“这是庄老爷来拿，替庄小姐何干？”（《琉/终/三》）

（11）这个就是蔡通事的令郎，名楫，字克慎，替小弟是郎舅。（《白》）

第二类的“替”介引相与对象，表示相与关系，相与介词宾语跟主语之间是一种双向关系。具体来说：例（4）（5）的“替”表示交互

① 在琉球官话课本中，“给”有表给予义和使役义的动词及表被动义的介词用法，没有表受益义的介词用法（李炜、濑户口律子，2007）。“为”虽可表受益义，但仅有 2 例。

② 表意志义的“给”是由表服务义的“给”引申而来的，前者只出现在命令句的句法环境中。在普通话中使用介词“给”，在方言中使用与服务义表达相同的介词形式。

义，所修饰的动词是“对吃”“商量”这样的双向动词（详见附录二），即动作的方向指向双方，以对方作为对象而相互进行。

例（6）（7）的“替”表示协同义，动作主体的方向具有一致关系，谓语动词前有“齐齐”“一起”等副词修饰。表协同义的“替”组成的介词结构修饰的谓语范围较广（详见附录二），语义上表示与对方共同进行某一动作、行为，常常受“齐”“齐齐”“一齐”“都”“同”“一处”“一起”“一堆”等副词修饰或在介词结构后有同位语“大家”“二位”“两位”“两个人”等标志性成分。

例（8）（9）的“替”表示等比义，所修饰的动词往往是“一样”“相同”“不同”等。表等比义的“替”组成的介词结构修饰的谓语见附录二。

例（10）（11）的“替”表示关联义，所修饰的动词往往表示主体的关系如何。表关联义的“替”组成的介词结构修饰的动词见附录二。

以上这类“替”在现代汉语中相当于“和、跟、同”。琉球官话课本中也有“和”“跟”“同”，但作与事介词的用例并不多，用法并不完善。

第三类：

（12）到这个田地，没奈何来拜他，将这些事情替他说了，央他县里学里去讲。（《琉/自/一》）

（13）只是古人的故事，我不当懂得。每出戏替我说说，我方知道。（《官》）

（14）（尹荇烟）就对老头子说道：“诗扇卖给他也罢，总是卖贱了，你明日去要替他找些价钱。……”（《琉/风/二》）

第三类的“替”介引指涉对象，表示指涉关系，指涉介词宾语跟主语之间是一种单向关系。如例（12）（13）的“替”表示顺指义，即动作的方向从主语指向介词宾语，是一种顺向的指涉，在现代汉语中相当于“给、跟、对、向、和、同”，表顺指义的“替”组成的介词结构修饰的动词见附录三；例（14）的“替”表示逆指义，即动作的方向从介词宾语指向主语，是一种逆向的指涉，在现代汉语中相当于“跟、向”等，表逆指义的“替”组成的介词结构修饰的动词见附录三。琉本《人》中“同”无顺指义的用法，[①]“向”也无逆指义的用法，“对”则仅有1例。[②]《官》《白》《学》中的“同、向、对”的用例也相对较少。

以上三类“替”分别表达与事范畴的受益、相与、指涉三种关系，李炜（2006）把表达这三种关系的介词称为“与事介词”，并将其内部系统分为两个层级，[③]第一层级由三大类——受益关系、相与关系和指涉关系构成；[④]第二层级则由三大类关系下位的八小类意义构成。如图3-1所示。

- 与事范畴
  - 受益关系
    - 服务义
    - 意志义
  - 相与关系
    - 交互义
    - 协同义
    - 等比义
    - 关联义
  - 指涉关系
    - 顺指义
    - 逆指义

图3-1　与事范畴的三大类关系八小类意义

琉本《人》中“替”是可以通表以上三大类八小类用法的强势介词，其他介词虽可表达与事范畴的其中一类或两类关系，但没有一个可以像“替”一样通表的。我们对照了其母本啸本《人》，上述7例相

① 另有“对、向”，虽出现的次数不算少，分别为21例和3例，但“对”所选择的动词范围很窄，仅限于“说”和“笑”。

② 这1例为：“我是对奶奶（太太）当面明公正气求的，又不是私情暗昧，老爷问太太就知道，怎么说个送官呢？”（《琉/终/二》）

③ 我们对汉语与事范畴的界定基于古代汉语和现代主要南方方言的事实。在进行汉语与事介词的研究时，如果偏重于描写，应当在第二层级上操作；如果偏重于解释，则宜于在第一层级上（或以上）进行。以往我们更多地是在第二层级上关注过去与现在、普通话（或官话）与方言、方言与方言之间同类介词是否同形或同形是否同义的问题，如今我们应该更多地在第一层级上关注过去与现在、普通话（或官话）与方言、方言与方言之间同类介词在较高层次的语义功能分布上的异同情况。

④ 相与介词和指涉介词有介词宾语跟主语之间关系方向的不同：相与介词是一种双向关系，指涉介词是一种单向关系。

应地分别为：

（1’）华岳留心要与他择一个佳婿，却怕人缠扰，每每戒家人不许浪传，故京师中无人知道。(《啸/风/一》)

（2’）若不好说，“定有暧昧之情，与我拶起来！”(《啸/终/四》)

（4’）柳春荫与孟小姐对饮合卺之卮。(《啸/寒/三》)

（6’）就在灯下重梳云鬓、再整闺妆，与尹荇烟并坐，真是一双仙子。(《啸/风/三》)

（8’）况这些资本已蒙岳父见赠，与交还家父一般。(《啸/狭/三》)

（10’）张媒婆道：“这是庄老爷来取，与庄小姐何干？”(《啸/终/三》)

（12’）到此田地，没奈何只得来拜他，将前情说了，央他县学两处去讲。(《啸/自/一》)

（14’）（尹荇烟）因对张老儿说道：“诗扇卖与他也罢，只是卖贱了，你明日须要去与他找价。……”(《啸/风/二》)

啸本《人》的“与”是和琉本《人》的“替”相平行的表达与事范畴三种关系的“强势介词”，啸本《人》的与事介词“与”除个别一两例[①]，整体被改写为琉本《人》的“替”[②]，如表 3-1 所示：

表 3-1　两种版本《人》与事介词“与”“替”比较

分类		啸本“与”	琉本“替”
受益关系	服务义	30	114
	意志义	1	1
相与关系	交互义	81	84
	协同义	40	54
	等比义	11	15
	关联义	16	17

① 第一例：华岳灯下又见尹荇烟行动举止，不像个小家的行径，十分欢喜，正好与（替）孩儿作对。第二例：最可爱，临江不远，一座古庙嵯峨；更可喜，与庙相邻，一竿酒旗摇曳。其中第一句的“与”旁边有个“替”字，疑为改写时疏漏所致；第二句出现在诗体中，属于书面语体。严格意义上讲，均不是真正与事介词“与”的用例。

② 啸本《人》的“与”有三种用法：给予动词、与事介词和连词，琉本《人》的“替”则只有与事介词和连词的用法。

续表

分类		啸本“与”	琉本“替”
指涉关系	顺向指涉义	53	101
	逆向指涉义	3	7
共计		235	393

由表3-1我们可以看出，琉本《人》与事介词“替”与啸本《人》与事介词“与”是一脉相承的，只是前者的数量比后者多。经过对比发现，多出的近160例有从零形式改写的，也有从表与事范畴的其他介词改写而来的。这说明在通表受益、相与、指涉三种关系方面，琉本《人》中“替”的“强势”度高于啸本《人》中的“与”。其他四种琉球官话课本中的与事介词“替”也可通表整个与事范畴并兼作连词，不再赘述（李炜，2006）。

3.1.2 琉球官话课本其他与事介词的分布情况

值得注意的是，与琉本《人》年代相近或晚于琉本《人》的《白》《学》中，“替”的用法与琉本《人》一致，不仅通表与事系统，而且还是唯一的强势与事介词；而早于琉本《人》近半个世纪的《官》中，“与”“替”虽均可通表三大类，但“与”有21例，“替”仅9例，且这9例只有1例表相与关系，其余8例表受益和指涉关系。这说明在《官》时期，主要用“与”来表达与事介词系统，“替”正在萌芽期，这和《红》用“与”表与事系统有相似之处。如：

（15）我国王念他有功，又是汉人，尊圣朝之意，授以妻室，生育后嗣，世代子子孙孙，都赐他秀才，读书出仕，与国王办事，弟们就是三十六姓之后，所以称为秀才。(《官》)

（16）我与你相好，冒言冲犯，不要见怪。(《官》)

（17）我与某相公叙饮。(《官》)

（18）遍游城里城外，所迎的执事、仪度，与当今万岁爷銮驾出游一般。(《官》)

（19）若人少欠你些须，你就与人拌死忘生，水火不顾争取。(《官》)

琉球官话课本大量使用“替”通表整个与事范畴的用法最早不会早于 18 世纪初，最晚也不晚于 18 世纪中叶。

表 3-2　琉球官话课本与事介词的分布

语料	与	替	和/同/对/向
《官》	21	9	0/6/4/0
《白》	0	86	1/4/3/0
琉本《人》	0	393	0/10/21/3
《学》	0	19	8/8/8/0
共计	21	507	9/28/36/3

表 3-2 统计结果显示，与事介词“替”与其他与事介词之比约为 5.2：1，可见“替”很强势。

3.2 琉球官话课本中的“替”与同时期语料中与事介词用法的比较

琉本《人》由一个与事介词“替”通表受益、相与、指涉三种关系是特殊现象，还是同时期语料的共同现象呢？

我们考察了清代中叶以北京官话为主要特征的《红》和以中原官话为主要特征的《歧》中“替”的使用情况，发现二者中“替”的用法非常简单，除了作表示“代替”的动词以外，《红》中有 272 例表示受益关系，仅有 8 例表示指涉关系顺指义；《歧》则仅有 135 例表示受益关系，没有其他用法。可见“替”在清中叶北京官话、中原官话中用法单一，没有具备表示与事范畴三大类八小类语义关系的用法。

不仅是“替”，二者中除了“与”，均不存在由一个强势介词通表这三大类八小类的用法，它们的与事介词呈多样化、专职化的态势。在这两部作品中，“与”虽可通表三大类关系，但已非强势介词。《红》

《歧》中与事介词"与"和其他与事介词出现比例依次分别为 417∶1889（《红》）和 672∶787（《歧》）。我们将《红》《歧》中所有相关的与事介词概括为三类：

第一类，受益关系介词。《红》中主要使用"给"和"替"，且二者势均力敌；《歧》中，除"与"外，"替"是受益介词的主力。举例如下：

宝玉道："酸疼事小，睡出来的病大。我替你解闷儿，混过困去就好了。"（《红》第 19 回）

其实我这几天替咱家前后打算，想了四个要紧的字，只是"割产还债"，再无别法。（《歧》第 36 回）

第二类，相与关系介词。《红》中使用"与""和""同"，虽然三者均可表交互义、协同义、等比义、关联义，但它们在使用时有主次分工：交互义主要使用"和"，协同义主要使用"同"，关联义主要使用"与"，等比义主要使用"和""与"。《歧》表相与关系主要使用"与"。举例如下：

原来宝玉急于要和秦钟相遇，却顾不得别的，遂择了后日一定上学。（《红》第 9 回）

没甚说的便罢，若有话，只管回二奶奶，是和太太一样的。（《红》第 6 回）

到开吊之日，备了牲醴之祭，与娄潜斋同到孔宅。（《歧》第 6 回）

这俗字全与农夫、匠役不相干。（《歧》第 9 回）

第三类，指涉关系介词。《红》主要使用"和""向"，《歧》主要使用"向""对"。举例如下：

等我去到东府瞧瞧我们珍大奶奶，再向秦钟他姐姐说说，叫他评评这个理。（《红》第 10 回）

由以上分析，我们可以直观地看到，清中叶分别以北京官话、中原官话为主要特征的《红》《歧》中的与事介词系统比起琉球官话课本要复杂得多。在《红》和《歧》中，除了古汉语遗留下来的强势介词"与"，没有可以通表三种与事关系的介词，且"与"主要使用在书面语体中（见表 3-3、表 3-4）。

表 3-3　《红》《歧》与事介词用例统计

分类	与	给	替	和	同	跟	向	对
受益关系	46/160	241/28	272/135	0/0	0/0	0/0	0/0	0/0
相与关系	307/416	0/0	0/0	374/8	228/90	0/59	0/0	0/0
指涉关系	64/96	85/2	8/0	353/4	8/9	3/4	293/248	24/200
小计	417/672	326/30	280/135	727/12	236/99	3/63	293/248	24/200
共计	417/672	1889/787						

表 3-4　“与”的书面化用例

文献	“与”的总数	书面化用例
《红》	417	346
《歧》	672	568

3.3 琉球官话课本中“替”的历时演变与类型

3.3.1 历时语料中“替”类多功能与事介词的分布差异

“替”的演变

唐代开始，介词“替”就在动词“替代”义的基础上产生了介词的用法。对于介词“替”，已有不少学者进行过研究，如李崇兴（1994）、冯春田（2000）、马贝加（2006）等。李崇兴、冯春田多集中于对“替”特殊用法的描写，对其发展脉络及演变机制等问题的研究涉及不多。马贝加对“替”的多种功能，从功能扩展的角度，强调动词的“赋元”作用在区分论元角色上的重要性，解释了“替”由引进所为者到所对者、交互者、言谈者、求索者的发展情况。但是由于她的考察范围笼统地定在近代汉语，难免给人诸多功能展现于同一历史平面之感，而且也没有将“替”纳入一个系统，较为分散零碎，不大利于我们观察“替”的演变，因此，我们将系统考察“替”的发展演变。

“替”表相与关系和指涉关系的用法，在现代汉语中已经消失，仅表受益对象。赵元任（1982）提出：“表示利害、特别是表示利益的时候，华中一带方言用‘替’字，但‘替’在北方官话中只有较窄的字面意义。例如‘我不能去，你替我去吧！’这句话无论在北方官话或华中方言里，都用‘替’字或同义复合词‘代替’。但要是想表示一般的利害的意思，北方用‘给’字的时候，华中就用‘替’字（但不能用‘代替’，‘代替’只有字面意义）。”

与事介词“替”可通表与事范畴受益关系、相与关系和指涉关系，在明清时代的南方系材料中多见[①]，如：

受益关系：

那老道见没人肯替他做媒，他就老着脸自走上仇大姓门来。(《初刻拍案惊奇》第 24 卷）

富翁家里有一个钱堆，高与屋齐，强盗算计拿他不去，尽笑道："不如替他散了罢。"(《二刻拍案惊奇》第 27 卷）

四邻八舍，替我拿住这忤逆贼！(《型》第 35 回）

文仙也从不叫他吃酒碰和，转是秋谷过意不去，替他绷绷场面。(《九》第 8 回）

劝你自今以后嘿，替我拳子尾巴过日脚罢。(《报恩缘》第 24 回）

相与关系：

一院中的人没一个不替他相好，说得来的。(《初刻拍案惊奇》第 27 卷）

幸逢道："我替你同到官面前，还你的明白。"(《二刻拍案惊奇》第 38 卷）

知他未有亲事，所以前日就有心替他结下了。(《二刻拍案惊奇》第 17 卷）

等我先见官人替他分析一番，做个道理，然后投牌，便是列位盛情。(《二刻拍案惊奇》第 15 卷）

既是当了，我替你同到当中抵去兑换，也免得后日出利钱。(《型》第 36 回）

说道师公替徒孙，是公婆两个一般，这是有的么？(《型》第 35 回）

① 李崇兴（1994）、冯春田（2000）、马贝加（2002）的研究认为表协同的“替”是个吴语方言词。

有这等文理不通秀才，替你家有甚相干，写在这边？（《型》第19回）

请你来再无别事，有一句知心话替你商量。(《山歌·卷九（杂咏长歌）》)

郎替娇娘像荸荠，荸荠要搭茨菇两个做夫妻。(《山歌·卷六（咏物四句）》)

据俚说替我里老爷是亲眷。(《文武香球》第43回）

指涉关系：

杜氏死也不肯道：“我是替你说过了，方住在此的。”(《初刻拍案惊奇》第26卷）

小官人与娘子处，我替他说知罢了。(《二刻拍案惊奇》第20卷）

这等说，我那女儿敢被这两个老杀才逼死了。打点告状，替他要人去。(《初刻拍案惊奇》第2卷）

众人道：“他家先自收拾了，我们并不曾帮得他一些，也不好替朱三讨得。况且朱三是穷人，讨也没干。”(《二刻拍案惊奇》第10卷）

好不老成相公，当日仔么替你说，又留这空洞儿等和尚钻。(《型》第28回）

倪也无啥闲话替耐说，耐有本事末跑到外势来，倪大家说个明白，勿敢出来末，是只众生。(《九》第21回）

必然俚个身上服式还是此道大半，要替我借付衣巾。(《合欢图》第71回）

到了清末，有吴语色彩的材料中“替”的用法逐渐隐退，但是通表与事范畴三种关系的介词仍然存在，见下文的“和、同、给”等。

从我们所考察的语料中“替”各种用法出现的时间顺序来看，历史上首先出现的是表示受益关系的用法，然后出现表示指涉关系、相与关系的用法。因此表示受益关系是语法化的起点，这是不容置疑的。那么指涉关系和相与关系的出现孰先孰后呢？

马贝加（2006）认为，“替”是从引进所为者（受益对象）发展到所对者（指涉对象），进而出现介引交互者（相与对象）的功能。可惜他并未对这一过程进行论证。

冯春田（2000）认为“替”表受益关系的用法在唐代偶见用例，宋代仍不多见，元代以后才普遍使用，表相与关系的用法则出现于元明时期，表指涉关系的用法出现更晚，明末以后才出现。据此他认为：

引进动作行为对象的“替”可能由表示“与同、协同”演变而来，其变化的因素是由“动作行为的共同进行”而变为“动作行为的单向实施”；表现为介词的功能，则是由引进动作行为协同进行的对象，而转化为引进或指示动作行为的对象。

因此，关于“替”表相与和指涉二者之间的关系就有两种分歧性的观点：一种认为是“指涉——相与”；另一种认为是“相与——指涉”。我们针对这两种观点，从汉语史、方言事实的角度谈谈对“替”表相与和指涉之间关系的认识。

首先，我们不赞同冯春田认为指涉关系的用法比相与关系出现得晚。冯春田（2000：279）所举相与关系的用例，最早出自《元曲选》，并未列举元代用例。而我们对元代的《元刊杂剧三十种》《元刊全相平话五种》《全元南戏》均作了统计，也未发现“替”用于表相与关系的用法，可见，宋元时期“替”表相与关系的用法并非如冯文所言，元代就出现，且《元曲选》是否经过明代的臧懋循的改动也未可知。我们至少可以断定“替”表相与关系在元代并没有大量使用，也不能从出现时间的早晚断定指涉关系由表相与关系发展而来。

另外，“替”表示动作行为的协同者（按：相当于我们所说的“相与关系”）、动作行为涉及的对象，据李崇兴、冯春田、马贝加研究，可能是吴语方言词。李崇兴（1994）研究过《元曲选》宾白中的介词“替”，谈及“替”引进动作行为的承受者的用法可能是方言的用法。冯春田（2000：282）认为[①]：

近代汉语介词“替”的用法除有历史时期的差别，也有方域的不同。从文献用例调查的情况看，介词“替”第 1 类不但形成时间最早（唐代），而且没有明显的地域差别。出现于明代的第 2、3 两类，则有

① 冯春田（2000：282）所述的“第 1 类”为受益关系，“第 2 类”为相与关系，“第 3 类”为指涉关系。他指出，基本上以北方方言写成的《金瓶梅》《醒》等，则未见介词“替”第 2 类、第 3 类用例。而我们在《醒》中发现了多达 36 例表指涉关系的“替”。

浓厚的方言色彩：它们所在的文献，作者都是吴语（江浙话）区的人士，这表明“替”的 2、3 两类用法带有吴语的特点。

他们基于语料所做的结论并不完全符合他所说的地域上的区分。据我们对语料的考察，“替”表相与关系的用法，并没有在具有北方方言色彩的文献出现。如《醒》《红》中的“替”有表受益关系和顺向指涉义的用法，没有表相与关系、逆向指涉义的用法，这个事实不符合冯春田对“替”由表相与关系衍生出表指涉关系这一变化过程的推测：“替”在具有北方方言色彩的文献中有表受益关系和指涉关系的用法，在具有南方方言色彩的文献中则多为表相与关系的用法，相与关系不可能在发展链条中居于受益关系和指涉关系的中间，因此“受益→相与→指涉”的发展链条是不成立的。

其次，从语义适应性的角度来说，引进与事表指涉义的介词“替”与表服务义的“替”之间有明显的语义相关性——表服务的受益对象也可以视为表动作的指涉对象。南方系作品中的“指涉”有两种：一种是顺向指涉，一种是逆向指涉。与南方系“替”具有双向指涉方向特点不同的是：北方系作品中介词“替”在表达指涉义时只能顺向，即指动作的方向向右，不向左。这一点与北方系作品中的“给”也是一致的，只表顺向指涉，不表逆向指涉。总之，“替代义→服务义→指涉义”“替代对象→受益对象→指涉对象”，两组三项之间语义适宜性很强。具有逆向指涉的用法，或许就是单方向指涉双方关涉的突破口，当指涉的方向可顺可逆时，双方向的相与关系就有了出现的可能。

再次，从语言事实的角度进一步来看“指涉——相与”的关系，可以找到两方面的证据。一是汉语史事实的证据：汉语史上凡是有逆向指涉用法的“替”，在该作品中一定出现有表示相与关系的用法。从逻辑学角度来说，如果命题 p→q 成立，那么非 q→非 p 一定成立。运用到“指涉——相与”的关系上来看，如果语料中的“替”不表相与关系，那么肯定也没有表逆向指涉的用例存在，汉语史事实的确如此，我们没有发现既表受益关系，又表相与关系，但却不表指涉关系逆指义的“替”存在。如果说对历史语料的归纳有一定的偶然性的话，那么从其他角度也可以证明。第二个证据就是汉语方言事实的支撑：我们对全国方言各大方言区的与事介词进行了考察，没有发现既表受益关系，又表相与关系，但却不表指涉关系逆指义的“替”的方言存在。因此我们可以认为指涉应处于受益与相与的语法链条中间，逆指义是表受益关系的“替”发展出表相与关系的关键环节，表3-5展示了“替”在具有南北方言色彩的文献中的使用情况。

表3-5 “替”用法的量化统计

语义类型		宋元		明		清	
		北	南	北	南	北	南
受益关系		8	22	538	484	530	677
指涉关系	顺向	0	0	36	33	10	53
	逆向	0	0	0	7	0	4
相与关系		0	0	0	42	0	13
共计		8	22	574	566	540	747

注：我们考察的具有北方方言色彩的文献是《大唐三藏取经诗话》《三朝北盟会编》《元刊全相平话五种》《元刊杂剧三十种》《醒世姻缘传》《红楼梦》《歧路灯》《儿女英雄传》；具有南方方言色彩的文献是《朱子语类》、“南戏”四种、《型世言》、“三言”“二拍”、《清平山堂话本》《西游记》《老残游记》《二十年目睹之怪现状》《孽海花》《文明小史》《九尾龟》。

综上所述，我们认为“替”表多功能用法可能是内因和外因共同作用的结果：内因是“替”自身语法化的结果，其关键的环节是出现了表逆向指涉的用法；外因是受到“与”的类化影响，即为类化[①]的结果，也有人称为同类引申、相因生义。

综合以上的分析，我们可以做出以下的论断：

论断一：如果该方言存在使用表受益关系的同一介词形式兼表顺向指涉义和逆向指涉义，那么该介词也一定表达相与关系。

论断二：如果该方言存在使用表受益关系的同一介词形式表示相与关系和顺向指涉义，那么该介词也一定表达逆向指涉义。

---

① 唐钰明（1988）认为：所谓类化，就是语法结构的一种渗透。渗透的一种很明显的结果就是：渗透客体的诸种类化形式数量不多，远远未能构成渗透主体那样的自然层次。

论断三：如果该方言存在使用同一介词形式表示受益关系和相与关系，那么介词也一定表达指涉关系（包括顺向和逆向）。

下文我们将放宽视野，考察南方方言色彩语料中“替”类与事介词的通表现象。

通表与事范畴的多功能介词的演变

“与”作为多功能与事介词的演变

“与”在上古时期就是很常见的“多功能”与事介词，可通表整个与事范畴：用于引进动作行为的受益对象、相与对象、指涉对象。中古表达相与关系新产生了“共”，但没有影响“与”的强势地位。“与”延续到近代汉语中，据我们对近代文献的考察，“与”的通表性在近代汉语初期基本没有南北地域的差别。不过，随着“和、同”等新介词的出现，“与”的多种功能逐渐被它们慢慢渗入，表达与事范畴的介词向着分工化、精密化的方向发展。“与”的通表性受到了挑战，一统表达与事范畴三种关系的局面在具有北方方言色彩的文献中开始逐步瓦解，而在具有南方方言色彩的文献则保留了“与”的通表的多功能性，随着时间的推移，虽然淡化出历史舞台，由其他介词取代，但通表的功能类化到其他介词，由其他介词承担通表的功能。

“到了南北朝后期，即梁与北齐、北周鼎峙时，中国已形成了两个通语，黄河流域以洛阳话为标准，而江淮地区则以金陵话为标准。”（鲁国尧，2002）可见，南北方基础方言之差异可能至少在南北朝时期就形成了。因此，我们从南北朝以后，考察“与”作为与事介词的强势地位在具有北方方言或官话色彩的文献中的逐步变化，以期发现与事范畴在南北文献中的历时变化。

据我们对南朝的《世说新语》、北朝的《齐民要术》、唐代的《敦煌变文集》和五代的《祖堂集》的考察，四书中“与”的统一度均衡，几乎没有什么差别。成书于唐、以北方话为基础的《敦煌变文集》中“与”和其他与事介词用例各为 503、182，“与”在与事介词中所占的比重约为 73.4%；成书于五代、具有南方方言色彩的《祖堂集》中“与”和其他与事介词用例各为 380、131，“与”在与事介词中所占的比重约为 74.4%。可见唐代之前南北语料没有什么差别。

宋元明时期，具有方言色彩的文献中“与”的统一度出现了较大的分野：以北方方言为基础的文献中，“与”作与事介词的比重有所下降，从宋代《三朝北盟会编》的75%降到元代《元刊杂剧三十种》的55%、明初《元朝秘史》的57%，到了明末仅为34%，“与”表达与事范畴三大类关系八小类语义的功能逐渐被其他介词取代；而在南方方言色彩的文献中，虽然“与”表达与事范畴的比重也随时间的推移有所下降，但均比同时期的具有北方方言色彩的文献高。在宋代《朱子语类》中，“与”表达与事范畴的比重高达 92%，到元明时期的《蔡伯喈琵琶记》《清平山堂话本》有所下降，但也保持在67%，即使到了明末的《型》中，还保持着 65%的较高比重。因此可以说，具有南方方言色彩的文献在通表与事范畴的介词选择上，保持了古汉语的传统。

根据上文的统计，我们可以得出多功能与事介词在历时南北方言文献中的时空变化的趋势见表3-6：

表3-6 多功能与事介词在与事介词中所占比例的时空变化

文献	宋	元	明初	明末	清中叶	清末
具有北方方言色彩的文献	75%	55%	57%	34%	18%	4%
具有南方方言色彩的文献	92%	67%	67%	65%	84%	74%

“替”类词多功能介词现象在历时语料的分布

我们遍查了大量具有北方方言色彩的文献，均未发现除“与”以外可以通表与事范畴三大类关系的多功能介词；而在明代的具有南方方言色彩的文献中，我们发现了和“与”一样的可通表整个与事范畴的介词，在琉球官话课本中使用“替”，在其他时期的具有南方方言色彩的文献中，有的使用“替”，有的使用“和”，有的使用“同”，有的则使用“给”“共”等。虽然这些介词有不同的形体，但是它们的语法功能和语义分布是完全一致的，我们把这种现象叫作“替”类词的多功能现象。

A. 通表与事范畴的“和”

除了“替”可以通表，历史上还有“和”也可以通表与事范畴三大类关系。关于介词“和”，已有诸多学者如王力（1958）、太田辰夫（1958）、刘坚（1989）、吴福祥（1996）、于江（1996）、冯春田（2000）、马贝加（2002）等从其产生、发展的角度进行了研究。综合前人的研究成果，其表相与关系的用法从唐代开始出现少数用例，到宋代出现较多用例，到元代就开始大量使用了；其表指涉关系顺指义的用法均大致形成于元代；表指涉关系逆指义的用法最晚从明代开始使用，表受益关系的用法大约形成于明代。对于“和”标记受益对象的语法功能，在现代汉语中已经消失了。冯春田（2000：316）对此的解释是：

从来源上看，“和”的这类用法大概是表示“与同”用法的转化：在表示“与同”的例子中，动作行为是主语跟与同的对象共同发出的；而一旦句子中的谓语所表示的动作行为只是主语所代表的人发出的，那么介词“和”就由表示“与同”而转化为表示“为”或者“给”，或者说由表示引进动作行为共同进行的对象而转化为动作行为的对象。

据我们对语料的考察，“和”表示受益关系的用法均出现在具有南方方言色彩的文献中，如明代的《清平山堂话本》，没有在具有北方方言色彩的文献中发现[①]：

受益关系：

才走到五里头，见雪大没客来，走回来被这包袱绊一交，起来叫人时，没人来往，我只得驼回和你受用。(《清平山堂话本·卷四·合同文字记》)

相与关系：

我爷平素性儿强，不和你们善商量。(《清平山堂话本·卷四·合同文字记》)

我和你是夫妻，你和别人做一路屈害我！(《清平山堂话本·卷四·合同文字记》)

张待诏见是个女儿，却和那没眼婆婆一般相似。(《清平山堂话本·卷四·合同文字记》)

① 冯春田（2000：316）举出一例具有北方方言色彩的文献中作受益关系介词的“和”的用例：狄希陈望着寄姐道：“姐姐才来，你合他行个礼。”(《醒世姻缘传》) 我们认为该例的“和”并不表受益关系，而是表示指涉关系顺指义。

指涉关系：

张学究与婆婆道：“我有话和你说……”（《清平山堂话本·卷四·合同文字记》）

明代《元曲选》宾白部分的“和”可以表示与事范畴的三大类关系，如（以下例句转引自李崇兴，1994）：

受益关系：

既然如此，就劳你和金哥妹子添妆则个。（1228页·15行）

相与关系：

谁想小生今日还得和你相会也。（191页·18行）

我和俺父亲的性儿一般。（33页·12行）

这嫂嫂敢不和哥哥是儿女夫妻么？（238页·21行）

指涉关系：

韩二，我老实和你说。（458页·11行）

《金瓶梅》《水浒传》（以下简称《水》）中也使用“和”通表与事范畴受益、相与、指涉三大类关系，如：

受益关系：

西门庆与他买了两匹红绿油油，两匹绵油，和他做里衣儿。（《金瓶梅》第37回）

等到五更天色未明，王进叫起李牌，分付道：“你与我将这些银两去岳庙里，和张牌买个三牲煮熟，在那里等候，我买些纸烛随后便来。”（《水》第2回）

相与关系：

西门庆打发乔家去了，走来上房，和月娘、大妗子、李瓶儿商议。（《金瓶梅》第42回）

在藏春坞爹暖房书箧内寻出来，和些帖子纸、排草、安息香包在一处。（《金瓶梅》第28回）

（来旺）说：“有人亲眼看见，你和那没人伦的猪狗有首尾。”（《金瓶梅》第52回）

你且去请他出来和我相见了，这酒食便可吃你的。（《水》第28回）

休要安徘酒食，且请太公和四郎同到本县里走一遭。(《水》第 22 回）

宋太公道：“两位都头在上，我这逆子宋江，他和老汉并无干涉。……”(《水》第 22 回）

酒保忍气吞声，拿了酒去柜边道：“娘子，胡乱再换些好的与他，休和他一般见识。(《水》第 29 回）

指涉关系：

月娘道：“你们也不和我说，谁知你们平白又费这个心。”(《金瓶梅》第 21 回）

金莲道：“……你不与，莫不教我和野汉子要？”(《金瓶梅》第 35 回）

燕青暂别了李师师，迳到客店中，把上件事和戴宗说了。(《水》第 81 回）

李崇兴（1994）指出在《水浒传》中仅有 1 例表受益关系的“和”，而据我们统计，表受益关系的“和”至少有 4 例。到了清末，具有吴语色彩的小说《二十年目睹之怪现状》（以下简称《二》）、《九》中的“和”仍可以通表与事范畴三大类关系，如：

受益关系：

侯中丞便借端代他开了个保举，和他改了姓侯名虎，弄了一个外委把总，从此他就叫侯虎了。(《二》第 82 回）

不是我自家夸口，我章秋谷一身侠骨，万斛奇才，无论你身上再有什么天大的事儿，也要和你想一个万全的方法。(《九》第 88 回）

相与关系：

是关着女儿的，无论甚么事，也应该和我商量商量，何况他的终身大事！(《二》第 83 回）

刚刚这个时候，贡春树在苏州写了一封信来，要请他到苏州去，说有房屋的事情和他商议。(《九》第 86 回）

我在汉口和他同过好几回席，总没有谈到这个上头。(《二》第 85 回）

己生道：“也可以，我立刻和你同去……”(《九》第 80 回）

儿子见了他，就和一根木头似的，挺着腰站着，除了一个‘是’字，没有回他老子的话。(《二》第26回)

到了晚上，依着秋谷的意思，还要到芳兰那里去候他，希冀他和昨日一样的出来。(《九》第88回)

去年换了藩台，这新藩台是和他有点渊源的，就得了这厘局差使。(《二》第80回)

并不是把你当作外人，不肯相告，实是我在张园见兰芬待你甚是亲近，只道你和他也有什么瓜葛，所以不便说明。(《九》第8回)

指涉关系：

我道：“你倘是有新闻故事和我说，我就陪你谈两三夜都可以。”(《二》第26回)

如今我不过回敬了几句，你就要急得这个样儿，难道只许你和我取笑，不许我和你取笑的不成？(《九》第88回)

我便和他借报纸，恰好被客人借了去，乙庚便叫茶房去找来。(《二》第21回)

看官且住，陶观察虽然糊涂，究竟也是个人，天下那有倌人将要嫁人的时候，还要和客人借钱的道理？(《九》第96回)

B. 通表与事范畴的“同”

在清末有吴语色彩的《文明小史》(以下简称《文》)、《官场现形记》(以下简称《官场》)中则用“同”来通表与事范畴三大类，如：

受益关系：

西卿吩咐留下，预备次日再请客，就同济川拿鸭汤泡饭，各人吃了一碗，自去过瘾。(《文》第28回)

后来仍同两个保人出主意，请黄胖姑派一个人，两个保人当中一个留京，一个跟他到河南取银子，言明后天就动身。(《官场》第27回)

相与关系：

当下藩台来见，同他商量委周道代理温处道，离了学堂，总算趁了他的心。(《文》第22回)

可巧魏翩仞来看他，他便把此事告知，想叫他去同仇五科商量，

说机器不要了，叫他退钱。(《官场》第2回)

万帅听他语言从容，议论平实，颇赏识他，就叫他改转了中国打扮，搬到衙门里住两天，同他第二个儿子一起进京。(《文》第23回)

前两个就是同自己一块儿进京的，内中还有两个同时进京，目下已经选缺出去了。(《官场》第28回)

西卿因县里不见，大是没趣，回到家里，唉声叹气，就同那落第的秀才一般。(《文》第28回)

这一天，赵温就同热锅上的蚂蚁一般，茶饭无心，坐立不定。(《官场》第2回)

来这个老和尚，近来见刘伯骥同教士十分要好，曾托刘伯骥在教士面前替他拿话疏通，以便日后来往，好想他的布施。(《文》第8回)

徐大人既同军门不对，他那里有甚么路，你替我疏通疏通。(《官场》第28回)

指涉关系：

接着一班禀保来见，老师又同他说了，还说太尊正在不高兴头上，只好屈诸君暂留两天，少不得总要考的。(《文》第2回)

昨夜我做梦你父亲同我要钱使用，我正要念些经，焚化些冥钱与他呢。(《文》第25回)

贾臬台发狠道：“不管他是毒死是病死，你们做医生的，人家有了危急的病来请教到你，你总不该应同人家狠命的要钱。……”(《官场》第23回)

这种非“替”现象不仅在吴方言文献中有所体现，在反映清末粤方言的文献《粤》中也有所体现。该书中“同”共出现36例，可以通表与事范畴的三大类关系，其中表受益关系15例、表相与关系15例、表指涉关系6例。如：

受益关系：

嗰啲房门就同我油砖灰色喇。(《粤》第26课)

相与关系：

係，我想起一间住家屋，所以嚟同你商量下。(《粤》第26课)

我觉得佢嘅性情咁好，所以好乐得同佢做朋友。(《粤》第57课)

佢话，啲飞禽係冇坐仔嘅，唔同第样嘅生物嗷。(《粤》第 49 课)

指涉关系：

佢同我讲紧个时，有人叫佢。(《粤》第 16 课)

佢两个起首做生意，做时都係冇（冇）本钱嘅，佢所有嘅本钱，都係同人借嘅吖。(《粤》第 38 课)

C. 通表与事范畴的“给”

在清末《孽》《二》中，使用的是“给”来通表与事范畴三种关系：

受益关系：

你若不嫌屈尊，还是赶天天都察院下来，到这儿溜搭溜搭，我给你解闷儿就得了！(《孽》第 22 回)

随后便是次芳喝道：“混帐东西！金大人来了！还敢胡说！给我滚出去！”(《孽》第 18 回)

又喝叫小丫头：“快给我叫他来！”(《二》第 87 回)

相与关系：

雯青看这店还宽敞，就叫把车赶进去，一进门还没下车，就听金升高声粗气，倒在那里给一个胖白面的少年人吵架。(《孽》第 19 回)

言夫人道：“谁管你的饭熟不熟，我的女儿是不嫁他的！你给我闹狠了，我便定了两条主意。”(《二》第 83 回)

一人答道：“小的知道。原不敢回，无奈他给钱大人一块儿来，不好请一个，挡一个。”(《孽》第 21 回)

我想，最好珏斋能在这时候挣一口气，打一个大胜仗，给法、越战争时候的冯子材一样，和议也好讲得多哩！(《孽》第 27 回)

我笑道：“这个给我们就馆的差不多，阔不到哪里去。”(《二》第 27 回)

不过这个意思外人还没有知道，我们老人家给总管连公公是拜把子，是他通的信。(《孽》第 19 回)

我这大关的差事，明明是给藩台有了交情，他有心调剂我的，所以我并未求他，他出于本心委给了我。(《二》第 14 回)

指涉关系：

背后有个家人只管给她们摇手儿，一个个都吓得往四下里躲着！

（《孽》第 24 回）

那家人想了一想，无端给我请了一个安道：“家人已经嘴快，把上项事情都说了，求少爷千万不要给老爷说！”（《二》第 82 回）

可惜会元已经被高中堂定去，只索给他争一争了！（《孽》第 13 回）

D. 通表与事范畴的“共”

于江（1996）认为，“共”从魏晋南北朝开始先虚化成介词，然后虚化成连词，唐、宋、元三代继续使用，到了明代才完全被“和”与“同”所取代。我们认为这种观点是基于共同语的语料得出的结论，如果考虑方言文献的话，明代潮州戏文《荔镜记》（1566 年）中的“共”可以通表我们所说的与事范畴三大类关系八小类意义。

E. 通表与事范畴的“搭”

我们考察了对话部分用吴语写成的《海》，全书的 403 例介词“搭”具有通表与事范畴三大类关系的所有用法[①]，其中表受益关系 117 例、表相与关系 71 例、表指涉关系 221 例。

前两日，漱芳样式勿好末，我想搭俚冲冲喜。（《海》第 42 回）

耐再有面孔来见我，搭我滚出去！（《海》第 34 回）

耐有啥要紧事体搭我商量？（《海》第 4 回）

俚勿搭耐一淘去，耐去寻俚做啥？阿要去讨惹厌！（《海》第 2 回）

耐看仔场面浪几个人，好像阔天阔地，其实搭倪也差勿多，不过名气响仔点。（《海》第 14 回）

耐搭洪善卿阿知己？（《海》第 19 回）

我实概搭耐说，耐倒原是猛们闲话。（《海》第 28 回）

自家要用着哉，再搭我讨。（《海》第 21 回）

以上八例中的与事介词依次表示与事范畴中三大类关系八小类意义：受益关系的服务义、意志义，相与关系的交互义、协同义、等比义、关联义，指涉关系的顺指义、逆指义。

而在《儿》中，除了古汉语遗留下来的强势介词“与”，没有可以通表三种与事关系的介词，表示与事范畴的介词主要分两大类：一类

① 虽然“替”也有，但数量很少。

是与给予动词同形表受益关系兼表指涉关系的“给”[①]，另一类是可表相与关系和指涉关系并兼作连词的“合、同”类介词。如：

一会儿又用手指头给他理理头发，一会儿又用小手巾儿给他沾沾脸上的眼泪……(《儿》第 20 回)

不想那人奔向前来，叫了声：“我的孩儿！我只道今生不能合你相见，原来你还好端端的在此！……”(《儿》第 7 回)

尹先生说：“你们女子有同母亲共得的事，同父亲共不得；有合母亲说得的话，合父亲说不得……”(《儿》第 17 回)

他也脱去马褂，抖开他那兵器，原来也是把钢鞭，合我这鞭的斤两正不差上下。(《儿》第 15 回)

你众位在此，休猜我合这邓老翁是亲是故，前来帮他；我是个远方过路的人，合他水米无交。(《儿》第 16 回)

这年正是你的周岁，我去给你父母道喜。(《儿》第 19 回)

娘，不要这么说，咱们也是天天儿白闲着，都是家里的事，怎么合人家要起工钱来了？(《儿》第 24 回)

考虑《海》与《儿》同时期、同体裁的性质，我们将二者的与事介词用例进行了统计，如表 3-7 所示：

表 3-7 《海》《儿》与事介词用例统计

语义类型	搭/与	给	替	和（合）	同	跟	向	对
受益关系	111/2	0/604	70/123	0/0	0/0	0/0	0/0	0/0
相与关系	71/96	0/0	3/0	0/428	54/294	0/4	0/0	0/0
指涉关系	221/1	0/120	1/2	0/365	11/4	0/2	7/288	0/42
小计	403/99	0/724	74/125	0/793	65/298	0/6	7/288	0/42
共计	403/99				146/2276			

《海》对话部分可以通表与事范畴三大关系的“搭”与其他与事介词的总和之比接近 3 : 1，而在以北京话为主要特征的《儿》中可以通表与事范畴三大关系的“与”和其他与事介词的总和之比接近 1 :

① “向”和“对”是书面语体的表达。

23。可以看出，清末南北方言在表现与事范畴的统一度上存在着明显的分野。

我们还统计了清末以来的七部北京话作品——《小》《骆驼祥子》（对话部分）、《四世同堂》（对话部分）、《龙须沟》《茶馆》《评书聊斋志异》和《京味小说八家》（对话部分），发现这些作品中的与事范畴均由多个介词来表达：表受益关系用“给、为、替”等，其中意志义只用“给”；表相与关系用“跟[①]、和、同”；表指涉关系顺指义用“跟、给、对”等，表逆指义用“跟、向、和”。如：

回头叫到我这儿，不论那位，给我拿上去过一过得啦。（《小》第278页）

吃完，都给我滚，我好招待亲友。（《骆驼祥子·十三》）

这就是我要和你商量商量的呀！（《四世同堂·九》）

老三！我想啊，你可以同他一路走。（《四世同堂·十二》）

我们孩子他妈笑着对我说：“赶明儿你戴上帽子写东西吧，好看，跟堂·吉诃德的仆人桑科一样。”（《京味小说八家·傻二舅》）

小丁宝，听着，这跟你有密切关系！甚至于跟王掌柜也有关系！（《老舍剧作·茶馆》）

……老师父，您多慈悲，我这给您叩头啦！（《评书聊斋志异》第1集）

真一个钱也不跟咱们要？（《老舍剧作·龙须沟》第2幕）

以上八例中的与事介词依次表示与事范畴中八小类意义：服务义、意志义、交互义、协同义、等比义、关联义、顺指义、逆指义。

这些语料中，没有出现一个可以通表与事范畴三大类八小类关系的介词。

香坂顺一（1997）考察了五种具有南方方言色彩的清末小说作品[②]，发现“同、和、跟”与“给、替”用法相同，即“同、和、跟”既可表相与、指涉关系，又可表受益关系。他认为三种关系在当时人的意

---

① 从我们所掌握的北京话语料看，直到清末民初“跟”才在北京话里发展为成熟且强势的与事介词，用于表相与关系和指涉关系（包括顺指义和逆指义）并兼作连词。

② 这五种清末小说是：《六月霜》《负曝闲谈》《邻女语》《苦社会》《官场维新记》。

识中还没有分得很清。这也可能是分化明晰前的模糊阶段，毕竟此时已不大量使用“与”，取而代之以其他形式的介词了。我们认为香坂顺一是从共同语的角度来看待这个问题的，事实上，存在这些介词“混用”的现象与其说是与当时人们的意识模糊有关，不如说是与他所考察的这些语料的南方方言色彩有关，因为现代的南方方言也如此。问题的实质并不在于使用具体的哪一个介词来通表三种与事关系，而在于使用共同的某一个介词 X 来通表。这种通表的现象在南方方言色彩的语料中表现得较为突出，而在北方方言语料中自“与”的功能开始分化，由其他介词取代后，没有出现一个可以通表与事范畴三种关系的介词。

因此，从单个词的发展过程来看“替”类词的多功能现象，不如从内因语法化和外因类化或“词义感染”来解释“替”类词的多功能现象。在具有南方方言色彩的文献中，某一个非“与”的与事介词由单一的表某一种与事关系的用法，在系统内部感染了“与”的多功能用法，而对它进行了整体的替代。

由以上对历时文献的考察，我们可以得出以下结论：

A. 相对于以北方方言为基础的文献，以南方方言为基础的文献中可通表整个与事范畴三大类关系的介词的统一度更高。北方方言表达与事范畴则逐步向着分工化、精密化的方向发展。

B. 以北方方言为基础的文献中，除了“与”，没有其他可以通表三种与事关系的介词；而以南方方言为基础的文献中，最迟在明代已有可整体代替“与”与事介词功能的介词。在南方方言为基础的文献中，无论这种介词是以什么形式出现的（“和”“替”“同”或“给”等），都可以通表三大类与事关系。

3.3.2 现代南北方方言与事介词表达的差异

在现代南方方言闽语福州话的“共”、吴语苏州话的“搭”、粤语广州话和客家梅县话的“同”，均可在本方言系统内部通表与事范畴的受益、相与、指涉三种关系，并兼作连词（连词例略）。请看表 3-8 中的例句。

除了以上闽、吴、粤、客四种南方方言，还有其他南方方言如福建平和话的“合”、南宁平话的“凑”和“共”、赣南石城客话的“赢”、涵盖温州地区的瓯语中的“代”[①]、西南官话西充话的“递[ti24]”，都可通表与事范畴的三大类关系八小类意义（例略）。据潘秋平（2009）的报道，新加坡华语的“跟”可以通表我们所说的与事范畴三大类关系八小类意义，而“新加坡闽南语是新加坡华人中使用人数最多的一个方言”（周清海、周长楫，1998）。

表 3-8　南方方言与事介词用例

分类		福州话[②]	苏州话	广州话	梅县话	普通话译句
受益关系	服务义	我共伊煮饭。	我搭俚烧饭。	我同佢煮饭。	𠊎同佢煮饭。	我给他煮饭。
	意志义	汝故伓共我滚出去！	耐还勿搭我滚出去！	你仲唔同我躝出去！	你还不同𠊎滚出去！	你还不给我滚出去！
相与关系	交互义	共汝商量商量。	搭耐商量商量。	同你商量下。	同你商量商量。	跟你商量商量。
	协同义	共伊经常着一堆。	搭俚经常勒海一道。	经常同佢喺埋一齐。	同佢经常在一起。	和他经常在一起。
	等比义	我共伊平平悬。	我搭耐一样高。	我同佢一样高。	𠊎同佢一样高。	我跟他一样高。
	关联义	共我有什乇干过？	搭我搭啥界吩？	同我有乜嘢关系？	同𠊎有嘛解关系？	和我有什么关系？
指涉关系	顺指义	共先生鞠躬一下。	搭先生鞠仔个躬。	同老师鞠咗个躬。	同老师鞠了个躬。	给老师鞠了个躬。
	逆指义	伊卜共我借 50 块钱。	俚要搭我借 50 块洋钿。	佢要同我借 50 蚊。	佢要同𠊎借 50 块钱。	他要跟我借 50 块钱。

表 3-8 中列举的南方方言的与事介词虽然选择各异，但它们有一

① 平和方言的材料可参考庄初升（2000），南宁平话的材料可参考覃远雄（2000），石城方言的材料可参考曾毅平（2000），瓯语的材料可参考马贝加（2006）。

② 福州话的材料由陈泽平提供，谨致谢忱。

个共同点：在本方言系统内部，均可以由一个兼作连词的介词通表与事范畴的三大类关系八小类意义，各种语义功能在分布上是完全平行的，与琉本《人》中“替”的情形也相平行，但与《红》《儿》中与事介词的选择情况相对立。需要强调的是，琉本《人》中的“替”并非方言用法，而是与其功能相同的“搭、共、同”等介词、连词的官话表达形式（李炜，2006）。

与事介词通表与事范畴三大类关系八小类意义的现象在东南方言及很多南方方言均存在，但在整个南方境内是否具有普遍性呢？

我们收集并调查了湖南境内方言的与事介词，发现了湖南南部和东北部存在通表与事范畴三大类关系八小类意义的介词，而湖南中部地区没有通表三大类关系八小类意义的与事介词的现象。

湖南浏阳方言（贝先明、向柠，2009）的“同”可以表受益、相与、指涉三大类关系。如：

受益关系：

他同我俚武舞饭。（他给我们做饭。）

相与关系：

我同你俚婆婆商量哒。（我和你奶奶商量了。）

我同你一咸去。（我和你一起去。）

我的答案同你個不同。（我的答案跟你的不同。）

以件事同我冇关系。（这件事和我没关系。）

指涉关系：

我来同你讲啊唧我俚浏阳。（我来跟你说说我们浏阳。）

以本书是我同他借個。（这本书是我向他借的。）

这可能与浏阳方言的特点有关。浏阳地处湘、赣边境，语言上处于赣语、湘语的包围之中，有赣语、湘语、客家话三种汉语方言（贝先明、向柠，2009），且明清之际从闽、粤两省迁来大批移民，浏阳方言用“同”表与事范畴的三大类关系，可能与大批移民或与客家话的影响有关。

湖南常德方言（郑庆君，2009）的“跟”可表与事范畴的三大类关系。如：

受益关系：

我跟你做作业，你跟我引小伢要得啵？（我替你做作业，你替我带小孩行吗？）

相与关系：

我跟他吵架了。（我和他吵架了。）

请你跟我抬一下桌子。（请你和我抬一下桌子。）

儿科跟内科完全是两码事。（儿科和内科完全是两回事。）

老王一直跟他有矛盾。（老王一直和他有矛盾。）

指涉关系：

有么得话就跟我讲。（有什么话就对我说。）

想跟你借样东西。（想向你借样东西。）

桂阳土话（邓永红，2009）的“带”也可表与事范畴的三大类关系。如：

受益关系：

带我买滴饭，买滴菜。（给我买点饭，买点菜。）

相与关系：

我唔带渠□[hɛ33]。（我不跟她玩。）

你带我困啰。（你和我睡。）

哪个敢带我比啦？（谁赶跟我比？）

我来啊唔来好，带你有吗咖关系？（我来也好，不来也好，和你有什么关系？）

指涉关系：

唔带渠讲客气。（不跟他讲客气。）

宁远方言（张晓勤，2009）的“和”可以表与事范畴的三大类关系。如：

受益关系：

中国女排和国家争了光。（中国女排为国家争了光。）

相与关系：

李乡长有事总和群众商量。

我和他一起去。

这个和那个一模一样。

这个事和我没得一点关系。(这个事和我没有一点关系。)

指涉关系:

不懂的问题可以和老师请教。(不懂的问题可以向老师请教。)

我和她借了三筒米。(我向她借了三筒米。)

平江城关方言(王众兴,2009)、益阳方言(崔振华,2009)的“搭”可以表与事范畴的三大类关系。如:

受益关系:

平江城关方言:他咯屋里太乱哒,我搭他捡拾干净哒。(他的房子里太乱了,我帮她收拾干净了。)

益阳方言:咯是她搭男人打的洋绳子衣。(这是她为丈夫打的毛线衣。)

平江城关方言:你搭我好兴丫企哒!(你给我好生点儿站着!)

益阳方言:你搭我滚开!(你给我滚开!)

相与关系:

平江城关方言:我搭你商量。(我和你商量。)

益阳方言:彬彬搭同学商量去哒。(彬彬和同学商量去了。)

平江城关方言:你搭爸爸一咸去吃酒。(你和爸爸一起去吃喜酒。)

益阳方言:我搭你一路去。(我跟你一块儿去。)

平江城关方言:你不搭咯人相同。(你和别人不一样。)

益阳方言:小李又高又瘦,搭咯电线杆子一样。(小李又高又瘦,和电线杆子一样。)

平江城关方言:我搭你冇得关系。(我和你没关系。)

益阳方言:我搭你冇得关系。(我和你没关系。)

指涉关系:

平江城关方言:要我搭他赔小心,莫想!(要我向他赔礼道歉,休想!)

益阳方言:搭老师敬个礼。(给老师敬个礼。)

平江城关方言:搭你借一百块钱,明朝就把你。(向你借一百元钱,明天就还你。)

益阳方言：他侬堂客病咖哒，要搭你借一千块钱。(他的妻子病了，要向你借一千块钱。)

湖南安乡方言、湘潭方言也有用“跟”通表整个与事范畴三大类关系八小类意义的用法（例略）。

表 3-9　湖南方言与事介词的使用情况

方言点	受益关系	相与关系	指涉关系	是否通表
浏阳	同	同	同	是
安乡、湘潭、常德	跟	跟	跟	是
桂阳土话	带	带	带	是
宁远、汝城	和	和	和	是
平江、益阳	搭	搭	搭	是
娄底	帮	跟	帮	否
涟源	赐	同派	赐	否
常宁、辰溪、新化、邵阳、邵东	帮	和	帮	否
隆回	给	跟/同	给	否
衡山、攸县	帮	跟	跟	否
凤凰	帮	和	和	否
茶陵	帮	枪	枪	否

表 3-9 所示湖南方言的分布均在南部和东北部地区，地处湖南中部属于老派赣语的湖南攸县方言中没有通表与事范畴三大类关系的介词，属于新湘语的常宁、辰溪、新化方言均使用“帮”表受益、指涉关系，不表相与关系，相与关系用“和”来表示。娄底方言也使用“帮”表受益、指涉关系。隆回方言表受益、指涉关系使用“给”，相与关系多用“跟、同”。邵阳、邵东方言使用“帮”表受益、指涉关系；凤凰方言用“帮”表受益关系，用“和”表相与关系和指涉关系。

湖南地区与事介词分布的特点与其移民历史有一定的关系。据《明实录》记载，湘北移民的来源主要是江西；明初湘南移民带有军事移民性，军人的原籍多在浙、皖、苏、鲁诸地区（葛剑雄，1993：355）。

湘中区虽然也是江西移民的天下，但是由于其地处南北东西交通要道，是湖南中心区，人口流动频繁，语言变化也会相应地加快。

汉语在与事介词的选择上，存在着典型的南方方言与北京话及西北方言之间的鲜明对立，而中部的相关情况却复杂得多[①]，如我们正在调查的中原官话河南禹州方言中的“□[kɯ^{24}]”，它疑似可作给予动词同时通表与事范畴三种关系并兼作连词（例略），但它至少存在以下两个问题：①假定“□[kɯ^{24}]”为“给”，则其语法功能和古汉语的“与”就完全一致了，也就是说它整体替代了“与”，但替代后又没有发生语法功能的变化或产生新的语法功能，那么这个替代的意义又何在？②“□[kɯ^{24}]”的本字尚未考定，不能排除是来源不同的字。这种现象不仅在河南方言中有，湖南、湖北、四川、贵州等地的方言和黄河沿岸的部分中原官话亦存在。我们认为这不能排除是“给”与“跟”读音和功能相混所致，关于这一点，我们将做更进一步的论证[②]。

此外，我们还调查了西北四种方言——西宁话、兰州话、银川话、西安话，发现四者在与事介词的选择上与北京话基本一致。如表 3-10 所示。

表 3-10　西北方言与事介词用例

分类		西宁话	兰州话	银川话	西安话
受益关系	服务义	我给老师拿书去哩。	我给老师取书去哩。	我给老师取书去哩。	我给老师取书去。
	意志义	——[③]	——	你给我滚出去！	你给我滚出去！

① 本书一部分内容在 2009 年 12 月潮州会议上宣读后，江蓝生先生与我们私下讨论时，希望我们在探讨南北方言类型对立的基础上进一步关注“中部方言”的相关情况。江蓝生先生的指教我们完全接受。我们认为首先应对汉语南北两端的相关情况进行正确的描写与解释，其结论才将有助于我们最终解决“中部方言”的相关问题，对此江先生表示赞同。

② 还有江淮官话表与事范畴没有统一的介词，这更加有力地说明了琉球官话课本语言的非江淮官话性质。

③ “——”表示在该方言中没有表达意志义的方式，但在今天新派兰州话里也可以听到“你给滚出去！”的说法。

续表

分类		西宁话	兰州话	银川话	西安话
相与关系	交互义	尕李跟我打了一顿。	尕李跟/连我打了一仗。	小李跟我打了一仗。	小李跟我干咧一仗。
	协同义	尕王跟尕李一搭去了兰州了。	尕王跟/连尕李一搭里去了兰州了。	小王跟小李一搭里去了兰州了。	小王跟小李一块儿去咧兰州咧。
	等比义	尕王跟尕李一样高。	尕王跟/连尕李一样高。	小王跟小李一样高。	小王跟小李一样高。
	关联义	这个事跟我俩没啥关系。	这个事跟/连我没啥关系。	这个事跟我没啥关系。	这个事跟我没啥关系。
指涉关系	顺指义	尕王给我点了个头。	尕王给我点了个头。	小王给我点了下头。	小王给我点咧下头。
	逆指义	尕王跟老李借了点钱。	尕王跟/连老李借了些钱儿。	小王跟老李借了些钱。	小王跟老李借咧些钱。

日本学者香坂顺一（1997）以村上嘉英氏研究的闽南方言的介词为出发点，分析闽南方言介词比普通话介词少的原因时曾说过：“普通话为了求得语言表达的精确性，……向分化分工的方向发展了，而在闽语中尚未见分化分工。”我们知道，自古汉语就有“统一”的介词“与”兼表受益、相与和指涉关系。从明初开始，“与”逐渐被“给”所取代，香坂顺一认为这主要是“以北京为中心的里看到的现象，从汉语整体来看，这种未分化状态依然存在”。我们认为香坂顺一所说的“汉语整体”，确切而言，应该是指南方方言，北方方言特别是在西北方言中还是分化了的。南方方言保留古汉语的成分较多，南方方言滞留在古汉语层面，即使“与”被替代，也是新瓶装旧酒，其整体语法功能与语义分布仍保留着“与”之前的用法不变。

而北方汉语与事介词向着分工化、精密化的方向发展的分化——无论是 200 多年以来的北京话，还是如今的西北方言，与事介词大体都分为两大类：一类是与给予动词同形表受益关系兼表指涉关系顺指义的“给”，另一类是表相与关系和指涉关系并兼作连词的“跟、和、同”类介词。普通话与事介词的情形亦如此（例见李炜，2006）。

汉语北方方言的与事介词为何会发展出这种分工有别的局面，而与古代汉语和当今主要南方方言与事介词的选择情况相对立？这是汉语自身发展的结果，还是跟语言接触有关呢？

3.3.3 现代南北少数民族语言与事范畴表达的差异

连南八排瑶语（巢宗祺、余伟文，1989：246，254，274）的[ka^{53}]可以通表与事范畴的三种关系，如：

受益关系：

ng^{53} no^{22} men^{53} ka^{53} tsia^{44} lom^{41} i^{44} fla^{41} n(u)^{53} lo^{44}.

没 有 人 跟 我 烤 衣 服 的。

没有人给我烤衣服的。（巢宗祺，余伟文 1989：246）

mui^{53} ka^{53} tsia^{44} fu$^{24-21}$ kia^{44}.

你 和 我 站 着！

你给我站着！（巢宗祺，1990：123）

相与关系：

kong$^{53-44}$ men^{53} ka^{53} vai^{22} men^{53} ai^{41} si^{53} da^{24}.

穷 人 和 坏 人 干 厮 打。

穷人和坏人打。（巢宗祺、余伟文，1989：274）

se^{44} ka^{53} vei^{44} su^{44} kung^{44} kon^{22} lo^{44}.

就 跟 他 叔 公 住。

就跟他叔公住。（巢宗祺、余伟文，1989：234）

toi^{53} na$^{24-21}$ hung^{22} se^{44} ka^{53} vei^{44} su^{44} po^{53} ai^{41} vi^{41}

于是 这 时 呢 跟 他 叔 婆 做 夫

ku^{41} nu^{53} a^{22}.

妻 啦。

于是（何白度）跟他叔婆做夫妻啦。（巢宗祺、余伟文，1989：254）

指涉关系：

mui^{53} ka^{53} vei^{44} kong$^{24-21}$ di$^{24-21}$ bu^{41} nai^{44} nu^{22} fong^{44}

你 和 他 讲 抵 三 天 也 白

fong^{44} kong$^{24-21}$ nu^{53} a^{22}.
白 讲 啦
你跟他说上三天也是白说的啊。（巢宗祺，1990：95）

我们调查了阿尔泰语系的蒙古语、锡伯语、满语和维吾尔语，与事范畴在这四种少数民族语言中主要是通过格及其他相关语法手段来表现的。如：

a. 服务员给客人斟茶。
蒙古语：
uiʧʰiləkʧi ʧɔʧʰin -tʊ ʧai ajakala-pa.
服务员 客人-向位格 茶 盛-过去时
锡伯语：
aɹpaʂaɕi antʰχətʰ tʂʰaiv tauləm puxw
服务员 客人 茶 倒 给了①
满语：
aɹpaʂaɕi antʰaχatə tʂʰaipə taulamə puxə
服务员 客人 茶 倒 给了
维吾尔语：
mulazim χeridarlarʁa tʃaj qujup beridi
服务员 客人 茶 倒 给了

b. 李力跟王顺吵架了。
蒙古语：
li li waŋ ʂun -tʰəi xərəltupə.
李力 王 顺-和同格 吵架-过去时
锡伯语：
li li vaŋ ʂun maqʰ putʂʰwnuxw
李力 王 顺 和 吵架了

① 这个句末的“给”与我们这里谈到的与事范畴无关，与其有类似功能且相对应的表达在西北方言如兰州话中存在，句 a 和句 f 在兰州话中分别应译为：“服务员把茶给客人倒给了/我给他使给了个眼色”。有关此“给”，拟另文讨论。

满语：

li li vaŋ ʂun i əmki pətʂʰən araχa

李力王 顺 一起 吵架了

维吾尔语：

li li waŋ ʃun bilɛn takalliʃip qaldi

李力王 顺 和 吵架了

c. 李力跟王顺一起去兰州/乌鲁木齐。

蒙古语：

li li wɑŋ ʂun -tʰəi xɑmtʰʊ lɑnʐəu -tu ɔʧʰipɑ.

李力 王 顺-和同格一起兰州-向位格 去-过去时

锡伯语：

li li vaŋ ʂun maqʰ əm patʰ urumtɕʰitʰ kənx

李力王 顺 和 一起 乌鲁木齐 去了

满语：

li li vaŋ ʂun i əmki urumtɕʰitə kənəxə

李力王 顺 一起 乌鲁木齐 去了

维吾尔语：

li li waŋ ʃun bilɛn billɛ yrymtʃigɛ baridu

李力王 顺 和 一起 乌鲁木齐 去了

d. 李力跟王顺一样高。

蒙古语：

li li wɑŋ ʂun -tʰəi ɑtɑlı ontor.

李力 王 顺-和同格 一样 高

锡伯语：

li li vaŋ ʂun maqʰ əmturun tən

李力王 顺 和 一样 高

满语：

li li vaŋ ʂun i kəsə tən

李力王 顺 同样 高

维吾尔语：

li li waŋ ʃun bilɛn oχʃaʃ egir

李力王 顺 和 同样 高

e. 这件事情跟王顺没有关系。

蒙古语：

ənə ʊʧʰir wɑŋ ʂun- tʰəi xɑmijɑ ukəi.

这 事情 王 顺-和同格 关系 没有

锡伯语：

ər pait vaŋ ʂun maqʰ taɹtɕi aqʰw

这事情王 顺 和 关系 没有

满语：

ərə paita vaŋ ʂun i taɹtɕi aqʰu

这事情 王 顺 关系 没有

维吾尔语：

bu iʃniŋ waŋ ʃun bilɛn alaqisi joq

这 事情王 顺 和 关系 没有

f. 我给老师敬了礼/我给王顺（他）使了个眼色。

蒙古语：

pi pɑkʃi -tʊ jʊsɔlɑ-pɑ.

我 老师-向位格 敬礼-过去时

锡伯语：

pi vaŋ ʂuntʰ jas arχ

我王 顺 眼睛 做

满语：

pi vaŋ ʂun tə jasa araχa

我王 顺 眼睛 做

维吾尔语：

mɛn uniŋʁa køz iʃariti qilip qojdum

我 他 眼色 做了 给

g. 他跟我借了一百块钱。

蒙古语：

tərə nɑtɑ -ɑʧʰɑ　ʧɑkʊn ʧɔkɔs ʧikələ-pə.

他　我-从比格　百　钱　借-过去时

锡伯语：

tʰər mitiri əm tʰaŋ yɛn tɕiaʁav tʂun kiɛx

他　我　一 百　元　钱　借 拿了

满语：

i mintɕʰi əmu tʰaŋŋu yan tɕiχa pə tʂuən qaiχa

他　我　一　百　元 钱　借　拿了

维吾尔语：

u mɛndin bir jyz jyɛn øtnɛ aldi

他 我　一 百 元　借 拿了

以上 7 个例句，a、f 句的与事介词分别表达受益关系服务义、指涉关系顺指义，在阿尔泰语系的四种语言中各自使用相同的格形式[①]：蒙古语、锡伯语分别使用与位格ᠳᠤ、ᡩᡝ，满语、维吾尔语使用与格ᡩᡝ、غا、这恰与使用介词“给”表受益关系和指涉关系顺指义的情形相平行。2—5 句的与事介词分别表达相与关系的交互义、协同义、等比义和关联义，在阿尔泰语系的四种语言中也各自使用相同的形式：蒙古语使用和同格ᠲᠠᠢ，锡伯语使用造-联合格ᠮᠠᡳ，满语使用造格ᡳ，维吾尔语使用后置词بىلەن，这恰与汉语北方方言表相与关系使用介词“和”“跟”等的情形相平行[②]。蒙古语、锡伯语、满语、维吾尔语与事范畴的表达见表 3-11：

① 根据我们的调研情况看，蒙古语、锡伯语、满语和维吾尔语中对格的命名是不尽相同的，甚至同一个民族在命名的问题上也会出现分歧。为了便于称述，蒙古语的格名称依据清格尔泰（1991），锡伯语的格名称依据李树兰、仲谦（1986），满语的格名称依据爱新觉罗・乌拉熙春（1983），维吾尔语的格名称依据赵相如、朱志宁（1985）。

② g 句的“我”后蒙古语、锡伯语、满语和维吾尔语分别使用从比格、离格、从格、从格。还有一点值得注意，阿尔泰语系的这四种语言中，表受益关系的格没有表达意志义的用法，而西北方言西宁话和阿尔泰化程度比较高的兰州话表达受益关系的介词“给”也没有表意志义的用法（李炜，1989）。

表 3-11　阿尔泰语系语言与事范畴的表达

例句	蒙古语	锡伯语	满语	维吾尔语	分类
句 a	与位格	与位格	与格	与格	服务义
句 b	和同格	造-联合格	造格	后置词	交互义
句 c	和同格	造-联合格	造格	后置词	协同义
句 d	和同格	造-联合格	造格	后置词	等比义
句 e	和同格	造-联合格	造格	后置词	关联义
句 f	与位格	与位格	与格	与格	顺指义
句 g	从比格	离格	从格	从格	逆指义

阿尔泰语系的以上四种语言与北京话、西北方言以及汉语普通话一样，都不存在用同一个格/介词等通表与事范畴三种关系的现象，而且它们在相应格/介词等的语义分布上相平行：前者的与位格或与格对应于后者的“给”，而后者的“跟、和”则对应于前者各自语法系统内与之相同的格或后置词等。这种平行现象与古汉语及南方方言的情形构成了鲜明的对立。

众所周知，北京地区和西北地区在历史上曾与邻近的阿尔泰诸民族有过长期而密切的接触。我们认为，北京话、西北方言以及汉语普通话所呈现出的与古汉语、南方方言在与事介词选择上的对立，不排除是语言接触导致的结果。因为从 936 年石敬塘把燕云十六州割给契丹起，直至清王朝灭亡，除去明朝三百多年，近七百年“统治北京官话区的少数民族包括契丹、女真、蒙古和满族，都属于阿尔泰语系。因此，北京官话在形成过程中，很可能受阿尔泰语的影响”，“现在的北京官话和其他方言相比较……可以说是发展最迅速的汉语方言”（林焘，1987）。

3.4 小结：从“替”再看“官话”的性质

现代汉语普通话的与事介词由多个介词来承担，如受益关系用

“给、为、替”等介词表示，相与关系用“和、跟、同”等介词表示，指涉关系用“跟、向、对、给、和、同”等介词表示，如图 3-2 所示。

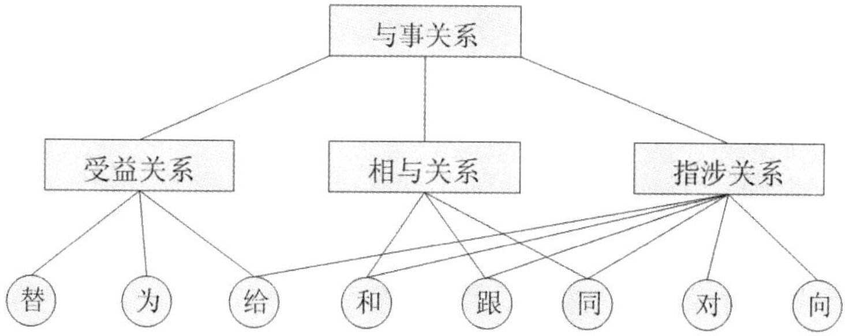

图 3-2 现代汉语普通话与事介词语义分布图

汉语普通话的与事关系介词呈现一种关系由多个介词表达和一个介词可表一种或两种关系的特点，并且在使用上存在着频率的差别。我们以典范的白话文著作——赵树理小说和鲁迅小说为例：赵树理小说中在表现相与关系时极少使用“同”，而以“跟”为主；鲁迅小说中在表现相与关系时则较多使用“和”“同”，似乎“典范”的白话文著作也区别了南北之味，与清中叶以来与事介词的南北差异有相承之势。因此，汉语普通话表现出来的繁多的与事介词形式，似乎是南方官话与北方官话的“叠加”——普通话吸收了众多的与事介词形式，但每个与事介词的功能都有所减弱。

清中叶以后的琉球官话课本没有使用“与”，而是使用大量的“替”表与事范畴，说明了其现代汉语的性质；在清中叶时期具有可以通表与事范畴三大类关系八小类意义的与事介词，则说明了其南方方言的性质；使用“替”，而不使用“搭、共、同”等方言词，则说明了其在南方共同语层面的性质。

第 4 章　琉球官话课本中的“给”及其相关问题

琉球官话课本的“给”在表示给予、使役、被动方面，是极富南方方言色彩的。我们将先从考察它的给予动词开始，探讨琉球官话课本中的给予句，分析它表示使役义的领域问题，以及相关的被动问题。

4.1 琉球官话课本中的“给”

4.1.1 琉球官话课本中含“给”的简单给予句及其给予义的表达

琉球官话课本中共出现 136 例含“给”字的简单给予句[①]，为了方便讨论，我们把给予句中表施事的名词（即给予动作的发出者）记为 N_1，把给予句中表与事的名词（即给予物的接受者）记为 N_2，把给予句中表受事的名词（即给予物）记为 N_3，把给予句中的主要动词记为 V（当句中没有“给”以外的主要动词时，“给”就是句中的主要动词）。

琉球官话课本中含“给”的给予句

我们先根据 V 是否为“给”，把含“给”字的给予句分为两大类：一类为主要动词就是“给”的给予句；另一类是除了“给”以外，还有 V 的给予句。

“给”是主要动词的给予句

根据主要动词“给”后是否出现 N_2、N_3，可以分为“给”“给+N_2”“给+N_3”“给+N_2+N_3”和“给+N_3+N_2”。琉球官话课本中没有“给”

---

① 这部分谈的含“给”的给予句是指简单给予句，与后面又附加 V 的复杂给予句相对。除了特别说明，均指简单给予句。

和“给+N_3+N_2”的格式。其他格式的使用情况如下：

A. 给+N_2

琉本《人》中有12例，《官》《白》《学》中分别为1例、0例、2例。如：

（1）就这些本钱丈人又给我，替交还我老子一样。(《琉/狭/三》)

（2）我自然数足，拣选干净，都是好钱给你，不用费心。(《官》)

B. 给+N_3

仅《白》中有1例，琉本《人》《官》《学》中均没有用例。此例如下：

（3）再等旨意下来，行文转过多少衙门，才给盘缠打发起身，这个不是担搁日久，等不得的。(《白》)

C. 给+N_2+N_3

琉本《人》中有5例，《官》《白》《学》中分别为0例、0例、1例。如：

（4）今日是那里的造化，撞着这个呆相公，一把白纸扇子就给我一锭银子。(《琉/风/二》)

（5）罢了，给你二钱半，你秤却要称够的。(《学》)

琉球官话课本中，以“给”为主要动词的给予句比较少，仅22例，占给予句总数的16.2%。

“给”不是主要动词的给予句

除了“给”之外，给予句中还有其他主要动词，这种给予句在琉球官话课本中有以下几种格式：

A. V+给

仅琉本《人》中1例，《官》《白》《学》中无。此例如下：

（6）再说傅星别了天造，一直到芜湖主人家，把书信付给。(《琉/狭/二》)

B. V+给+N_2

琉本《人》中有76例，《官》《白》《学》中分别为3例、8例、1例。如：

（7）再说原差既拿了张媒婆，就报给庄临。(《琉/终/四》)

（8）正说没有完，看见商春荫忽然回来，叫家人把一千两银子一一交明给商夫人。(《琉/寒/二》)

（9）罢了，此番相让给相公，望你下回再来买书补过。(《官》)

（10）喜得柳春荫穿带的衣帽都有金珠嵌在上头，除下来兑换给人，盘缠还够用。(《琉/寒/一》)

主要动词可以是双音节动词，如例（8）—（10）。

朱德熙（1983）指出：Ns+V+给+N’既可以看成是 N 缺位的 S_1，也可以看成是 N 缺位的 S_2。由于琉球官话课本里没有 S_1，因此在琉球官话课本中适合看作是 N 缺位的 S_2。

F. V+给+N_3

琉本《人》《官》《学》中无，《白》中见 2 例。如：

（11）皇天保佑，十二月二十九日，飘到贵国大岛地方，狠蒙地方老爷可怜我们，天天赏给柴米，才得活命。(《白》)

（12）求通事替我回声老爷，求老爷主裁，准给发卖，我们感谢不尽。(《白》)

G. V+ N_3+给+N_2

琉本《人》中有 19 例，《官》《白》《学》中分别为 0 例、2 例、2 例。如：

（13）那里晓得，他不就去讲，到先通个信给那下首的财主。(《琉/自/一》)

（14）难道肯把这银子分些给我不成？（《琉/狭/二》)

（15）老先生只去问你女儿，有绣一幅鸳鸯给人没有？（《琉/终/三》)

（16）等我明日查看是谁家的儿子，告诉他娘老子，狠狠的打一顿给他，他才知道。(《学》)

以上几种格式的“给”均在主要动词之后，琉球官话课本给予句中的“给”没有处于主要动词之前作介词的用法。

对含“给”的给予句使用情况的分析

各种含“给”字给予句的句式分析

我们将琉球官话课本含“给”的给予句的使用情况整理为表 4-1：

表 4-1　琉球官话课本含“给”的给予句的使用情况

语料	主要动词为“给”			主要动词为“给”以外的动词			
	给+N_2	给+N_3	给+N_2+N_3	V+给	V+给+N_2	V+给+N_3	V+ N_3+给+N_2
琉本《人》	12	0	5	1	76	0	19
《官》《白》《学》	3	1	1	0	12	2	4
共计	22（16.2%）			114（83.8%）			

琉本《人》和《官》《白》《学》中含“给”字的给予句出现的频率高低依次是：V+给+N_2、V+N_3+给+N_2、给+N_2、给+N_2+N_3、V+给+N_3、V+给和给+N_3。

典型给予句的表达

所谓给予义，就是 N_1 将 N_3 由 N_1 转移至 N_2。N_1 是转移的起点，也是给予行为的发出者；N_2 是终点，也是给予物的接受者（简称受物者）。从语义角度看，在含“给”字的给予句中，“给”往往具有标记终点的作用，所以其后应该有 N_2 为终点（李炜、李丹丹，2008），没有 N_2 的“V+给+N_3”“V+给”和“给+N_3”，没有涉及受物者（终点），因此给予义不确定，不是典型的给予句式。琉球官话课本中“给”后有 N_2 的有 132 例，占整个含“给”字给予句的 97.1%。而其中“V+给+N_2”是使用最多的格式，因为它符合“起点（N_1）→动作（V）→终点标记（给）→终点（N_2）”[①]这个最理想的给予转移模式。琉球官话课本中作为终点标记的“给”全部都在 V 之后。

琉球官话课本中没有朱德熙（1983）所说的 S_1。

句式中“给”的词性

根据不同句式中“给”的句法分布和语法功能，“给”分为两类：当句中没有其他动词作主要动词时，“给”为动词；当句中有其他动词作主要动词时，“给”在 V 之后作弱化动词[②]（李炜，2002c），其特征

① 当主要动词是“给”时，“给”兼用主要动词和终点标记（李炜、李丹丹，2008）。

② 琉球官话课本中有两种形式：“V+N_3+趋向补语+给+N_2”（1 例：张媒婆先说：“昨日的翠花不当好，我今日特寻几朵奇巧的来给小姐。”（《琉/终/一》））和“V+趋向补语+给+N_2”（1 例：庄临说：“我已问过太太，太太也是这样说。只是你拿去给什么人？”（《琉/终/三》）。从语法形式上看，似乎可以把两式看成是连动式，其后半部分就是“给+N_2”式，其“给”也就可以看成是动词了。从语义功能上看，似乎又可以把两式看成是“V+N_3+给+N_2”和“V+给+N_2”式的变式，这样又可将“给”看成弱化动词了。我们在这里把这样的“给”看作是弱化动词。

为：之前不能出现否定副词“不/没”，之后不能出现动态助词“了/过”，另外作为弱化动词的“给”可以省略。“给”在琉球官话课本的给予句中没有处于主要动词之前的介词用法。与“给”作主要动词的给予句相比，“给”作弱化动词的给予句更占优势，二者的比例接近 1∶5。

值得一提的是，琉本《人》中的“给”大都来自于啸本的“与”，但啸本中有一种给予句句式——“与+N_2+V+N_3”在琉本中消失了。

（17）华岳留心要与他择一个佳婿，却怕人缠扰，每每戒家人不许浪传，故京师中无人知道。(《啸/风/一》)

此例在琉本《人》中没有被改写为“给+N_2+V+N_3”，却被改写为：

（18）华岳留心要替他拣个好女婿，又怕人晓得，天天吩咐家人不许外头乱说，因此京里头没有人晓得。(《琉/风/一》)

啸本的给予式“与+N_2+V+N_3”在琉本《人》中没有相应的格式，因为在琉本《人》中“给”作为给予动词是以弱化动词的身份出现的，即出现在主要动词之后，在主要动词之前时则是受益介词，而琉球官话课本中“替”才是表示受益关系的与事介词，因而不存在“给+N_2+V+N_3”这样的格式，在琉本《人》中被相应的改为了与事介词“替”。

能在啸本/琉本“与/给”前充当 V，《官》《白》《学》中充当 V 的动词，包括朱德熙所说的 Va、Vb、Vc 三类动词和 Vd 类动词（详见附录四）。

李炜（1995）曾以兰州、大理、常熟三种方言的事实驳斥过“Va 类动词共同的语义特征就是给予义，形式上可依据后紧跟‘给’”这种观点。我们在琉球官话课本中也可以找到相应的证据来支持李炜的观点。如“说”后面可以加“给”，但它不是 Va 类动词，而是 Vd 类动词。

（19）回到衙门，细细说给司马玄，不胜懊悔说……(《琉/风/四》)

（20）这头亲事，我正想着要说给唐相公，不知道你们也讲了，就讲成，这媒人原要我做，这个是大亲事了。(《琉/终/二》)

（21）再说原差既拿了张媒婆，就报给庄临。(《琉/终/四》)

（22）曹先生辞出去，果然就讨了一个差，先回去绍兴家里，就把这件事报给商尚书。(《琉/寒/三》)

琉球官话课本的非双宾给予句

吕叔湘（1999：226）指出，“给”用于引进交付、传递的接受者时，可用于动词前后。朱德熙（1979）认为：普通话里可以表达给予义的主要有四种基本句式，分别是：

S_1：N_1+V+给+N_2+N_3　　我送给他一本书

S_2：N_1+V+N_3+给+N_2　　我送一本书给他

S_3：N_1+给+N_2+V+N_3　　我给他写一封信

S_4：N_1+V+N_2+N_3　　我送他一本书

由上文的统计，琉球官话课本中只有 S_2 而没有 S_3，即只能用于动词之后，不能置于动词之前。S_1 只有“给”作主要动词的 6 例。S_4 也有但不多，容另文讨论，S_2 是使用最多的句式。S_1 与 S_4 是双宾给予句，下面重点谈非双宾给予句。

4.1.2 琉球官话课本中含“给”的复杂给予句

复杂给予句，即在简单给予句后面附加动词的格式。学界较早谈到复杂给予句式的学者是龚千炎（1983），他曾将“V 给”引起的兼语句及其变化句式总结为 17 种，基本上涵盖了现代汉语中所有的复杂给予句。琉球官话课本中出现了 17 种中的 13 种（除了“S+V_1+给+O_2+O_1+V_2”“S+给+O_1+O_2+V_2”“S+给+O_1+V_1+O_2+V_2+O_3”“S+给+O_1+V_1+O_2+V_2+O_3”）。其形式结构的复杂性，也带来了语义结构的多义性。

琉球官话课本中所出现含“给”的复杂给予句的形式

给+N_2+V_2

这种形式的复杂给予句是在上节“给+N_2”的格式后附加动词 V_2 构成的兼语式，琉球官话课本中共出现 10 例：琉本《人》中出现 7 例，《官》《白》各出现 50%，《学》未见。这种格式的复杂给予句在语义上有两种情况：一种是 N_2 是“给”的与事，又是 V_2 的施事，N_3 既是 V_1 的受事，又是 V_2 的受事，如例（23）—（25）；另一种是 N_3 是 V_2 的施事，又是“给”的受事，V_2 是“做”，后面的宾语是当事，如例（26）。列举如下：

（23）亲家只消收进去，给你女儿查点就是了。（《琉/风/二》）

（24）商春茂说：“有对出来，给我对！”（《琉/寒/三》）

（25）我开个单子，每部载明价钱，给相公看看。（《官》）

（26）着人接取老婆，王司马女儿亲送到京，给吕柯做老婆。（《琉/风/一》）

出现在这种格式的 V_2 主要有：“查点（1）、对（1）、做（1）、看（5）、看看（1）、看一看（1）”[①]。

V_1+给+N_2+V_2

这种形式的复杂给予句的形式上是在“V+给+N_2”的格式后附加动词 V_2 构成的兼语式[②]，琉球官话课本中共出现 55 例[③]：琉本《人》中出现 32 例，《官》《白》《学》各出现 4 例、10 例、8 例。这种格式的复杂给予句在语义上有四种情况：第一种是 N_2 是“V_1 给”的受事，又是 V_2 的施事，N_3 既是 V_1 的受事，又是 V_2 的受事，如例（27）—（29）；第二种是 N_2 既是“V_1 给”的与事，同时又是 V_2 的施事，N_3 既是 V_1 的受事，又是 V_2 的受事，如例（30）—（31）；第三种是 N_3 是 V_2 的施事，又是 V_1 的受事，如例（32），第四种情况是 N_2 是“V_1 给”的与事，又是 V_2 的施事，N_3 是 V_1 的受事，V_2 的处所、工具，如例（33）。第一种与第二种的区别在于 V_1 的不同：当 V_1 是“说、读、解、讲、报、传、通、窝盘”时，“给”引出 V_1 动作方向的指向 N_2；当 V_1 是“递、呈、断、发、付、许、送、定、过继、绣、舀来、汇来、交、赏、赌、写、点”等时，“给”引出接受 N_3 的 N_2。如：

（27）华小姐说：“小妹实说给你听罢，小妹姓华，我老子现任春卿，在东阁办事。”（《琉/风/三》）

（28）今日特到先生府上来，求先生把医宗必读，讲给门生听听……（《学》）

（29）张媒婆说：“我解给唐相公听，總要唐相公嘴稳些！”（《琉/

① 括号内出现的数字表示前面的动词在琉球官话课本中出现的次数。

② 严格地从语义上讲，由“V+给+N_2”的格式后附加动词 V_2 构成的“V_1+给+N_2+N_3”是有条件限制的，即 V_1 不能是 V_d。但在这里仅就形式而言，语义的分析见下文。V_1+N_3+给+N_2+V_2 的情况亦同。

③ 琉本《人》和《官》《白》中还出现了 7 例“V_1+趋+给+N_2+V_2”，我们认为这种形式是“V_1+给+N_2+V_2”的变式，可以归入“V_1+给+N_2+V_2”中。“V_1”在这里实际代表的是谓词。

终/二》）

（30）知县写完，叫书办连笔墨递给李春荣看。（《琉/狭/二》）

（31）想了一会，叫丫头将红绫诗卷传给小姐去看。（《琉/风/一》）

（32）你家老爷在日，把你家小姐当面许给商老爷家第三公子做老婆，这件事想你家小姐也是知道的。（《琉/寒/三》）

（33）我也没有甚么妆奁，我在江湖（上）几年辛苦，寡挣有几百两银子，尽付给你儿子去做生意。（《琉/狭/三》）

琉球官话课本中这种格式所见的 V_1 有：“递（4）、呈（1）、断（2）、送（5）、传（4）、发（1）、付（2）、说（3）、讲（5）、读（3）、解（1）、报（4）、拿（4）、拿进去（1）、通（1）、窝盘（1）、许（2）、定（1）、过继（1）、绣（1）、舀来（1）、汇来（1）、交（1）、转报（1）、赏（1）、赌（1）、写（1）、点（1）”。

所见的 V_2 有：“看（15）、看一看（1）、带（2）、领（1）、传（1）、听（8）、听听（3）、知道（11）、做（6）、赎（1）、睡（1）、转寄（1）、吃（2）、居住（1）、洗澡（1）”①。

V_1+N_3+给+N_2+V_2

这种形式的复杂给予句是在上节“V+N_3+给+N_2”的格式后附加动词 V_2 构成的兼语式，琉球官话课本中共出现 28 例：琉本《人》中出现 21 例，《官》《白》《学》各出现 3 例、0 例、4 例。这种格式的复杂给予句在语义上也有与“V_1+给+N_2+V_2”相同的四种情况：第一种情况如例（34）（35）；第二种情况如例（36）（37）；第三种情况如例（38）；第四种情况如例（39）：

（34）我若是骗你，我就赌一个大大的咒给你听么。（《学》）

（35）你把书拿回去，细细的用心去看，有不明白处，你拿来问我，我自然讲个明白给你听。（《学》）

（36）我没有什么好东西来送小姐，改日寻几枝新时样的翠花给小姐戴罢！（《琉/终/三》）

（37）这个不难，他做的文章都在我那里，我拿几篇给你看，你

① 括号内出现的数字表示前面的动词在琉球官话课本中出现的次数。

就知道了。(《琉/寒/一》)

（38）他女（孩）儿家，绣佛、绣观音他（还）学不得，不如绣一对鸳鸯给他作样子罢。(《琉/终/三》)

（39）他果然有意，你设个方法给我会他一会，我再谢你五十两，断不骗你！(《琉/终/一》)

琉球官话课本中所见的 V_1 有：“拿（9）、寻（2）、出（1）、借（1）、透（1）、设（1）、绣（1）、指（1）、安排（1）、收拾（4）、打（1）、授（1）、讲（2）、泡（1）、赌（1）、盖（1）”①。

所见的 V_2 有：“看（5）、看看（2）、吃（2）、听（2）、听听（1）、尝尝（1）、坐（1）、坐坐（1）、换（1）、戴（1）、对（1）、作（1）、去用（1）、住（1）、住下（1）、安歇（1）、居住（1）、知道（1）、带去（1）、读书（1）、读（1）”。

对复杂给予句 V_1、V_2 的分析

我们按照语义的特征，把琉球官话课本中 V_1（详见附录五）分为朱德熙（1979）所说的 Va、Vb、Vc 三类动词和这三类动词以外的 Vd 类动词。有语义特征[+给予]的 Va 类动词有“送（来）、递、呈、拿（来、进去）、报、转报、断、传、发、付、通、交、赏、写、许、定、借②、透、设、指、过继、舀（来）、汇”；有语义特征[+取得]的 Vb 类动词有“寻”；有语义特征[+制作]且宾语是可“给予”的实体事物的 Vc 类动词：“绣、打、盖、出、泡、收拾、安排”；有语义特征[+制作]且宾语是不可“给予”的非实体事物的 Vd 类动词：“读、讲（出来）、赌、授解、点、窝盘③”。

当主要动词 V_1 是有[+给予]语义特征的 Va、有[+取得]语义特征的 Vb、有[+制作]语义特征的 Vc 类动词时，V_2 既可以是与五官相关

① 括号内出现的数字表示前面的动词在琉球官话课本中出现的次数。

② 琉球官话课本中的“借”是当作朱德熙所说的“借 $_1$”用的。

③“窝盘”：1.紧紧地陪伴。《初刻拍案惊奇》卷二九：“妈妈自和养娘窝伴住了女儿，不容他寻死路。”王古鲁注：“窝伴，吴语，紧紧地陪伴之意。”2.抚慰。《水浒传》第二五回：“原来这妇人往时只是骂武大，百般的欺负他，近日来也自知无礼，只得窝伴他些个。”《官场现形记》第四四回：“申守尧听了听后面没有声息，晓得太太已经把老妈窝盘好了，不至於问他要钱。”《负曝闲谈》第十七回：“当下又窝盘了他娘几句，他娘的气也渐渐的平下来了。”在琉球官话课本中作第二个义项“抚慰”解。

的动词“吃、尝尝、听”，也可以是与五官无关的动词“睡、坐、坐坐、读、赎、传、知道[①]、戴、换、对、带、带去、领去、传去、洗澡、查点、转寄、居住、住下、安歇、读书”；当主要动词 V_1 是以非实体事物为宾语的 Vd 类动词时，充当 V_2 的只能是与五官相关的动词“吃、听”。在现代汉语中，能进入复杂给予句的 V_2 有“看（瞧）、听、猜、评、办、念、读、学、记、唱、欣赏、考虑、研究、分析、比较、见识”等，也是有限制的（参看赵金铭，1992）。

值得注意的是，V_1（包括“给”）与 V_2 无论从句法结构还是从语义角度看，都不在同一层次上：从句法结构看，这类句子可以看成是简单给予句加主谓结构两个子句“相加合并同类项”而成，在“合并”的过程中，后面的主谓结构迁就了前面的给予句，形成了这种复杂的句法结构；从语义角度看，V_1（包括“给”）与 V_2 并不在同一语义层次上，前面给予句是主体，后面的 V_2 是补充成分。V_2 的施事和受事分别是 V_1（包括“给”）的与事和受事。这对我们认识复杂给予句中“给”的性质有至关重要的作用。

对复杂给予句结构及“给”词性的分析

朱德熙（1983）指出：Ns+V+给+N’既可以看成是 N 缺位的 S_1，也可以看成是 N 缺位的 S_2。同时朱先生证实了 S_1’是由 S_1 加上 VP 派生出来的，S_2’是由 S_2 加上 VP 派生出来的。那么在琉球官话课本里是怎么样的情况呢？琉球官话课本里没有 S_1，因此在琉球官话课本中适合看作 N 缺位的 S_2。那么进入“V_1+给+N_2+V_2”中的“V_1”可以是 Va、Vb、Vc 类动词，但不仅仅是简单的动词，还必须是能表示有意识的或有心的动作行为的自主动词（马庆株，1988），语义上有[+自主]、[+动作]的特征：非自主动词不能进入。“来求小姐绣给他做样子的”，这个例句就是“当 N 缺位的 V_1+（　）+给+N’ +V_2P 常常在‘是……的’这个句法环境里出现”（朱德熙，1983）。这更进一步证实琉球官话课本的“V_1+给+N_2+V_2”是由 N_3 缺位的 S_2 加 VP 派生出来的。因此，像“断给我赎回来”，要分析为“断给我/赎回来”。

① 马庆株（1988）认为“知道”在现代北京话中是非自主动词，我们认为在琉球官话课本复杂给予句中“知道”的主体有积极的自主义，因而是一个自主动词。

（40）想了一会，叫丫头将红绫诗卷传给小姐去看。(《琉/风/一》)

此例有表示目的的“去”，这说明前后是“行为和目的”的关系。

同理，“V_1+N_3+给$+N_2+V_2$”的构成也是由“V_1+N_3+给$+N_2$”即 S_2 加 VP 派生而来。如“借几篇给兄弟看看”，要分析为“借几篇给兄弟/看看”。但要注意的是，N_3 往往都是“有界”事物[①]，形式上至少是有界名词，即“占据一定空间，而且有一定的边界”的“可数”的“个体”事物，换句话说要是我们传统意义上的专指名词和确指名词。复杂给予句“V_1+N_3+给$+N_2+V_2$”对 N_3 的要求与简单给予句“V_1+N_3+给$+N_2$”对 N_3 的要求是一致的，反过来也证明了后者是前者的一部分。

朱德熙（1983）认为，Vd 和 Vc 都是所谓的“使成”动词（existential causative），虽然所带的宾语都是结果宾语（object of result），但 Vc 的宾语是实体的事物，而 Vd 的宾语所指的事物在动作发生以前不存在，只是随着动作的完成才出现的。“唱一个歌给我听”形式上跟“炒一个菜给我吃”一样，实际上不同。（朱德熙，1982）因此，朱先生认为“只能有：Vc+N+给+N’，不能有：*Vd+N+给+N’”：

*唱个歌给我　　　　　　　*讲个笑话给我

继而推出这类句式的构造不是（V_1+N+给+N’）+V_2P，而是（V_1+N）+（给+N’+V_2P）。

赵金铭（1992）在《“我唱给你听”及相关句式》一文中提出，“我唱给你听”的构造层次是“我唱/给你听”，其语义分析形式是“我唱（　）+让你听（　）”。因此，赵先生认为这类句式的构造不是（V_1+给+N’）+V_2P，而是 V_1+（给+N’+V_2P），并指出这种句型的特别之处主要体现在“给”上，“给”在这里相当于并可替换为“让（叫）”，“唱”类动词的动作不产生结果，其所涉及的事物，如“歌”等，不能作为“给予”的对象。

我们对朱先生和赵先生的分析法表示怀疑，理由在于他们的出发点都是基于现代汉语，我们应该考虑到语料的时代性，考察汉语史上及同时期语料的表现。

① 关于“有界”参看沈家煊（1995）。

二位先生的立论基于两点：一是汉语中没有“Vd（+N）+给+N’”的句式；二是“给”在“Vd（+N）+给+ N’ +V_2P”句式中作使役动词“让（叫）”用，赋予句子使役的含义。下面我们针对这两点，谈谈这两个立论是否有存在的理据。

出于二位先生已经对非 Vd 类的动词所在的句式的构造作了探讨，均认为是简单给予句加挂 V_2P，我们表示同意，因此我们这里主要谈 V 是 Vd 类动词的复杂给予句。

首先，我们虽然没有在琉本《人》和《官》《白》《学》中发现“读”“讲（出来）”“赌”“解”“点”“窝盘”这样的 Vd 类动词进入“Vd+N+给+N’”这样的简单给予句格式，但不能说 Vd 类动词不能进入这一格式。如：

（41）等我明日查看是谁家的儿子，告诉他娘老子，狠狠的打一顿给他，他才知道。(《学》)

“打”并不属于朱先生所说的 Va、Vb、Vc 类动词，属于赵先生所说的“唱”类动词，但它也进入了“Vd（+N）+给+N’”格式，因此我们不能以现代普通话的语感去衡量句子格式的成立与否。Vd 类动词的代表是言说类动词，琉球官话课本中出现了“说给 N’”这样的简单给予句式，如：

（42）回到衙门，细细说给司马玄。(《琉/风/四》)

（43）这头亲事，我正想着要说给唐相公。(《琉/终/二》)

与琉球官话课本年代相近的《红》中的复杂给予句中有 19 例“说给 N’ V”的句式，如：

你有主意只管说给老太太听，大家娘儿们商量着办罢了。(《红》第 96 回)

老太太和姑妈且别伤心，我刚才听了个笑话儿来了，意思说给老太太和姑妈听。(《红》第 98 回)

同时也有 12 例后面没有 V_2 的“说给 N’”简单给予句式，如：

瞎了心的，他不知道，你们也不说给他！(《红》第 58 回)

姨太太上年纪的人看看是怎么不好，说给他们，也得点主意儿。(《红》第 84 回)

以上说明在清中叶的北京话语料中是存在“Vd+给+ N’”的句式的。我们在清末有吴语色彩的《二》中也发现有这样的用例：

这是我问我自己家里的事，你说给我，又不是说给外人去，怕甚么呢。(《二》第 82 回)

不仅如此，在当代的北京话中也是有“Vd+给+ N’”的句式的，如：

哪儿不经打先声明，经打肉厚的地方都指给我。(《王朔文集》)(试比较：你给我们指条明道吧，这回我们听你的。《王朔文集》)

那你还是玩呵，只不过是玩的对象不同，玩给自己及其同类看。(《王朔文集》)

你盯着暖瓶说给谁听呢？（《王朔文集》)

以上句子中的 V“指、玩、说”都是 Vd 类动词，其后的“给 N’”是动作 V 的对象，“玩的对象”明确指明了这一点。因此，“Vd+给+ N’ + V_2P”不宜看作 V 后加挂使役小句，而应看作“V+给+ N’”加挂 V_2P。

来套猴拳给我练练。(《王朔文集》)

这句的“给我（练练）”不是“让我（练练）”，“给”在这里是表示受益关系的介词，整个句子表示要求听话者为说话者练套猴拳欣赏。还有下面的句子：

你站起来走几步给我看看。(《我是你爸爸》)

你起来给我走上几步看看。(《我是你爸爸》)

这两句话表达的是同一个意思，虽然“给我”的位置有所不同，但是“给”都是表示受益关系的介词，整个句子表示要求听话者为说话者走几步。

因此，并非实体的宾语或一定产生了动作结果的动词才可以进入“V（+N）（+给）+ N’”。当宾语是抽象的、非实体的事物时，它不是像赵金铭先生所说的行为动作不产生结果，而是可以通过动词 Vd 显示出可以被给予对象感知的结果，从而作为信息具备可[+给予]的语义特征。只是当它被传递给间接宾语时，给予主体并不会失去它而已，而 V 的与事 N’ 则可以看成 V 的动作（给予）对象。至此，我们认为“Vd+给+ N’”的句式不存在的观点是值得怀疑的。

现在我们来考察一下，“给”在“V（+N）+给+N’+V_2P”中是否是使役动词，它是否是赋予句式“V（+N）+给+ N’+V_2P”使役义的关键所在，另外还要考察 Vd 类动词是否有“Vd（+N）+N’+V_2P”的句式。我们考察了琉球官话课本中的语料，发现有如下用例：

（44）司马玄说：“拿来我看!”(《琉/风/三》)

（45）李天造说：“这个何难？老师父拿缘簿来我题，只怕题也没干!”(《琉/风/三》)

（46）张媒婆说：“是什么样的，拿来我看看。”(《琉/终/二》)

（47）司马玄说：“讲个意思我听。”(《琉/风/一》)

（48）虽你称为有钱之人，其实是看财奴，那财借你看看，怎能消受得起？（《官》)

以上句子中 N’前均无“给”，但我们同样能体会到 N’既是 V 行为的动作对象（方向），同时也是 V_2 的施事，尤其是“讲个意思我听”的 V 就是由 Vd 充当。我们在母本啸花轩写刻本中发现了这样的例子：

（49’）商春茂道:“小小年纪，一味会说大话，你既说他文字不好，你有本事，明指出他那里不好来我看，莫要这等狂言无实，坏了我商府读书体面!”(《啸/寒/一》)

（50’）他若果然有意，你能设法我再会他一会，我再谢你五十两，决不爽信!(《啸/终/一》)

此两例在琉本中分别改写作：

（49）商春茂说：“小小年纪，会说大话，你既说他文章不好，你有本事，就指出他那里不好来给我看看，不要这样狂话，坏了我商府读书的体面！”(《琉/寒/一》)

（50）他果然有意，你设个方法给我会他一会，我再谢你五十两，断不骗你！（《琉/终/一》)

琉本与母本啸本的句子含义应该是一致的，如果认为“指出他那里不好来给我看看”“设个方法给我会他一会”中是“给”带来的“使役义”，那么啸本中没有“与”（琉本的“给”多数由“与”改写而来）的“指出他那里不好来我看”“你能设法我再会他一会”的使役义从何而来？这说明是“V（+N）+ N’+V_2P”这一结构的多重语义关系使人们认为其含有使役义，而非是“给”这一动词。而且“指”“讲”等Vd类动词也可以进入这一格式，这样的句子无论在汉语发展史上，还是在现代南方方言中都很常见。

在《水》《型》中我们发现不少这样的用例：

武大道：“却是好也！生受大嫂，今夜醒睡些个，半夜里调来我吃。”（《水》第25回）

武大道：“在我席子底下枕头边。你快调来与我吃。”（《水》第25回）

自把头上拔下一把头发，递与杨志：“你且吹我看。”（《水》第12回）

李师师吹了一曲，递过箫来，与燕青道：“哥哥也吹一曲与我听则个。”（《水》第81回）

牛二道：“你将来我看。”（《水》第12回）

众人回说道：“太公既有执凭，把将来我们看，抄去县里回话。”（《水》第22回）

殷天锡喝道：“你将出来我看。”（《水》第52回）

只是这件东西，也是穷憎嫌，富不要，急难脱手的。拿来我看一看。（《型》第32回）

武松道：“休要胡说。没地不还你钱。再筛三碗来我吃。”（《水》第23回）

李逵应道：“耐这厮无礼，欺负我只吃牛肉，不卖羊肉与我吃。”（《水》第38回）

娘在背上说道：“我儿，那里讨口水来我吃也好。”（《水》第43回）

贤弟不知，我听得朝廷差人赍药酒来，赐与我吃。（《水》第120回）

太尉大怒，指着道众说道：“你等不开与我看，回到朝廷，先奏你们众道士阻当宣诏，违别圣旨，不令我见天师的罪犯……”（《水》第1回）

谢县尊道：“朱安国，我也着吏与你写一单，你报来我查对。”（《型》第25回）

在现代的南方方言中，“Vd（+N）（+给）+N’+V”这样的结构是成立的。如：

闽语：

我讲个笑话（分）汝听。

我讲（分）佢听。

吴语：

耐如何做法，阿好先说拨我听听？

粤语：

我唱支歌（俾）你听。

我话（俾）你知。

客家话：

𠊎讲个笑话（分）佢听。

𠊎讲（分）佢听。

讲分渠听渠才知。（告诉他他才知道。）

“兼语句中的使役动词是不能省略的”（李炜，2002c），这些句子中与给予动词同形的“俾”“分”如果是使役动词，就不能被省略，据我们的调查，这些句子有没有“俾”“分”，句子的意义没有任何改变。因此，“俾”“分”不是使役动词。那么从听感上感觉到的句子的“使役义”是什么造成的呢？应该就是整个句子环境，即“Vd（+N）（+给予动词）+N’+V”这样的句法结构整体表达使役义。

在同时期的北京话语料《红》中，我们也发现不少无“给”的“Vd（+N）+ N’+V_2P”句式用例。其中由与五官相关的动词“看/瞧（瞧瞧）”“听（听听）”作 V_2 的“Vd（+N）+ N’+V_2P”较为多见，分别有 18 例和 26 例，N 多为非实体名词；而由动词“吃”“喝”作 V_2 的“Va/c（+N）+ N’+V_2P”例子也有，分别为 10 例、2 例，N 多为实体名词。如：

家里的若死了人是赏多少，外头的死了人是赏多少，你且说两个我们听听。（《红》第 55 回）

但是你又不是很愚夯的，明日我倒要你先讲一两章书我听，试试你近来的工课何如？（《红》第 81 回）

这却很好。只是不知用何等虚字才好。你先想一个我听听。（《红》第 37 回）

“买了雀儿你顽，省得天天闷闷的无个开心。我先顽个你看。”（《红》第 36 回）

妙却妙，只是不知怎么个变法，你先变个我们瞧瞧。（《红》第 19 回）

我们和亲家太太都点了好几出了，你点两出好的我们听。（《红》第 11 回）

你念来我听。（《红》第 84 回）（比较：“我念给你听听。”[①]（《红》第 74 回））

阿弥陀佛，你来的好，且把那茶倒半碗我喝。（《红》第 77 回）（比较：“倒茶给师父们喝。”（《红》第 115 回））

这些句子中的“说”“讲”“唱”“想”“念”“顽”“变”“点”等 Vd 类动词均可进入“V（+N）+ N’ +V_2P”，构成“行为+目的”的关系。值得我们注意的是，《红》中还有两例 V_1 是“唱”，但 V_2 却是“看/瞧瞧”：

你既这样说，你特叫一班戏来，拣我爱的唱给我看。（《红》第 22 回）

就在这台上唱两出给他们瞧瞧。（《红》第 54 回）

“唱”是 Vd 类动词，后面的 V_2 应该接与听觉相关的“听”，但这里的 V_2 却是与视觉相关的“看”。这两句绝不能分析为“拣我爱的唱/给我看”“就在这台上唱两出/给他们瞧瞧”，因为不能说“让我看（一班戏）唱拣我爱的”“就在这里让他们瞧瞧你唱的两出”，而要分析为“拣我爱的唱给我/看”“就在这台上唱两出给他们/瞧瞧”，简单给予句后附加的“看”“瞧瞧”多表示尝试，或者表达一种为了消解听话者疑虑而做出的给予动作的意思。

而且，复杂给予句中的“给”并不表示使役义，否则就不会有下面的句子：

那头乌云盖雪的驴儿便交给华忠，叫他好生喂养……（《儿》第 23 回）

余太守便写了几张催请客人的条子交给细崽，叫他立刻送去。

① 为了忠实反映语言现象，我们做对比时采取唐钰明（1995）提出的“提取性原则”，即尽可能从现存文献中提取例证。

（《九》第 146 回）

且说章秋谷接过扇子来看了一看，便递给那位言立身言主政让他来点。（《九》第 144 回）

人民把钱发给你让你培养革命后代。（《王朔文集》）

上句如果“给”可以表达使役，那么就没有必要加“叫”“让”来表示了。否则直接说成“交给华忠好生喂养”“交给细崽立刻送去”“递给那位言立身言主政来点”“发给你培养革命后代”即可。

我们再来看看充当 V_2 的动词，琉球官话课本的简单给予句后面加挂的动词都是自主动词[①]，即具有[+自主性]语义特征的动词，而能进入典型的使役句中作主要动词的动词则没有这个条件限制，如：

（51）至于有病，也不去投神保病，也不去请医吃药，死宁可给他死，想要用钱，这万万不能的。（《官》）

“死”是非自主动词，可以进入使役句。像上例这样的使役动词“给”大量存在于琉球官话课本及有南方背景的鲁迅小说中，与我们这里谈到的复杂给予句中加挂的“给”不同，它们之间的差异如下表 4-2：

表 4-2　使役动词与加挂 V_2 复杂给予句中“给”的差异

例词	有无 N	V_2 的语义特征	能否省略
使役动词“叫、让、给”	±	[±自主]	−
加挂 V_2 复杂给予句中的“给”	+	[+自主]	+

由此可见，真正的使役动词与加挂 V_2 模拟给予句后“给”存在着质的差别。

因此，上文的“读给众人听”“解给唐相公听”“讲出来给他听听”不能分析为“读/给众人听”“解/给唐相公听”“讲出来/给他听听”，而应分析为“读给众人/听”“解给唐相公/听”“讲出来给他/听听”。“V_1+给+N_2+V_2”不能分析为“V_1+（给+N_2+V_2）”，而要分析为“（V_1+给+N_2）+V_2”。“V_1+N_3+给+N_2+V_2”也不能分析为“V_1+N_3+（给+N_2+V_2）”，而要分析为“（V_1+N_3+给+N_2）+V_2”。如：

① 关于“自主动词”，请参看马庆株（1988）。

（52）我还讲个笑话给你听听。（《学》）

这句应分析为"讲个笑话给你/听听"，而不能是"讲个笑话/给你听听"。

因此，琉球官话课本中复杂给予句的几种形式都可以看作简单给予句加挂动词而成，语义上可以认为构成"行为+目的"的关系，尤其是例（31）、例（33）在简单给予句后加"去看""去做生意"，更明确了目的。当 Vd 类动词充当复杂给予句的主要动词时，其语义表达的是：Vd 所表示的动作能够使结果 N 显现出来并且 N' 在主观上对这个结果可见、可感知。句子的理性意义是表达给予义的，"给"仍应看作弱化的给予动词。

李炜（2002c）找到的几组有"给"与无"给"的相关句式，证明了"给"不是使役动词而是弱化的给予动词。李丹丹（未刊稿）从琉球官话课本本身证明这种格式是由给予句加挂动词而成，"给"在这里作的是弱化的给予动词而非使役动词。这里，我们还在汉语史、现代的南方方言事实中找到了证据。

为何朱德熙、赵金铭等认为这样的句式是使役句？我们认为使役义是整个句式带来的，弱化的给予动词"给"（在南方方言中表现为"俾""拨""分"）在这种句法结构中重复了结构的给予义而加强了结构的使役义。

如粤语中：

A 我唱支歌你跳舞。　　　　B 我唱歌（，）你跳舞。

A 和 B 是有差别的，因为 A 的直接宾语"歌"前有修饰的成分，是有界的事物，是复杂给予句，而 B 的直接宾语前没有修饰成分，不是有界的事物，因此 B 是构成并列关系的复句，A 是构成"行为—目的"关系的复杂给予句。虽然 A 的深层语义关系是"给予"加挂动词，理论上 A 的停顿应该在间接宾语"你"之后，但在实际的听感上 A 的停顿却在"歌"之后，这可能与语法带来的结构层次的变化有关。兰盖克（Langacker，1977）把结构层次的变化分为三类：1）取消分界（boundary loss）；2）改变分界（boundary shift）；3）增加分界（boundary creation）①。前两类与语法化关系密切。南方官话的给予动词“给”（在粤语中是“俾”）语法化为使役动词后，作为复杂给予句一部分形式出现的“给+N+V”与表达使役义的格式形式一致，就可能发生重新分析而“改变分界”，从而在听感上，停顿往往在复杂给予句的直接宾语之后（如果没有直接宾语则在主要动词之后）。

这种表层形式与深层语义关系不一致的现象正是语法化的表现。因为“语法化是一个连续的渐变的过程，语言中大量存在的一词多义、歧义、兼类和类别不明现象也就不足为奇了，它们都是历时演变的过渡阶段在共时上的反映”（沈家煊，1994）。

与粤语相似的现象在壮侗语族的毛难语中也可以见到（梁敏，1980b：84）：

tsau^{4}　taŋ^{1}　he^{2}　kau^{5}　kau^{5}.

拿　来　我　看　看

拿来给我看看。

壮侗语族的傣雅语（邢公畹，1989：97）：

snai^{31}　naŋ^{53}　vo^{11}　ʔo^{33}　to^{24}　ʔa^{33}tje^{33}

这时　娘　娥　说　对　阿爹

这时娥娘对阿爹说。

壮侗语族的西傣语（喻翠容、罗美珍，1980：70）：

phai^{1}　up^{9}　tɔ^{5}　su^{1}tsau^{3} ？

谁　说　对　你

谁对你说的？

德傣语（喻翠容、罗美珍，1980：71）：

maɯ^{2}　ta:n^{3}　to^{5}　phaɯ^{1}？

你　讲　向　谁

你向谁说？

壮侗语族的黎语（欧阳觉亚、郑贻青，1980：38，69）：

peɯ^{1}　da:n^{3}　ploŋ^{3}　hou^{1}　ri:n^{1}　khu^{1}　meɯ^{1}.

---

① 兰盖克的分类转引自沈家煊（1994）。

回　到　家　我　说　对　你

回到家里我对你说。

la:i³ na¹ eɯ¹, meɯ¹ kom³ wa:i² khu¹ hou¹ a³.

假如　他　欸，　你　就　告诉　对　我　啊

假如他答应，你就告诉我吧。

南方少数民族语言的介词不是很发达，如果能够直接使用动宾关系来表达的就不使用介词。

4.1.3 琉球官话课本的“给”字使役句及相关问题

琉球官话课本的“给”字使役句和被动句分别有 44 例和 61 例。由于使役句和被动句的形式都是“S_1+给+S_2+VP”，因此有必要首先对二者进行区分。

李炜、濑户口律子（2007）提到琉球官话课本的“给”字使役句和“给”字被动句的区别主要表现在两个方面。一是主语。在“给”字被动句中主语常常出现，没出现也可明确补出，而且这个主语一定是受事主语。而在“给”字使役句中主语则常常不出现，而且往往无法明确补出。二是主要动词。“给”字被动句中的主要动词都是及物动词，其后不带宾语；主要动词区域不是一个光杆动词，其后一定有动态助词“了”等（或补语）出现以表示动作业已实现，而且这个“业已实现”在语义上是指向受事主语的。“给”字使役句其主要动词可以不是及物动词，可以是光杆动词，可以带宾语。我们在李炜先生的区别方面还可以补充两点：“给”后若是无生命名词则一定是被动句，表现不如意遭遇的大多是被动句，句末有实现体标记“了”的往往是被动句，因为使役句常常是未然实现句，即使表现实现也是出现在前景事件（foreground event）①中。总之，使役句的条件要比被动句的条件宽松很多（详见下文）。

有关使役的问题，已有不少学者做出很多相关的研究。但前期多

① 我们把表示背景时间信息的事件称为背景事件（background event），把表示前景时间信息的事件称为前景事件（foreground event）。有关前景事件和背景事件的区别，详见杨永龙（2001：27）。

数学者将使役等同于使令、致使，或者将使令与致使等同，如：谭景春（1995），彭利贞（1996），范晓（2000），何元建、王玲玲（2002）等，他们持一种较为狭义的使役观。不少学者（如蒋绍愚，2005：397）就在此基础上探讨“使令”和“被动”的关系，从而试图揭示“使令”义动词演变为被动标记的发展轨迹。我们认为，严格地来讲，使役有更广的辖域，使令、致使应该说是使役的一部分内容，这样更有助于我们认识从使役到被动的真正实质。

语义语法范畴“指的是一定的语义内容和相应的语法形式，主要是和隐性语法形式相结合而构成的语法范畴”（胡明扬，1999）。使役范畴是对表示主体（施事）与客体（受事）动作关系的语法意义的概括[①]，科姆里（Comrie，1981）认为，从语言表达形式看，使役结构是一个由综合到分析的渐变过程，他列出三种形式：1）.词汇型使役结构；2）.形态型使役结构；3）.分析型使役结构。他还指出，从形式上看，使役结构是一个连续统，以词汇型使役结构为一端，分析型使役结构为另一端，呈连续的渐变状态。汉语的使役结构属于分析型使役结构。他认为，根据“纯使成/允许”这一对语义参数的对立，可以把使役结构分为“直接使役”和“间接使役”两种。江蓝生（2000）指出，“所谓使役,是指动词有使令、致使、容许、任凭等意义”。冯春田（2000：613-614）把使役分为具体使役和抽象使役[②]。洪波、赵茗（2005）按照使役度把“使役”分成三个等级：命令（高强度使役）、致使（中强度使役）和容让（低强度使役）。从全面性来说，江先生给使役下的定义更为科学，也更为广泛，我们采取江先生对使役的看法，认为有必要对冯春田的抽象使役进行分类，并在洪波、赵茗的基础上把任凭义从容让义中剥离出来，然后将使役形式所表达的意义称为使役范畴。这些意义的区别与使役者、被使役者间的使役强弱度有关：

① 从历时的角度看，动词语法化为介词是一种范畴（或说“语类”）的重新分析（董秀芳，2009）。

② 所谓“具体使役”，是（S）发出“使役”的动作；所谓“抽象使役”，就是使役句已不再表示“S使NVP”的语义关系，而是某种情况（条件）或原因致使（使得）、导致N发出某种动作行为或呈现某种状态，有时则表现为没有“使役”动作的发出者，VP（AP）是N自发的动作行为及状态（冯春田，2000：613-614）。

相对于容许和任凭，使令和致使的使役者能动性较强，对被使役者的控制度也较大。我们认为，使役作为一种范畴，其内部系统可以分为两个下位范畴，一个是由使令和致使构成的控制度较强的使役，另一个是由容许和任凭构成的控制度较弱的使役，前者可以简称为“令致类”使役，后者可以简称为“容任类”使役。本书所谈的使役范畴中的成员是与被动范畴有密切关系的“叫”“让”“给”等，其余暂不讨论。

琉球官话课本表达使役范畴主要有“叫”字使役句和“给”字使役句两种形式[①]。这两种形式在语义的表达上分工明确，没有交叉。

令致类使役

关于使令和致使的语义特征，吕叔湘（1990）在《中国文法要略》第七章“致使句”一节早有论述。刘永耕（2000a）对使令类动词的表述是：“施事者以一定的行为支配受事者，意欲促使受事者发出某行为或接受某变化”，对致使的表述是“由于主体的作用而使客体产生一种状态”，同时指出“使令类动词和致使词是汉语动词中两个既相联系又相区别而易混淆的次范畴”。

琉球官话系列课本中的“叫”字使役句共出现257例，其中琉本《人》《官》《白》《学》中用例各为203、13、18、23，这些使役“叫”字句[②]均表使役范畴的令致类使役，不表容任类使役。我们将琉本《人》与其母本啸本《人》进行了对照，发现了不少琉本的“叫”由啸本的“使”“令”“命”改写而来的用例：

（53）知县判完，叫书办读给众人听，众人都磕头叩谢。(《琉/狭/二》)

（53’）知县判毕，令值堂吏读与众人听，众人俱各磕头感谢。(《啸/狭/二》)

（54）知县就叫鼓手、彩旗，各人迎去公馆。(《琉/狭/三》)

（54’）县尊就命鼓乐、彩旗个个迎归寓所。(《啸/狭/三》)

（55）就叫跟随的童子，又拿两个钟子、两双快子同吃。(《琉/终/一》)

（55’）因命跟随童子，又取了两付钟箸，送酒同饮。(《啸/终/一》)

① “让”在琉球官话课本中表“谦让”“让请”义。

② “叫”的兼语可以省略。

（56）我们吃几杯酒，我自然叫他出来相见。（《琉/风/四》）

（56’）容杯斝少伸，当令拜谒。（《啸/风/四》）

（57）那好叫我女儿有不交杯的公婆？又那好叫我女婿有不同床的父母？（《琉/狭/三》）

（57’）岂可使小女有不合卺之公、姑，又岂可使小婿有不同床之父母？（《啸/狭/三》）

（58）怎么会叫得他来呢？（《琉/风/四》）

（58’）而不能致之以来（《啸/风/四》）

（59）若久汤冷了，将冷汤倒吊，叫他再放热汤进来，重新再洗，你想快活不快活呢？（《官》）

（60）就是做花子，千山万水，路途遥远，奔走艰难，想来总是他乡饿鬼，叫人怎不心伤？（《白》）

（61）如今借重列位，替弟们对他们父兄说一声，叫他下次不要这样了。（《学》）

例（53）—（56）的“叫”对应啸本中例（53’）—（56’）的“命”“令”，表示施事者有意识地支使、要求受事者做某事，是令致类使役的使令义。施事者和受事者大多指人，“叫”后的 V 一般是自主动词。

例（57）、例（58）的“叫”对应啸本中例（57’）、例（58’）的“使”“致”，表示施事者不是有意识地，只是客观上引起或导致受事者出现某种结果或状态，是令致类使役的致使义。施事者常常是一个事件，而非人，受事者可以是人也可以是物，“叫”后的 V 一般是非自主动词或形容词。

《官》《白》《学》虽然没有对应例句，但从上下文语义上，我们可以判断例（59）和例（61）表示的是令致类使役的使令义，例（60）表示的是令致类使役的致使义。

容任类使役

容任类使役的下位意义是容许义和听任义。琉本《人》中“给”

字使役句有 24 例，《官》中有 6 例，《白》中有 6 例，《学》中有 8 例[①]。这些“给”字使役句均表示使役范畴中的容任类使役，不表令致类使役。我们将琉本《人》与啸本《人》进行了对照，发现了不少琉本的“给”由啸本的“容”“能”“与”改写而来的用例：

（62）花满好，寡是老爷仔细，不当肯给人看。(《琉/终/一》)

（62’）花虽好，只是老爷性癖，不甚肯容人看。(《啸/终/一》)

（63）大王果有灵感，明明指示我儿子李春荣的骨殖所在，给我捡回去埋葬，就是神明可怜。(《琉/狭/三》)

（63’）如果大王有灵，明明指示孩儿李春荣骸骨所在，得能归葬，便是神圣可怜。(《啸/狭/三》)

（64）本司不是舍不得一个知县，不给你去做。(《琉/自/一》)

（64’）本司不是吝惜一知县，不与黄兄选去。(《啸/自/一》)

（65）请大人端坐，给我磕头。(《琉/寒/一》)

（65’）请大人尊坐，容不肖子拜于膝下！（《啸/寒/一》)

（66）年间这地方所出粮米，皆多少缴纳王府，还剩多少，给做官的收去，这就是俸禄了。(《官》)

（67）因为这边人多炒闹，恐怕病人不安，所以另盖这一间小房子，给他住在里头养病。(《白》)

（68）你把头儿朝过来笑一笑，给我亲个嘴儿就罢了。(《学》)

（69）至于有病，也不去投神保病，也不去请医吃药，死宁可给他死，想要用钱，这万万不能的。(《官》)

（70）他当日才生的时节，为什么不请医生调治，给他烂到这个样呢？（《学》)

例（62）—例（68）表示的是容任类使役的容许义，即事理条件或人为因素的许可，“给”后的 V 多是自主动词，如“看”“捡”“磕头”“学”“亲”等；例（69）、例（70）表示的是容任类使役的任凭义，“给”后的 V 多是非自主、非可控动词，如“死”“烂”等。从琉本《人》与其母本啸本的对照来看，琉本《人》的“给”字使役句均由啸本表示

① 另外还有“与”“任”“由”“许”等也可以表达，但我们这里只讨论典型的使役。

容许义的句子改写而来，且均用于对话体中，《官》《白》《学》中的用例也表明，“给”字使役句仅表达容任类使役；使役范畴的另一类——令致类使役在琉球官话中的表达则使用的是“叫”字句。琉球官话系列课本中使役范畴表达的语义分布情况请见表 4-3。

表 4-3　琉球官话系列课本中使役范畴的语义分布情况

语料	使役范畴				总计
	令致类使役		容任类使役		
	“叫”字句	“给”字句	“叫”字句	“给”字句	
《官》	13	0	0	6	19
《白》	18	0	0	6	24
《学》	23	0	0	8	31
琉本《人》	203	0	0	24	227
总计	257	0	0	44	301

由以上考察和统计分析，我们可以看出，“叫”字使役句与“给”字使役句在琉球官话系列课本中呈现出互补分布的态势，前者表达令致类使役，后者表达容任类使役。二者在琉球官话中分工明确，没有混用的情况。

4.1.4. 琉球官话课本的“给”字被动句

琉球官话课本中共有 61 例“给”字被动句，琉本《人》①中有 51 例，《官》②中无用例，《白》③中有 4 例，《学》④中有 6 例。其中琉本《人》中有 35 例由嘛本“被”改写而来，5 例由嘛本“为（……所）”改写

① 琉本《人》中还有 9 例“被”字被动句。

② 在《官》中表达被动的不是“给”而是“被”，见 4 例：（1）我昨日被一个好朋友请去。（2）被官府禁了。（3）这龙舟世传以为从前楚国有一贤人，名为屈原，身居大夫之职，是个忠君爱国之臣，被同僚奸人嫉妬，谗谤于王，放而不用。（4）那人被他骂就恼了。这 4 例的施动者均是有生命的。总的来说，《官》使用被动句式不多，常使用受事主语句，即把宾语提前作话题。

③ 《白》中也有 7 例“被”字被动句，与《官》不同的是，“被”后的名词只见“风”“风浪”等无生命名词，不见人等有生名词。如：他们是去年被风打到外岛的，我们也是去年被风打到外岛的。

④《学》仅见 3 例“被”字被动句，“被”后的名词范围更窄，仅限于“风”。

而来，11 例由零形式改写而来。

根据谓语动词复杂程度的不同，我们可以把琉球官话课本的“给”字被动句分为以下几种：

谓语动词前无状语、后无补语或宾语，常常出现表现时体的助词“一”或“了”，如：

（71）三来恐怕给奸人晓得。(《琉/寒/一》)（比较：三恐为奸人所窥（《啸/寒/一》)）

（72）天气不热，给风一吹，自家身上替儿子身上都有些冷冷的。(《琉/狭/一》)

（73）老子从给万家打了，逃去他乡，没有音信，不知（道）是生是死。(《琉/狭/二》)

（74）多因是你不好了，才给他轻慢，把你不当个人看待，从今改过就是了。(《学》)

琉球官话课本“给”字被动句的施事均出现，没有不出现的情况。施事可以是人也可以是物，如：

（75）老子是当国的大臣，忽一天，给奸臣诬害，圣旨下来，全家抄斩，家业入官。(《琉/寒/一》)

（76）这里地方，毒蛇狠多，若是给他咬了，立刻就死，有药也不会救得来，各位小心要紧。(《白》)

“给”字被动句的动词后常常出现补语，如结果补语、状态补语、处所补语、趋向补语、数量补语等。

A. 结果补语，共 16 例，如：

（77）这必定是元公子不谨慎，把这个绣的给人看见，有什么闲言闲语，庄家才发急追问。(《琉/终/三》)（比较：“……将此绣被人看见……”(《啸/终/三》)）

（78）不想天网恢恢，恰恰给庄家（那）原差人碰见。(《琉/终/四》)（比较：“不期天网网恢恢，恰被庄家那原差撞见。”(《啸/终/四》)）

（79）我前日带他到虎丘看菊花，在船上不知道给帘子挂吊，又不知道（是）头梳松了，把一枝珠花不见了。(《琉/终/二》)（比较：“我前日带他到虎丘看菊花，在船上不知被帘子抓，又不知头梳松了，将

一枝珠花不见了。”(《啸/终/二》))

(80)里头原是给雨打湿了的，若是把原包抬去晒，怎么会晒得透呢？(《白》)

(81)你还敢争嘴，你做事，件件都给人看破了，如今不敢用你了。(《学》)

B. 状态补语，共6例，如：

(82)县里的地皮都给他卷得干净。(《琉/自/二》)(比较：“县里的地皮都被他卷光。”(《啸/自/二》))

(83)庄小姐给他求得不过意，没奈何才落个款“庄玉燕绣”四个小字在底下。(《琉/终/三》)(比较：“庄小姐被求不过，只得又刺了“庄玉燕制”四个小字在下面。”(《啸/终/三》))

(84)船家给他打，叫喊连天。(《琉/自/二》)(比较：“船家被打，吆喝连天。”(《啸/自/二》))

C. 处所补语，共3例，如：

(85)怎么样给风飘到这里来呢？(《学》)

(86)就是替他船上看相的，相他不好，给他赶上岸的那个人。(《琉/自/二》)(比较：“就是替他船上相面，相得不好赶上岸的那人。”(《啸/自/二》))

D. 趋向补语，共10例，如：

(87)家里的东西，给人抢去的抢去……(《学》)

(88)尹荇烟竟给强暴的人偷娶去。(《琉/风/四》)(比较：“荇烟已为大力强暴负之而去。”(《啸/风/四》))

(89)年年给人都钻谋去，这一年，该挨到他了。(《琉/自/一》)(比较：“连年被人钻去，这年该挨到他，学中再没得说了。”(《啸/自/一》))

(90)他两个人才下水，还抱紧不肯放，忽然给一个大浪劈手冲来，两个人怎么会抱得紧？(《琉/狭/一》)(比较：“他二人初入水尚抱紧不肯放，忽又被一个大浪劈手冲来，二人如何抱持得定？”(《啸/狭/一》))

(91)还是给李春荣拐带出来，还是有甚么冤苦自家投水？(《琉/狭/二》)(比较：“还是被李春荣拐带出来，还是有甚冤苦自去投水？”

(《啸/狭/二》))

趋向补语“去”的意义已经虚化，加在消极意义的谓语动词之后，表现不如意的色彩。

E. 数量补语，共 2 例，如：

(92) 万家家人给知县说了几句，就开口不得。(《琉/狭/二》)(比较：“万衙家人被知县说了几句，便开口不得。”(《啸/狭/二》))

“给”字被动句状语的位置比较灵活，有在动词前出现的，也有在“给”字前出现的。

“给”字被动句动词后还可出现宾语，根据不同的宾语类型，可以分为以下几种：表宾语或者是主语所领有，或者是主语的一部分隶属性宾语、表宾语与主语是并列关系的并列性宾语和复指性宾语。琉球官话课本中没有出现并列性宾语和复指性宾语，只出现 1 例隶属性宾语：

(93) 庄小姐闺女，好端端的，给你损坏名声。(《琉/终/四》)(比较：“庄小姐闺中贞女，好端端被你暗损其名。”(《啸/终/四》))

在琉球官话课本中，我们见到 1 例“给”字句与“处置式”结合的较为复杂的情况：

(94) 这样奸媒，把人伦风化给你败尽！(《琉/终/四》)(比较：“如此奸宄，人伦风化，几乎败尽！”(《啸/终/四》))

4.2 琉球官话课本中的“给”与同时期语料的比较

4.2.1 含“给”的简单给予句的比较

我们对同一历史时期表现不同地域特征的语料进行对比，相同的表现可以认为是通语成分或者几个地区的通用成分，即“官话”层面“最大公约数”、超地域性的表现，相异的表现有可能就是能够体现地

域特色的方言成分。“语言的地域差别反映着时间上的发展序列。”（徐通锵，1991：88）

我们将琉球官话课本中含“给”字给予句的各种句式和《红》《歧》《儒》作了对比，详见表 4-4。

表 4-4　含“给”字给予句式的使用情况

类型	《红》	《歧》	琉球官话课本	《儒》
甲	301（64%）	82（77%）	22（16%）	17（28%）
乙	160（34%）	20（18%）	114（84%）	44（72%）
丙	8（2%）	5（5%）	0	0
共计	469	107	136	71

注：甲式指主要动词是“给”的所有形式，包括：“给”“给+N_2”“给+N_3”“给+N_2+N_3”；乙式指“给”在主要动词之后的所有形式，包括：“V+给”“V+给+N_2”“V+给+N_3”“V+给+N_2+N_3”“V+ N_3+给+N_2”；丙式指“给”在主要动词之前的形式：“给+N_2 +V+ N_3”。

琉球官话课本和《儒》中的“给”作弱化动词的比例相对其他语料较高；《红》《歧》中的“给”作主要动词的比例相对较高。在琉球官话课本给予句中没有出现“给”作介词的用例。琉球官话课本的“给”既可以作主要动词又可以作弱化动词，显示出与官话的一致性，但是其弱化动词较主要动词的高频率使用，则显示出其南方的色彩。

另外，琉球官话课本中非双宾给予句只有 S_2 而没有 S_3，即只能用于动词之后作弱化动词，不能置于动词之前作介词。那么这种情况在当时其他语料中是否也如此呢？李炜、和丹丹（2009）曾统计过清中叶北京官话的代表作品《红楼梦》中 S_2、S_3 的使用情况，我们统计了以山东方言为背景的作品《聊》、中原官话的代表作品《歧》以及江淮官话的代表作品《儒》以方便对比。统计结果表明，在使用 S_2 和 S_3 方面，不同地域的语料有不同的使用倾向，琉球官话课本与《儒》有一致性，而与其他语料有对立性，如表 4-5 所示：

表 4-5　《红》《聊》《歧》《儒》、琉球官话课本中 S_2 和 S_3 的使用情况

句式	《红》	《聊》	《歧》	《儒》	琉球官话课本
S_2：N_1+V+N_3+给+N_2	33	7	0	18	23①
S_3: N_1+给+N_2+V+N_3	8	55	5	0	0

S_2 的用例：

王夫人命凤姐秤二两给他……（《红》第 12 回）

张诚待吃饭，拿过碗来，先盛了一碗给他老，又盛了一碗给他哥。（《聊·姑妇曲》第 4 回）

老哥如不见信，我另外写一张包管给你。（《儒》第 52 回）

S_3 的用例：

这是二十两银子，暂且给这孩子做件冬衣罢。（《红》第 6 回）

我给你寻一条终身计，要着你得银千两，揹着去吃饭穿衣。（《聊·姑妇曲》第 12 回）

有个小儿四岁了，回去不给他捎个东西，未免稚子候门，有些索然。（《歧》第 38 回）

具有南方方言特征的琉球官话课本和《儒》中只有 S_2 而没有 S_3，具有北方方言特征的《红》两种句式都有，《聊》倾向于 S_3，《歧》则只有 S_3。

4.2.2 含“给”的复杂给予句的比较

我们统计了《红》《歧》《儒》中复杂给予句的使用情况，如表 4-6 所示：

① 按上文朱德熙（1983）指出的：N_s+V+给+N’既可以看成是 N 缺位的 S_1，也可以看成 N 缺位的 S_2。由于琉球官话课本里没有 S_1，因此在琉球官话课本中适合看作 N 缺位的 S_2。那么琉球官话课本的 S_2 则更多，有 99 例。

表 4-6　《红》《歧》《儒》、琉球官话课本中复杂给予句的情况对比

语料	给+N_2+V_2[①]	给+N_3+V_2	给+N_2+N_3+V_2	V_1+给+N_2+V_2	V_1+N_3+给+N_2+V_2	总计
《红》	60	4	23	85	38	210
《歧》	4	3	4	1	0	12
《儒》	13	0	3	7	20	43
琉球官话课本	10	0	0	55	28	93

据考察，《红》《歧》中 V_2 的局限性很大，多限于与五官相关的动词“吃”“尝尝”“听”等，而《儒》和琉球官话课本中 V_2 的范围相对较宽。如：

贾政道：“用得着的很多，只是那里有这些银子。等我叫人拿进去给老太太瞧瞧。”（《红》第 92 回）

只得拣一块鱼肉，抽了刺，给兴官吃。（《歧》第 59 回）

随即就是聚升楼来讨酒帐，诸葛天申称了两把银子给他收着再算。（《儒》第 29 回）

不仅如此，有南方色彩的《儒》和琉球官话课本的复杂给予句在各自给予句系统内部占较高比例，分别为 41%、38%；北方色彩的《歧》的复杂给予句在各自给予句系统内部所占比例并不高，仅为 10%。《红》中虽然有 30%的比例，但是复杂给予句因多出现在对话体尤其是有南方背景的人物对话中，这说明在使用复杂给予句方面，南北色彩的语料存在着不同，琉球官话课本的使用情况与南方色彩的语料保持着一致。

4.2.3 使役范畴的比较

琉球官话课本中使役范畴两分的现象是同时期语言的共同现象还

① 这里的“给+N_2+V_2”不包括“给”作介词的用法，也不包括纯粹作使役动词和被动介词的用法。其实北方话出现在这种格式中的例子中绝大多数是用作介词，而非给予动词。

是个别现象？我们考察了分别代表清中叶北京官话、北方官话、中原官话、江淮官话的《红》《老新》和《重老》《歧》《儒》和以山东方言为背景的《聊》中使役范畴的表达情况，发现《红》《歧》《聊》中的“叫（教）”既可以表示令致类使役，也可以表示容任类使役；《儒》的“叫”既可表达令致类使役，也可表达容任类使役；“给”则相反，只表达容任类使役，不表达令致类使役。如：

凤姐笑道：“这话没的叫人恶心。不过托赖着祖父的虚名，作个穷官儿罢咧，谁家有什么？不过也是个空架子。”（《红》第 6 回）

今日侄子还去，带人收拾院子，盘锅垒灶，安置床铺。总要事事妥当，万不叫伯母挂心。（《歧》第 67 回）

因着合他常相处，该钱也无个账目存，这一来叫人心不愦。（《聊·墙头记》第 3 回）

杜少卿叫小厮拿出一个金杯来，又是四个玉杯，坛子里舀出酒来吃。（《儒》第 31 回）

今儿你既老远的来了，又是头一次见我张口，怎好叫你空回去呢。（《红》第 6 回）

耘轩道：“到底是什么事央他，你也叫我知道。”（《歧》第 1 回）

我那儿你死活捱着，有我在不叫你抱瓢！（《聊·翻魇殃》第 3 回）

若不肯给我知道，我倒反焦心。（《儒》第 45 回）

前四例表达令致类使役，后四例表达容任类使役。有中部南方方言特征的《儒》中出现的 12 例“给”字使役句表达的均是容任类使役，不表令致类使役，这与琉球官话课本的情况是平行一致的，而与北方方言作品《红》《歧》《聊》的“叫”兼表令致类、容任类使役，“给”不表令致类使役的情况形成对立。我们将考察的结果整理如表 4-7 所示：

表 4-7　清中叶使役范畴的使用情况

<table>
<tr><th colspan="2" rowspan="3">语料</th><th colspan="4">使役范畴</th></tr>
<tr><th colspan="2">令致类使役</th><th colspan="2">容任类使役</th></tr>
<tr><th>叫</th><th>给</th><th>叫</th><th>给</th></tr>
<tr><td rowspan="2">北京官话</td><td>《红》前 80 回①</td><td>581</td><td>2②</td><td>105</td><td>0</td></tr>
<tr><td>《红》后 40 回③</td><td>676</td><td>0</td><td>83</td><td>0</td></tr>
<tr><td rowspan="2">北方官话</td><td>《老新》④</td><td>22</td><td>0</td><td>11</td><td>0</td></tr>
<tr><td>《重老》⑤</td><td>26</td><td>0</td><td>13</td><td>0</td></tr>
<tr><td>中原官话</td><td>《歧》⑥</td><td>915</td><td>0</td><td>132</td><td>0</td></tr>
<tr><td>山东方言</td><td>《聊》</td><td>693</td><td>0</td><td>94</td><td>0</td></tr>
<tr><td>江淮官话</td><td>《儒》</td><td>430</td><td>0</td><td>11</td><td>12</td></tr>
<tr><td colspan="2">琉球官话课本</td><td>249</td><td>0</td><td>0</td><td>37</td></tr>
</table>

4.3 琉球官话课本中“给”的历时演变与类型

4.3.1 含“给”的简单给予句的历时演变与类型

李炜（2002b）认为：“‘给’的大量使用与否是现代白话与近代白话的分野标志之一。”我们赞同这一观点。对“给”简单给予句的考察，我们始于现代。

我们将清中叶后《儿》《语》《小》《官’》《文》《九》中“给”字给予句中“给”的分布位置做了对比，如表 4-8 所示：

① 有 25 例“教”表致令，8 例“教”表容任，其余都是“叫”。

②“给”在《红》中出现的这两例分别为：（1）麝月瞧时，果见有指顶大的烧眼……说：“赶天亮就有才好。千万别给老太太，太太知道。”（第 52 回）（2）我的梯己两件，收到如今，没给宝玉看见过，若经了他的眼，也没了。（第 40 回）第 2 句是老太太说的，老太太是金陵人氏，不免会带有江淮官话的方言特点。

③ 有 6 例“教”表致令，其余都是“叫”。

④ 有 1 例“叫”表致令，其余都是“教”。

⑤ 有 3 例“叫”表致令，其余都是“教”。

⑥ 有 16 例“教”表致令，6 例“教”表容任，其余都是“叫”。

表 4-8 含“给”字给予句式的使用情况

类型	《儿》	《语》《小》	《官'》	《文》	《九》
甲	91（40%）	100（52%）	75（40%）	37（22%）	80（32%）
乙	108（47%）	63（33%）	88（47%）	129（78%）	169（68%）
丙	30（13%）	28（15%）	24（13%）	0	0
共计	229	191	187	166	249

注：甲式指主要动词是“给”的所有形式，包括：“给”“给+N_2”“给+N_3”“给+N_2+N_3”；乙式指“给”在主要动词之后的所有形式，包括：“V+给”“V+给+N_2”“V+给+N_3”“V+给+N_2+N_3”“V+ N_3+给+N_2”；丙式指“给”在主要动词之前的形式：“给+N_2 +V+ N_3”。

具有南方方言色彩的文献《文》《九》中作弱化动词的比例相对北京话的作品《儿》《语》《小》《官'》较高；而《儿》《语》《小》《官'》中作主要动词的比例相对《文》《九》较高。同时在南方系作品《文》《九》中没有出现“给”作介词的给予句 S_3，与清中叶南方色彩的情况较为一致。而在以北京话为代表的北方话，“给”作介词的给予句 S_3 则有随着历史发展日益增多的趋势。当给予句的主要动词是“给”以外的其他动词时，“给 N_2”就降级为修饰性的成分，在琉球官话课本、有南方色彩的作品及南方方言中，这种修饰性的成分居于主要动词之后；在有北方色彩的作品及北方方言中，这种修饰性的成分居于主要动词之前。琉球官话课本和南方方言谓词的后置修饰性成分较为发达，体现出桥本万太郎（1985）所说的顺行结构的特点。

出版于明治十四年（1882 年）的《官'》出现了 24 例 S_3，仅见 1 例 S_2。如：

我可以写信去，托朋友把近来新出来的要紧的话条子，给您买几本带来，不更省事妥当么？（《官'》第 1 卷第 5 章）

他就叫我们伙计，给他雇了俩小车子，(《官'》第 1 卷第 21 章）

《官'》中“给”最常见的用法是受益介词，达 178 例之多，而且还出现了不少省略受益对象 N_2 的 S_3 句式，如：

何幸而获此，就求您给写一封切实的信罢。(《官'》第 1 卷第 6 章）

我们老爷打发我拿这套书来，叫您给配个套。(《官’》第 1 卷第 18 章)

这是在 N_2 明确的前提下，为了增加礼貌含量而省略的句式，多用在带有请求语气的祈使句中，此时的“给”是表服务义但省略了受益者的介词（李炜，2004）。琉球官话课本中没有这种介词“给”。

有南方色彩的《文》《九》各见 38 例 S_2，未见 S_3。如：

我想写封信去招呼他，开条路给他，你道好不好？(《文》第 29 回)

只有章秋谷没有相识的人，姚观察便荐了一个小兰的师弟小菊给他。(《九》第 152 回)

李炜、和丹丹（2009）对自清末以来的北京话作品、吴语作品中非双宾给予句进行考察后，例举了南北方言非双宾给予句分布的地域差异，发现北方均使用 S_3，南方则使用 S_2（例见李炜、和丹丹，2009）。北京话及有明显北方方言地域特征的语料中，均是 S_3 占绝对的优势。琉球官话课本只使用 S_2，不使用 S_3，与《文》《九》一致，是其南方方言色彩的反映。

不仅在南方方言，在南方少数民族语言中，也以 S_2 多见。如南方侗台语系的傣语（喻翠容、罗美珍，1980：89）一般用“动词+宾语（指物）+补语+指人宾语”的形式表示，与南方方言使用 S_2 有平行的表达方式，如：

su^{1}tsau^{3}　pan^{1}　nam^{4}　hɯ^{3}　to^{1}xa^{3}　va:n^{5}　nɯŋ^{6}　dɔ^{2}!

你　送　水　给　我　碗　一　吧

你给我一碗水吧！

壮侗语族的侗语（梁敏，1980a：65）也常用“动词+宾语（指物）+补语+指人宾语”的形式表示，如：

ma:u^{6}　sun^{4}　i^{1}　pa:k^{9}　kwa:n^{1}　sa:i^{1}　ja:u^{2}.

他　送　一　把　斧头　给　我

他送一把斧头给我。

壮侗语族的黎语（欧阳觉亚、郑贻青，1980：60）中也常用“动词+宾语（指物）+补语+指人宾语”的形式表示，如：

koŋ^{2}te^{1}　hwat^{7}　fan^{1}　tsɯ$^{(2)}$lu:k^{9}　tɯ:ŋ^{2}　fa^{1}

公社　　发　　种子　玉米　　　给　　我们

公社发种子、玉米给我们。

壮侗语族的仫佬语（王均、郑国乔，1980：79）也用“动词+宾语（指物）+补语+指人宾语”的形式表示，如：

mɔ^{6}　vun^{4}　na:u^{1}　pən^{3}　lɛ^{2}　khve^{1}　həi^{2}

他　　送　　一　　本　　书　　给　　我

他送一本书给我。

壮侗语族的毛难语（梁敏，1980b：80）也用“动词+宾语（指物）+补语+指人宾语”的形式表示，如：

man^{2}　tsi^{3}　zu:n^{3}　tha:u^{5}　kuk^{7}　mai^{5}　dɛu^{2} ?na:k^{7}　tsu^{2}　man^{2}.

他　　就　　送　　套　　衣　　新　　一　　给　　舅　　他

他就送一套新衣服给他的舅父。

壮侗语族的水语（张均如 1980：64）也用“动词+宾语（指物）+补语+指人宾语”的形式表示，如：

ju^{2}　ha:i^{1}　ti^{3}　lam^{1}　faŋ^{1}　ha:i^{1}　nu^{4}.

我　给　　一　　个　　桃子　给　　弟

我给弟弟一个桃子。

壮侗语族的龙州土语（李方桂，1940：40，145）也用“动词+宾语（指物）+补语+指人宾语”的形式表示，如：

tɕɯ^{24}　k^{h}au^{24}　tɕɯ^{24}　p^{h}iak^{55}　lai^{11}　le^{33}　hɯ^{24}　?o^{33}　nai^{24}.

煮　　饭　　煮　　菜　　放　　着　　给　　个　　这

煮饭煮菜给这个人放着。

连南八排瑶语（巢宗祺、余伟文，1989：220）也用“动词+宾语（指物）+补语+指人宾语”的形式表示，如：

neu^{41}　ti^{24}　bun^{24}　ban^{44}　tsia^{44}.

拿　　那　　本　　给　　我

把那本拿给我。

南方少数民族语言非双宾给予句的语序类型与琉球官话课本的表现是平行一致的，即“给+N_2”均在主要动词之后，显示出类型上的一致。

4.3.2 含“给”的复杂给予句及其给予义的历时演变

我们统计了清末北京话语料《儿》《语》《小》《官'》中含“给”复杂给予句的使用情况，发现北京话语料的“给”主要用作受益介词、指涉介词、助词，没有单纯表使役和被动的“给”，出现在复杂给予句中的“给”也很有限。而年代相近的有南方色彩的语料《文》《九》中复杂给予句则呈现出较为活跃的态势，如表 4-9 所示：

表 4-9　南北语料中复杂给予句的情况对比

语料	给 $+N_2+V_2$[①]	给 $+N_3+V_2$	给 $+N_2+N_3+V_2$	V_1+给 $+N_2+V_2$	V_1+N_3+给 $+N_2+V_2$	共计
《儿》（对话）	5	0	3	18	3	29
《语》	4	0	4	10	2	20
《小》	1	0	0	2	0	3
《官'》	3	0	0	17	0	20
《文》	15	0	1	32	19	67
《九》	26	0	0	79	24	129

《儿》（对话）、《语》《小》《官'》复杂给予句在给予句系统中所占的比例仅为 10%，主要动词的范围也受限制，V_2 多限于“看”“听”“吃”等；《文》《九》复杂给予句在给予句系统中所占的比例则高达 33%，主要动词的范围较北方语料宽，V_2 也非仅限于“看”“听”“吃”等。可见，清末南北语料在使用复杂给予句方面延续清中叶的差异：北方使用少，南方使用多。

《官'》中出现在“V_1+给 $+N_2+V_2$”中的 V_1 就仅限于“交”（10）[②]、“租”（2）、“借”（1）、“说”（2）、“念”（2）这 5 个动词，出现在“V_1+给 $+N_2+N_3+V_2$”中的 V_1 也仅限于“借”。如：

您把这两只红箱子，就交给他们带回去就得了。

① 这里的“给 $+N_2+V_2$”不包括“给”作介词的用法，也不包括纯粹作使役动词和被动介词的用法。其实北方话出现在这种格式中的例子中绝大多数是用作介词，而非给予动词。

② 括号内出现的数字表示前面的动词在琉球官话课本中出现的次数。

你可以借给赶车的一顶戴罢。

到了《小》，出现含“给”的复杂句式就相当式微了。可见北方话不大使用复杂给予句。据我们的调查，现代北方方言一般不说复杂给予句，而是说成两个分句。如果一定要表达复杂给予句式，也只能使用“S_3+V”的形式，如：

中原官话河南许昌话：

我买两身衣裳，叫他穿吧！

我给他买两身衣裳穿吧！（我给他买两套衣服穿吧！）

胶辽官话山东临沂话：

搞条烟，叫你试试。

给你搞条烟试试。（给你带了一条烟试试。）

晋语河南安阳话：

我掂两瓶儿酒，叫你尝尝啊。

我给你掂两瓶儿酒尝尝啊。（我给你拎两瓶酒尝尝啊。）

吴语材料《缀白裘》中相当于“给”的“拉”：

伙计，换好茶拉员外吃。（《缀白裘》第 1 集第 4 卷）

代表南方方言吴语的《海》（对话部分）给予动词用的是“拨”，据我们的考察，该语料中出现了一些“拨+N_3+N_2+V_2”的用例。如：

耐个人啊，拨两记耳光耐吃吃末好！

该语料中没有出现“拨+N_3 +V_2”，仅见 1 例“拨+N_2+N_3+V_2”，如：

也拨我一口羹饭吃吃。

《海》中这两种形式用例之少与琉球官话课本几近一致。北方话中有“给 N_3V”，表物的 N_3 可以进入“给+N+V”的格式，说明还是典型意义上的给予格式；而在琉球官话课本及南方话语料中几乎没有这样的格式，只能是表人的 N_2 进入这种格式，表达给予义，从而使这样的句法结构中的各种语义关系相互作用，使整个结构给人感觉带上了使役义。

南方方言复杂给予句用得相对较多，《客赣方言调查报告》（李如龙、张双庆，1992：452）中表示“我告诉过他”的句子所列如下：

梅县：𠊎话过渠知。

翁源：偃讲过分渠知哩。

连南、陆川：偃讲过分渠知。

河源：偃讲□[pau^{0}]把渠听啰。

清溪：偃讲过分渠听。

揭西：偃声渠知哩。

秀篆：偃讲得渠知了。

武平、长汀：偃学渠知哩。

三都：偃话过渠听。

香港、西河：偃讲过渠知。

永新、安义：我话得渠听过。

醴陵：我话到□[ha^{1}]听过。

都昌：我话渠听嘚。

宿松：我讲得渠听过。

客赣方言使用复杂给予句的方言分布如表 4-10 所示。

表 4-10　客赣方言使用复杂给予句的方言分布

客家方言	赣方言
广东（梅县、翁源、连南、河源、清溪、揭西） 香港 广西（陆川、西河） 福建（秀篆、武平、长汀） 江西（三都）	湖南（醴陵） 江西（安义、永新、都昌） 安徽（宿松）

不仅南方方言，南方少数民族语言中也有平行的用法。连南八排瑶语（巢宗祺、余伟文，1989：255，巢宗祺，1990：149）中也存在复杂给予句，如：

vei^{44}　kong$^{24\text{-}21}$　ban^{44}　vei^{44}　su^{44}　po^{53}　mang^{41}.

他　讲　给　他　叔　婆　听

他讲给他叔婆听。

tsia^{44}　bot^{44}　kui^{41}　tong^{22}　bau^{41}　mui^{53}　vei^{44}.

我　有　句　话　告　你　知道

我有句话告诉你。

毛难语（梁敏，1980b：73）中也存在复杂给予句，如：

he^{2} tuŋ^{1} ʔnu:n^{3} u^{5} ʔna:k^{7} ŋ^{2} na^{4} pa^{0}!

我 煮 些 饭 给 你 吃 吧

我煮些饭给你吃吧！

傣雅语（邢公畹，1989：258）中这种复杂给予句也很常见，如：

vin^{11} hawɯ^{11} lok^{33} mən^{33} va:ŋ^{24}.

飞 给 孩子 他 看

飞给他的孩子们看。

ʔa^{55}tje^{33} ʔau^{33} sə^{55} haɯ^{11} tɕʰi^{24}, ʔa^{55}mje^{24} ʔau^{33} mi^{55} haɯ^{11} tɕʰi^{24}.

父亲 拿 虎 给 骑， 母亲 拿 熊 给 骑

拿虎给父亲骑，拿熊给母亲骑。

水语（符昌忠，2006）中这种复杂给予句也常见，如：

kaŋ^{33} tsiəŋ^{21} ʔa^{35} liəŋ^{21}.

讲 给 别人 听

讲给别人听。

单从“给”的自身演变而言，我们很难找到“实词虚化”的证据。上文我们提到，复杂给予句中的“给”表达的是给予义，但是整个结构又含有一定的使役义，表层的形式表现——语音停顿，给句式环境赋予了重新分析的可能。重新分析是某种句法结构或句法单位高频使用的结果，它是发生语法化的外部原因，当相邻的两个语法成分间“分界”在高频的使用影响下逐渐消失，这就为“重新分析”提供了可能。“重新分析”的结果是深层语法结构关系发生变化。这里我们并不认为是“重新分析”造成了“给”的使役动词用法，“重新分析”只是外部原因，“给”作使役动词在“重新分析”之前就产生了，“重新分析”只是在“给”已语法化为使役动词的结果后，赋予这种复杂给予句带有使役的可能性。换言之，“给”有使役动词的用法，使得南方方言的复杂给予句较多选择蕴含“给+N+V”的结构形式。选择使用“给+N_2+V”在主要动词之后的复杂给予句和表达使役义的动词“给”，是相互促进的两种有南方特征的语法类型。

南方方言的代表——清末粤方言有较为明显的从给予到使役的过渡形式。据杨敬宇（2006：98-100）的研究，清末粤方言给予格式后加上其他动词，就成为“连动+兼语”的结构，有以下几种格式：

（a）V_1+N 物+过+N 人+V_2

（b）V_1 +过+N 人+V_2

（c）俾+过+N 人+V_2

（d）V_1+N 物+俾+N 人+V_2

（e）V_1+俾+N 人+V_2

（f）俾+N 人+V_2

前面三种格式“V_2”前面的部分与单纯给予句的几个句式相同，整个句子的意思也以给予为主，是基本的给予格式；后面三种格式中“N 人”前面的动词改变，由“俾”取代了“过”，句子的意思在给予之外，多了使役的味道。因为 “俾”与“过”有明确的分工：“俾”带的是“N 物”，而“过”带的是“N 人”，说明“过”是个专职的给予句用词。当“俾”介入“过”的领域后，随着“俾”前成分的逐渐减少，句子的使役意味逐渐加强，给予的意味逐渐削弱。尤其到最后的格式，使役的意味最重①。

据杨敬宇（2006），在清末粤语课本《粤》中，表达给予义的基本格式是“俾+N 物+过+N 人”，即我们这里所谈的 S_2，在这个基础上产生了几个变式：“V+N 物+过+N 人”“V+过+N 人”“V（+N 物）+俾过+N 人”和“俾/V+N 物+N 人”，各种格式中均没有标记终点的“过+N 人”置于主要动词之前即 S_3 的形式。如：

又要搵啲沙虫过佢食。（又要找些沙虫给它吃。）

从理论上讲，“给+N_2+V”的格式原本有两种理解：一为“给”作受益介词，N 为受益对象，V 由主语发出；二为“给”作给予动词，N 为兼语，作“给”的被给予的对象，同时作 V 的动作发出者。北方方言的“给”多作受益介词，因此这样的形式倾向性地被理解为“为

① 杨敬宇（2006：100）认为，“俾”意义的发展与其后名词的变化即“俾”的使役义与可取代“过”后加“N 人”的两种情况，孰为因果还需讨论，我们认为这可能是句式的演变造成的词义和功能的变化。

NV”，N 为受益对象，较少或尽量排斥作使役义来理解；而在南方方言中，“给”不作受益介词，表受益义时使用的是与事介词，而不是与给予动词同形的词，这样的形式在南方方言中仅有给予-使役-被动之义。“给+N_2+V”的类型分别在南北方区别较为明显。

“给”在琉球官话课本中只有三种用法：一是作给予动词，二是作使役动词，三是作引进施事的介词，表被动。这和四大南方方言，如苏州话的“拨/拨来”、福州话的“乞”、广州话的“畀”、梅县话的“分”情形一样，用给予动词兼表使役义和被动义（李炜、濑户口律子，2007）。琉球官话课本的“给”没有受益介词的用法，“给 NV”的语义只能理解为给予、使役和被动，这与南方方言是一致的。但是琉球官话课本的“给”不是一地之方言，否则就是用某一地方言的方言用词了，而且南方人在说普通话时，常常用“给”表被动。因此，“给”是南方方言在官话层面的投射（李炜，2004）。不仅含“给”的简单给予句反映了这一点，复杂给予句式同样也反映了这一点。

北方方言的给予动词没有语法化为使役动词、被动介词的用法，很有可能与不大使用复杂给予句相关。

西北方言和我们所调查的蒙古语、满语、锡伯语、东乡语及维吾尔语等阿尔泰语系的语言没有与复杂给予句平行的表达方式，只能拆分为两个独立的句子来表示。

4.3.3 使役范畴在历时南北文献中的分布差异

琉球官话课本中使役范畴的二分现象在之前的历史文献中表现如何？是否从历史继承而来，抑或是现代汉语初期的特殊表现？我们将在这一部分对使役范畴在清中叶以前的使用情况做一详细考察。

使役范畴在上古、中古汉语曾是个抽象度不高的、范畴化程度较低的、成员较为多元化的“范畴”。唐以前令致类使役多用“教”“致”“使”“令”“遣”“呼”等词表达；容任类使役用“容”“与”“任”“听”等词表达。这些使役动词除了用于兼语式表使役外，还同时具有较强的词汇意义。我们搜索了唐以前的文献，没有发现“教”表容任类使役的用例。另外，据我们的考察，唐代“教（交）”表被动并不普遍。

唐代以后，表令致类的“教”“交”使役句得到迅速发展，用例普遍可见（冯春田，2000：619）。我们对唐以后的文献进行了调查，调查的结果显示，使役范畴开始高度范畴化，且两个下位范畴恰能以文献语言反映的地域分为两类：北方作品中的“教”“交”表令致类使役的同时，也出现了容任类使役的用法；南方作品的“教”“交”仅有表令致类使役的用法，“与”在表容任类使役时变得很活跃。下面我们将根据语料的地域性对使役范畴进行历时考察。

清中叶前南具有北方方言色彩的文献中使役范畴的分布

先看清中叶前具有北方方言色彩的文献中使役范畴的分布。

唐代反映北方方言的《入唐求法巡礼行记》中共出现20例使役动词“教（交）”：17例表令致类使役，3例表容任类使役。“与”不表示容任类使役。如：

西国僧佛陀波利空手来到山门，文殊现老人身，不许入山，更教往西国取佛顶尊胜陀罗尼经。（《入唐求法巡礼行记》卷三）

缘惣官不交住寺，移住龙兴寺，相去五里。（《入唐求法巡礼行记》卷一）

有北方色彩的《敦煌变文集新书》中的“教（交）”可表令致类、容任类使役，“与”几乎不表容任类使役。如：

莫说来生无病患，且交见（现）世命延长。（《敦煌变文集新书·卷二》）

邪痴多是愚人作，邪曲争教智者行。（《敦煌变文集新书 · 卷二》）

宋代以北方话为基础的《大唐三藏取经诗话》中出现8例“教(交)”表示令致类使役，“与”不表示容任类使役。如：

遂教虎精开口，吐出一个猕猴，顿在面前，身长丈二，两眼火光。（《大唐三藏取经诗话 · 过长坑大蛇岭处 · 第六》）

同样，宋代以北方话为基础的《三朝北盟会编》中有89例“教(交)”表令致类使役，10例“交”表容任类使役，“与”不表容任类使役。如：

……致燕人迁徙而失业，九也；教金国发兵先下平州，十也。（《三朝北盟会编 · 卷第十七 · 政宣上帙 · 十七》）

郭奕为之诗曰：“张中孚、张中彦，江南塞北都行遍。教我如何做

列传？”人皆传道之。(《三朝北盟会编·卷第二百·炎兴下帙·一百》)

元代的《元刊杂剧三十种》共出现318例“交（教）”字使役句①，其中269例令致类使役，49例容任类使役。如：

我交你名传万古，那里有相随百步？（《元刊杂剧三十种·楚昭王疏者下船剧》）

婆婆，心去意难留，交他去！(《元刊杂剧三十种·相国寺公孙汗衫杂剧》)

愿天下心厮爱的夫妇永无分离，教俺两口儿早得团圆。(《元刊杂剧三十种·闺怨佳人拜月亭杂剧》)

《古老》和《老》分别代表元、明初时期北方官话，令致类使役分别有23例和20例，容任类使役分别有9例和8例，没有发现“与”表容任类使役的用例。如：

将卓儿来，教客人每则这棚底下坐的吃饭。淡饭胡吃些个。(古老12a1)

将卓儿来，教客人们只这棚底下坐的吃饭。淡饭胡乱吃些个。(老36b5／72)

明代李边编的《训世评话》是供朝鲜人学习汉语的教科书，带有北方方言色彩，该书中出现了17例表使役的“教”，其中14例表令致类使役，3例表容任类使役。如：

官府从他说：教人掘地，果然得了砺炭出来，官府就断与他房子住坐。(《训世评话·下》)

董永说：“我是贫贱，不敢教你做媳妇。”(《训世评话·上》)

由以上统计，我们大致可以看出，北人作品中“教（交）”可以表达使役范畴的令致类和容任类使役，而“与”则不能表达使役范畴中的任何一类。

再看清中叶前具有南方方言色彩的文献中使役范畴的分布。

五代有南方方言色彩的《祖堂集》中出现了90例“教（交）”，均表令致类使役，容任类使役则由“与”来表示。如：

① 表致令类的“交”245例、“教”24例；表容任类的“交”45例、“教”4例。

汝和尚在日，如许多债负，教什摩人还？（《祖堂卷集 · 十六 · 南泉》）

其第二鬼使云：“彼王早知如是次第，何妨与他修行？”（《祖堂卷 14 · 江西马祖》）

宋代的《五灯会元》禅宗语录，因为这些僧人的籍贯大多为江南与长江流域一带，其主要活动范围亦在该地区，故其用语受该区域方言影响较多。该书后四卷共出现 61 例“教”，均表令致类使役；容任类使役则主要由“与”表示，共 10 例。如：

胜因当时若见，将钉钉却室门，教他一生无出身之路，免得后代儿孙递相搬学。（《五灯会元》卷十八）

十二时中，跛跛挈挈，且与么过。（《五灯会元》卷十八）

南宋有南方方言色彩的《朱子语类》中，使役动词“教”出现 364 例，只有令致类使役，没有容任类使役的用法；容任类使役由“与”表达，出现 57 例。如：

被他截断，教人与他说不得，都只是这个病。《朱子语类 · 卷九 · 学三》）

老氏便要常把住这气，不肯与他散，便会长生久视。（《朱子语类 · 卷十六 · 大学三》）

成书于南宋至元代间有南方方言色彩的“四种南戏”中，共出现 357 例“教（叫、交）”字使役句，均表令致类使役；表容任类使役多用“与”表示，有 55 例。如：

误我良宵寂寞守孤灯，数尽更筹夜长人初静，教人恨杀活短命。（《小孙屠》）

奴家去后，坟所早晚，公公可怜见，看这两个老亲在日的面，与我看管则个。（《新刊元本蔡伯喈琵琶记》）

《清平山堂话本》[①]是明代洪楩编刻的宋元话本集，它所反映的应是南宋首都临安（今杭州）一带的方言（江蓝生，2000：46）。该作品

①《清平山堂话本》中的“乞”虽然表被动，但是江蓝生（1989）认为不是“给予”义的“乞”，而是“吃”的同音借字。我们没有发现“乞”表容任类使役的用例，或许可以从一个侧面证实“乞”不来源于表“给予”的“乞”。因为从“给予”直接跨越到被动，没有经过容任类使役，也是不符合汉语发展的历史事实的。

中的“交（教、叫）”共 193 例[①]，均表令致类使役，不表容任类使役，其容任类使役多由“与”来表达，共 25 例。如：

吾故意装疯做痴，交他不识咱真相。(《清平山堂话本 · 卷四 · 合同文字记》)

行者连忙烧汤，与长老洗浴罢，换了一身新衣服……(《清平山堂话本 · 卷四 · 合同文字记》)

用苏沪吴语写成的明代作品《山歌》中出现了 38 例“教”，均表令致类使役，不表容任类使役；“与”则可表容任类使役。如：

一弹再鼓，教人动情。(《山歌 · 卷七 · 私情杂体 · 操琴》)

我爱心肝生得乖，却把拳儿与你猜。(《山歌 · 卷十 · 桐城时兴歌 · 猜拳》)

另外我们还对作者为苏杭人氏的《醒世恒言》“二拍”《型》做了考察，其令致类使役用“教（叫）”，容任类使役多用“与”，二者没有交叉。

江蓝生（1989）考察了定静堂丛书影印的明清刊刻的几本闽南戏文，发现“乞”有表动词给予和介词被动的用法；郑宏（2007）进一步发现“乞”有用作使役动词的用法，如：

给予动词：

一点春心，今来交付乞谁？（《荔镜记》第二出）

使役动词：

便乞你返去。(《荔镜记》第十九出）

行开乞阮过去。(《荔镜记》第二十八出）

被动介词：

人乞人欺，灯火亦来相欺。(《荔枝记》第四十五出）

我们考察了闽南戏文所有的表使役的“乞”，发现其表义均限于容任类的使役。

冯春田（2000：637）指出，“与”字使役句唐、五代后才较多出现，虽然看不出这类“与”字使役句有地缘的差异，但总的来说仍以背景方言为南方方言的文献用例为多。我们的观察与冯先生的结论是

---

① 其中“交”104 例，“教”39 例，“叫”50 例。

一致的，这里我们想要推进的一点是：“与”是相当长一段时期内汉语给予动词的代表，后期有南方特色的一些作品中，虽不使用“与”，但使用的也是与给予动词同形的词。但是他把这类“与”归为表具体使役的范围内，也就是我们所说的令致类使役中，我们认为他在文中所举之例其实都应解释为我们所说的容任类使役。如：

不许他近身，又不与他去，数说他。（《型》第 15 回）

“与”和前文“许”变文同义，解释为容任类使役更为恰当。

从历史文献中我们可以看出，唐以后具有北方方言色彩的文献中“教（叫、交）”可以表达令致类、容任类使役，“与”不可以表达使役范畴的任何一类；具有南方方言色彩的文献中“教（叫、交）”仅可表令致类使役，而容任类使役则由与“给予”义同形的词（主要是“与”）来表达[①]，详见表 4-11（标为斜体的文献是有北方方言色彩的作品，未标斜体的文献是有南方方言色彩的作品）：

表 4-11　历代南北文献中使役范畴的表达

朝代	文献[②]	令致类使役		容任类使役	
		教（交、叫）	与	教（交、叫）	与
唐	*《入唐》*	17	0	3	0
	《敦煌》	191	0	37	0
五代	《祖堂集》	90	0	0	14
宋	*《大唐》*	8	0	0	0
	《三朝》	89	0	10	0
	《五灯》	61	0	0	10
	《朱子》	364	0	0	57

① 据冯春田（2000：616），“使”也有表被动的用法，但据我们的考察，这种用法只是零星几例，在此本书不进行深究。

② 《入唐》代表《入唐求法巡礼行记》，《敦煌》代表《敦煌变文集》，《大唐》代表《大唐三藏取经诗话》，《三朝》代表《三朝北盟会编》，《杂剧》代表《元刊杂剧三十种》，《古本》代表《古本〈老乞大〉》，《老谚》代表《老乞大谚解》，《训世》代表《训世评话》，《五灯》代表《五灯会元》，《朱子》代表《朱子语类》，“南戏”代表《张协状元》《小孙屠》《宦门子弟错立身》《新刊元本蔡伯喈琵琶记》这“四种南戏”，《清平山》代表《清平山堂话本》。

续表

朝代	文献	令致类使役		容任类使役	
		教（交、叫）	与	教（交、叫）	与
元	《杂剧》	269	0	49	0
	《古本》	23	0	9	0
	“南戏”	357	0	0	55
明	《老谚》	20	0	8	0
	《训世》	14	0	3	0
	《清平山》	193	0	0	25
	《山歌》	38	0	0	1

清中叶后南北文献中使役范畴的表达

我们还考察了年代稍后的北京官话作品《儿》《语》、以东北官话为语言基础的《华音启蒙谚解》（刊行于 1883 年，以下简称《华》）（岳辉 2006）、以地道北京话写成的《小》《官’》、现代北京话语料《骆驼祥子》和《四世同堂》的对话部分（以下分别简称《骆》对、《四》对）。这些作品中的“叫（教）”“让”可表令致类使役和容任类使役[①]，“给”几乎没有表示容任类使役的用例。如：

一来答谢上天叫咱们父子婆媳完聚的天恩……（《儿》第 12 回）

老兄，话虽是这样儿说，现在他既落到这步田地上，可当真的瞧着叫他死么？（《语》）

教底下们叫那个厨房的，预备各样点心荤素酒菜来罢。（《华》）

我在顺治门外，大街路东礼部做官的宅里，恼半天的口，一半候儿不教回来，所以在那里耽误的咧。（《华》）

善全因为刚才让票子联拍了一顿，听见说他奶奶叫他拿钱，心里很不愿意。（《小》）

很好，很好，不用让他忙，叫他接着我的得啦。（《小》）

可是你还得把那根绳子，拴到屋里来，叫他们透透风是要紧的。（《官’》）

① 关于“让”的问题，我们将在后面的部分谈到。

向阳儿的那一间闲屋子，叫他住怎么样？（《官'》）

都不可靠，我不愿意教他们吊儿啷当的瞎起哄。（《骆》）

我要有你这么个儿子，少教我活几岁也是好的！（《骆》）

哥！踢破了鞋，不又教妈妈生气吗？（《四》）

老命不要了，我不能教你在这儿撒野！（《四》）

而在有南方方言色彩的作品，如用晚清苏州话写成的《海》（对话部分）、清末弹词《描金凤》[①]（以下简称《描》）、清末粤语课本《粤》，以及 20 世纪初有南方方言色彩的《文》《孽》《二》中，其令致类使役使用“叫”“让”“令”等，不用给予动词；其容任类使役使用“让”“给”等，不用“叫”。如：

耐说仔末让阿姐先走，我末多坐歇，阿是蛮好？（《海》第 19 回）

耐放心，我也勿拨俚多吃末哉。（《海》第 5 回）

叫娄朝奉刻刻当心，勿要本里私下作弊。（《描》第 10 回）[②]

又有一种蚊，咬人个阵时，就竖起个身，呢的蚊係令人发热嘅，好多热症都係由嗽得嚟。（《粤》第 63 课）

若然俾佢传开就好费事咯。（《粤》第 63 课）

只有那个通事，说是昨日骑马，受了伤，身上发烧，头里昏晕，不能行动，现在卑职衙门里，另外收拾了一间书房，让他在那里养病[③]。（《文》第 4 回）

这个事情，我总得同你商量叫他们同我回去，我情愿收拾房子给他们住，供给他们，决不难为于他，你可放心的了。（《文》第 10 回）

况且没有把柄的事儿，给一个低三下四的奴才含血喷人，自己倒站着听风凉话儿！（《孽》第 18 回）

樵夫道：“怎么我可以做得真命天子？谁给我做的？”（《二》第 80 回）

---

① 《描》的用例转引自石汝杰（1996：139）。

② 这句话中“叫”表令致类使役，“本”（也作“拨”）表容任类使役。

③ 此例与例（67）“给他住在里头养病”表义一致，证明琉球官话课本中的这例“给”是表容任类使役的。

我们将统计的结果整理如表 4-12 所示：

表 4-12　清中叶后的使役范畴的使用情况

语料	使役范畴			
	令致类使役		容任类使役	
	叫	与给予动词同形的词	叫	与给予动词同形的词
《儿》①	522	0	122	1
《语》②	156	0	29	0
《华》③	29	0	4	0
《小》④	9	0	2	0
《官'》	99	0	11	0
《骆》	24	0	3	0
《四》⑤	209	0	14	0
《海》⑥	15	0	0	52（拨）
《粤》	17	0	0	26（俾）
《文》	438	0	0	22
《孽》	208	0	0	11

可见，这种对立的情况不仅在清中叶之前，在清末也存在，同时我们从南方历时文献中看出与给予动词同形的词兼表容任类使役。

现代南北方言中使役范畴的表达

现代北方方言表令致类和容任类使役时主要使用“叫”或“让”，即令致类、容任类使役是同一个词；而南方方言的使役要分为两块：表令致类使役时使用“叫”“令”“话”或“喊”（吴语）、“吆”（南宁平话）等叫喊类/使令类动词，表容任类使役时使用与给予动词同形的

① 有 20 例“教”表致令，18 例“教”表容任，其余都是“叫”。

② 该书中有 3 例“教”表致令，2 例“教”表容任，其余都是“叫”。

③ 据汪维辉《朝鲜时代汉语教科书丛刊》（中华书局，2005）。有 10 例“叫”表致令，其余都是“教”。

④ 有 1 例“教”表容任，其余都是“叫”。

⑤ 有 21 例“叫”表致令，其余都是“教”。

⑥“给”在《海》中的形式是“拨”。

“度”“护（互）”“传”“乞”（闽语）、“拨”（吴语）“畀”（粤语）、“乞”（南宁平话）等。我们搜集、调查了表示令致类和容任类使役的词在闽、吴、粤、客、湘、赣等方言中的使用情况。

在闽语中，表令致类使役的动词多用“叫”，表容任类使役和被动义则用与给予动词同形的词。如：

闽语福州话：

底侬谁叫汝做其？（谁叫你做的？）（李荣，2002：942）

叫伊快仂滴行。（让他快点走。）

汝想参加，就乞汝参加。（你想参加，就让你参加吧。）

乞伊多歇几日。（让他多休息几天。）（陈泽平，2000）

据李如龙（1997b，2000），“护”“度”“传”“乞”均可表给予、使役、被动，“护”是同音字，多见于厦门、漳州一带，“度”多用于泉州一带，厦门也用，“传”是泉州专用，“乞”是闽南地区通用。我们经过调查核实，它们在表使役时仅表容任类使役，不表令致类使役。根据林寒生（2002）的调查，闽东福州、长乐、福清、永泰、古田、福安、宁德、寿宁、周宁、福鼎，闽南厦门和泉州，广东潮州、汕头①、澄海等地的“乞”可以表示使役，我们对这些方言点也做了进一步的调查，发现这些方言点的“乞”均有容任类使役的用法，而没有令致类使役的用法。令致类使役多用“教”“叫”，如：

闽语泉州话：

教恁小弟莫用去。（叫你弟弟别去。）

闽语屯昌话：

我叫伊来各[lɔu³⁵]。（我叫他来了。）

闽语厦门话：

要去抑或是伓去，互我佫想一下。（要去还是不去，让我想一下。）（李荣，2002：544）

吴语上海话：

叫伊早点回去。（叫他早点回去）（李荣，2002：942）

---

① 汕头话还有“分”与“乞”用法一致。

侬想叫我出洋相啊？（你想叫我出洋相吗？）（钱乃荣，2000）

勿拨伊先走。（别让他先走了。）

总算拨我逃脱哉。（总算让我逃走了。）

粤语：

令你唔开心，唔好意思。（让你不高兴，对不起。）

你想参加，就畀你参加啦。（你想参加，就让你参加吧。）

叫佢快啲走。（让他快点走。）

叫佢冇（唔好）走。（让他别走。——使令）

冇（唔好）畀佢走。（别让他走。——容许）

南宁平话（杨敬宇、李炜，2004）：

渠□[tsep33]眼乞我，吆我冇出声。（他眨眼给我，叫我别出声。）

渠有个伯爷，冇乞渠住亚间屋。（他有个大伯，不给他住这间房。）

客家梅县话：

话佢勿爱去。（让他别去。）

勿爱分佢去。（别让他去。）

等佢讲话讲撇知。（让他把话讲完）。（林立芳，1997）

北方方言表使役范畴（令致类和容任类）时，一般均使用“叫”“让”，如：内蒙古呼和浩特，山西忻州、阳曲，甘肃敦煌，山东烟台、博山、枣庄，河北昌黎，河南洛阳（李炜，2002b）、安阳等方言（例略），基本上不使用“给”，且令致类使役和容任类使役没有形式上的区分。据陈章太、李行健主编的《普通话基础方言基本词汇》，北京大学中国语言学系主编的《汉语方言词汇》，李荣主编的《现代汉语方言大词典》，大部分北方地区均以使用“叫”“让”为常。不过，“整个山东方言基本都是把用‘叫’表示被动意义的格式作为一种常用说法”（钱曾怡，2001：304）。另据我们的调查，使役亦然。具有晋语色彩的小说《李家庄的变迁》中表令致类和容任类的使役都用“叫”，据我们的调查，晋语以使用“叫”为主①。属于中原官话的陕西关中话、西北方言也多用“叫”，不用“让”。据笔者的调查，东北官话、北京官

① 并非如李荣主编的《现代汉语方言大词典》中描述的那样，“叫”“让”都用。

话则以“让”多见。

琉球官话课本使役范畴的表达正好与现代南方方言的表达相平行：表容任类使役时使用与给予动词同形的“给”（琉球官话课本）、“度”“护（互）”“传”“乞”（闽语）、“拨”（吴语）、“畀”（粤语）、“分”（客家话）等，表令致类使役时使用“叫”“话”或“喊”等。这种使役句二分的平行现象，再一次证明了琉球官话课本的南方方言色彩。而北方方言表令致类和容任类使役时主要使用“叫”或“让”，即令致类与容任类使役是同一个词，南北方言在使役范畴的表达上存在类型上的差异。南方少数民族语言的“给”也不能作为受益关系介词和指涉介词，与南方方言一样，存在“给予-使役-被动”的语法化链条。但与“给”同形的使役用法也是限于表示容任类使役。

连南八排瑶语（巢宗祺、余伟文，1989：225，256，268）的使役也是二分的，ban^{44}可以表示给予、容任类使役和被动，令致类使役使用 hong$^{24\text{-}21}$。如：

hong$^{24\text{-}21}$	ho^{53}	pa^{22}	tu^{41}	kui^{41}.
叫	何	白	度	砍

叫何白度砍。

tung^{41}	tung^{41}	he^{44}	lou$^{24\text{-}21}$	jiau^{41}	tian^{53}	si^{53}	ng^{53}	se^{44}
通	通	坐	到	看	电	视	不	就

ng^{53}	man^{44}	gniu^{53}	jiau^{41}	o^{44}.
不	给①	你们	看	（语）

通通坐着看电视，要不就不给你们看了。

tsia^{44}	ban^{44}	vei^{44}	ket^{44}	e^{22}.
我	给	他	打	了

我被他打了。

傣雅语（邢公畹，1989：267，89，87，258）的 haɯ^{11}表示给予、使役、被动，令致类使役使用 hwoŋ^{31}。如：

① man 是 ban 的语流变体。

kau^{33} su^{11} hwoŋ^{31} kun^{53} ma^{53} su^{24}mwot^{33}.

我 要 叫 人 来 占卜

我要叫人来占卜。

kau^{33} vau^{24} tɕa:ŋ^{11} kʰit^{33} tɕe^{11} haɯ^{11} pu^{24} mo^{55}.

我 不 会 写 字 给 老 师

我不会写字给老师。

hən^{53} mə^{33} haɯ^{11} kau^{33} ja:ŋ^{31}.

家 屋 给 我 歇息

你的房子让我住（一夜）。

haɯ^{11} lok^{33} va:u^{24} mən^{33} twop^{44} ta^{33} va:ŋ^{24}.

给 帮 手 他 用 眼睛 看

被他人用眼偷看到。

另外，水语的给予动词 tsiəŋ^{21} 可以表示使役和被动（符昌忠，1996：270，267）。

在南方少数民族语言中，有与“给”同源的被动标记。张惠英（2005：111）提到，仡佬语表示被动的介词可能与“给”同源。她认为仡佬语表示被动的介词和西南官话四川成都话“给”语音接近，且和北方官话、西南官话、晋语等的“给”读音接近。因此，无论从仡佬话读音规律看，还是从和汉语方言接触的角度来看，被动标记可能和“给”同源。

4.3.4 与给予动词同形的词表被动在南北文献中的历时分布差异

与给予动词同形的词表被动自先秦以来就存在，但用例非常有限，且补语较为简单，受“被”字句、“为”字句的排挤，“与”字被动句没有经过发展就趋近消亡。

根据郑宏（2009）对部分近代文献的考察，《祖堂集》见 1 例，《朱子语类》见 7 例，《西游记》见 1 例，“三言二拍”见 20 例，《儒林外史》见 1 例，《醒》见 6 例。我们发现“与”字被动句多集中出现在有具有南方方言色彩的文献中。我们对具有北方方言色彩的文献《敦煌变文集》《入唐求法巡礼行记》《大唐三藏取经诗话》《三朝北盟会编》《元刊杂剧三十种》《古本老乞大》和《老乞大谚解》《训世评话》等具有北方方言色彩的文献做了考察，没有发现“与”字被动句。

唐钰明（1988）曾将“被”字句动词前后成分的复杂化作为语义丰富化和精密化的表现。结合郑宏（2009）的考察和我们对文献的考察，“与”字被动句中出现的补语非常简单，且隶属性宾语和并列宾语也非常少见，因此“与”字被动句是发展极为不成熟、不完全的被动句。

清中叶开始，“给”逐渐取代了“与”。为了清晰展现琉球官话课本中“给”字被动句的使用情况并便于和其他材料做比较，我们列出表 4-13 以供参考。

表 4-13　“给”字被动句的使用情况

语料	补　语				
	结果补语	状态补语	处所补语	趋向补语	数量补语
《红》	0	0	0	0	0
《儿》	0	0	0	1	1
《官’》	0	0	0	0	0
《儒》	0	0	0	0	1
《九》	10	2	4	11	2
《孽》	9	0	1	5	0
琉球官话课本	16	6	3	10	2

据郑宏（2007）的考察，在清代的三部具有南方方言色彩的文献《二》《九》《孽》中共出现了 9 例含状语的“给”字被动句，且状语成分简单。

另据郑宏（2007）的统计，在晚清具有江淮方言色彩的文献中，“给”字被动句呈现出逐渐成熟的发展趋势，而且“给”字被动句的使用频率明显高于同期具有北京话色彩的作品。在她所考察的作品中，未发现“给”字句与“处置式”结合的较为复杂的情况。

以往的学者均认为，“使役—被动”在北方方言中，“叫”“让”是使役兼被动的，琉球官话课本及明代潮州戏文、现代南方方言均可使用与给予动词同形的词表使役范畴中的容许义和被动范畴；在南方方言的系统中，容许义是否是给予动词表达被动义的桥梁呢？

“给”字被动句在清代出现，其发展是不均衡的。我们统计了从清初到清末有南北方言倾向的几种语料中“给”字兼语句、使役句和被动句的使用情况，见表 4-14①。

表 4-14 语料中“给”字兼语句、使役句和被动句的使用情况

语料	“给+N_2+V”兼语句	“给”字使役句	“给”字被动句
《醒》	45	0	0
《歧》	4	0	0
《红》	73	2	1
《儿》	28	1	1
《儒》	13	12	3
《九》	38	8	54
琉球官话课本	10	44	61

李炜（2002b）以北京话为主线，对清中叶以来 7 种京味儿作品和 3 种南方官话作品中表使役的“给”进行了考察与分析，发现“给”兼表给予和使役在南方官话里属常见用法，北京话则属于个别用法。随后李炜（2004a）考察了 18 世纪中期到 20 世纪 90 年代的北京话，发现“给”字表被动义属于罕见用法。我们同时考察了更早的《醒》和代表 18 世纪中期中原官话的《歧》，没有发现“给”字被动句。而从有南方方言色彩的《儒》《九》中分别发现了 3 例和 54 例，琉球官话课本有 61 例，表现出鲜明的南方方言特征。

北方话使用“叫”“让”表使役、被动，可能与它们的长幼尊卑取向有关，即可以表现语体的高低。据李炜的学生李慧敏（2009）的考察，《红》中高对低或平级为表随意和亲近使用的多为“叫”，低对高表示尊敬多用“让”。而“给”表使役则体现不出这一点。

① “给”字使役、被动句的数据来源于李炜（2002b、2004a）。

4.3.5 使役范畴与被动范畴的关系

从使役范畴的二分看使役与被动范畴的关系

无论是北方方言的“使役-被动”，还是南方方言的“给予-使役-被动”，学者们多承认“使役”和“被动”有着极为密切的关系（冯春田，2000；蒋绍愚，2003），但是使役的两个下位范畴是否均与被动相关这一问题还没有进行很好的讨论。使役范畴的二分有助于我们更深入地探讨使役和被动两个范畴之间的关系，对结构及意义具有解释力。

上文我们提到了使役范畴的两个下位范畴，其价值不仅在于发现它们的存在，更重要的是，它可以为我们找出“使役”和“被动”的关系提供一些启发。

琉球官话课本中的“给”除了作给予动词、容任类使役动词以外，还可以作被动介词，没有出现“叫”或“让”字被动句。

与给予动词同形的词可以兼作容任类使役动词和被动介词，令致类使役动词不能兼作被动介词，这一现象不仅在琉球官话课本中，在具有南方方言特征的语料《祖堂集》《五灯会元》《朱子语类》、四种“南戏”、《清平山堂话本》《山歌》《儒林外史》《海》《粤》《文》《孽》中也有同样的表现，但在北方作品中却没有这样的现象：北方作品中表示被动不能使用与给予动词同形的词，而要使用与使役动词同形的词“教（交、叫）”。

在以闽、吴、粤、客为代表的四大南方方言中，表令致类使役时使用的“叫”“令”“话”或“喊”（吴语）、“吆”（平话）等叫喊类/使令类动词不能作被动介词，而表容任类使役时使用与给予动词同形的“度、护（互）、传、乞”（闽语）、“拨”（吴语）、“畀”（粤语）、“乞”（南宁平话）等，则可以作被动介词。如：

闽语福州话（陈泽平，2000）：

<u>乞</u>伊多歇几日。（让他多休息几天。）

衣裳<u>乞</u>雨沃滥咯。（衣服被雨淋湿了。）

闽语厦门话（李荣，2002）：

要去抑或是伓去，互我俗想一下。（去或不去，让我想一下。）

衫互风吹去。（衣服被风吹走了。）

闽语平和话（庄初升，2000）：

伊护我住因兜。（他让我住他家。）

树仔护风吹倒。（树被风刮倒了。）

吴语苏州话（石汝杰，2000）：

总算拨勒我逃脱哉。（总算让我逃走了。）

动手动脚，拨别人看见仔，像啥样式，阿要难为情口夏？（动手动脚，让别人看见了，像什么样子，多难为情！）

吴语高淳话（石汝杰，1997）的“把”表给予，还可以表容任类使役和被动：

不要把他晓的。（不要让他知道。）

不要把认的则人看到。（别被熟人看见了。）

在金华的汤溪话[①]（曹志耘，2000）中，“约”作给予动词，同时还可以作容任类使役动词和被动介词，作使役动词不表令致类使役，如：

[弗要]约渠去。（别让他去。）

个碗约渠打打破。（那个碗被他打碎了。）

绩溪话（赵日新，2000）中有个表给予、使役、被动的词□[χã^{35}]，如：

渠□[χã^{35}]人家打了。（他被人打了。）

吴语温州话（潘悟云，2000）：

丐渠打。（让他打。）

丐渠打爻。（被他打了。）

“丐”在《说文》释为“乞”，表示“给予”，在温州话中如果重读，就是表“送给”义的动词。这与南方方言“给予-使役-被动”的表现是平行一致的。“丐”的使役也是仅限于容任类使役。

粤语广州话：

冇（唔好）畀佢走。（别让他走。）

畀人打咗。（被人打了。）

① 另有“等”，但不及“约”常见。

客家梅县话：

未分其走撇（别让他走了。）

分人家打撇（被人打了。）

除了四大南方方言，属于赣南客话的石城（龙岗）（曾毅平，2000）的“等”也有给予、使役、被动的用法，而且“等”仅表容任类使役。

除了闽、吴、粤、客四大南方方言，湖南平江城关方言（王众兴，2009）、岳阳方言（方平权，2009）的“尽”可以表示任凭、听任、让；还可以表示被动。

平江城关方言：

尽他哭，莫惯拾他。（让他哭，别宠坏他了。）

你哩细伢啧落口边尽别个欺负。（你家小孩子在外面随便让别人欺负。）

岳阳方言：

莫急，尽我吃落饭着。（别急，先让我吃完饭。）

钱尽你花光哒。（钱被你花光了。）

“尽”的使役仅限于容任类使役，而不能表达令致类使役。

《说文》：“赐，予也。”洪波、赵茗（2005）认为“赐”没有发生使役化，但在属于老湘语的娄底方言（彭逢澍，2009）、涟源方言（陈晖，2009）中的“赐”作给予动词、弱化动词，介绍行为的接受者；也可以表示容任；还可以表示被动。

娄底方言：

你只赐他打几下咧。（你给他打几下吧）

只碗拿赐他打烂来。（碗被他打碎了）

涟源方言：

叫佢后日来。（叫他后天来。）

只杯子赐嫚嫚打烂哩。（杯子被姑姑打破了。）

用“把”来作施事标记词，即用“把”来代替普通话的“叫、让”甚至“被”，是湘语（如衡阳话、长沙话、宁乡话、桃源话）的一个重要特点（曾常红，2009）。江苏丹阳（处于吴方言与江淮官话交界处）（李荣，2002：1675）、江西萍乡方言、湖南浏阳方言（贝先明、向柠，

2009）、湖南隆回方言（丁加勇，2009）、老湘语邵阳方言（李国华，2009）的“把”可以表示容任类使役和被动，例略。

伍云姬（1998）也指出，湖南方言表被动的介词有一类就是从表处置意义的动词发展而来的，但我们根据材料和调查，发现表处置的词多有给予的义项，因此与其说由处置意义的动词而来，不如说由给予动词而来。我们根据各位学者所举之例，并通过调查证实了，标记施事的“把”等所表示的使役均是容任义，没有使令义。这与闽、吴、粤、客四大南方方言是一致的。

衡阳方言（彭兰玉，2009）、衡山方言（前山话）（毛秉生，2009）、常宁方言（吴启主，2009）、攸县方言（董正谊，2009）的“得”相当于普通话的“给”，作给予动词，也可以表示容许、听凭（不表令致）；还可以表示被动，例略。

平江城关方言（王众兴，2009）、浏阳方言（贝先明、向柠，2009）、属于西南官话的汉寿方言（何忠东、李崇兴，2004）、凤凰方言（李启群，2009）的“等”字可以表示容许、听任，与普通话的“叫”“让”相当，如：

平江城关方言：

等我自己来，你莫管。（让我自己来，你别管。）

莫等别个偷走啦。（不要让别人偷走啦。）

汉寿方言：

等他哭，莫眦他。（让他哭，别理他。）

电视机等我拆烂哒。（电视机被我拆烂了。）

桂阳土话（邓永红，2009）的“弯”作动词在桂阳土话中是“给”，还可以作表容任的使役动词和被动介词：

弯/弯志我来试下看。（让我试试看。）

牛弯/弯志行绳绊倒只脚唻。（牛被套绳把腿绊住了。）

从具有南方方言特征的语料和南方方言来看，应该说是使役范畴的容任类与被动范畴的关系更为直接和密切。

从对动词的选择性看使役与被动范畴的关系

蒋绍愚（2003）指出，“教”字句由表使役到表被动是语法功能扩展的结果，施动者从有生命扩展到无生命，他关注的是施动者的论元角色，之后又专门探讨了受事主语句的发展与使役句到被动句的演变，我们知道，施事、受事是以动词为核心的，因此，这里我们将从句子的核心——动词入手，谈谈使役范畴和被动范畴对动词的选择及句子的语义特性，来探讨二者之间的关系。

为了考察使役范畴与被动范畴对动词的选择，我们借鉴当下学者对动词的分类。马庆株（1988）将动词分为自主与非自主动词：“自主动词从语义上说是……能由动作发出者做主，主观决定，自由支配的动作行为。”具有[+意愿]只是成为自主动词的条件之一（张万禾，2008），因此[+意愿]只是自主范畴一部分成员的特征而已。袁毓林（1991）在此基础上，提出可控范畴，即“自由支配的（动作行为）”涉及[+能力]，[+能力]指的就是动作行为的控制能力，这就是可控范畴。把能由动作发出者控制的动作、行为，叫作可控动词。所谓可控，有两种意思：一是动作者可以有意识地发出或不发出某个动作、行为，二是动作者可以有意识地避免某种通常在无意中发出的动作、行为。而“属、姓、懂、昏、知道、病”等这种述人动词，都表示不能由动作者控制（能有意作出或避免）的动作行为，可以叫作非可控动词。我们发现他的分类不仅适用于祈使句，而且具有一定的普遍性，这里我们借鉴他的分类方法，试对进入两种不同使役范畴和被动范畴的动词分别进行考察，以期得到一些新的发现。

琉球官话系列课本中出现在“叫”字使役句中的 V 有很多，如“来、去、抬、拿、挑、捧、讲、吃、睡、寻、做、看、挂、收、传、送、买、坐、住、脱、杀、拣、卖、端、问、设、留、背、称、捞、读、认得、心酸、打扫、修理、收拾、磕头”等，但限于可控动词，没有非可控动词和非述人动词。

琉球官话系列课本中出现在“给”字使役句中的 V 有：

可控动词（多为自主动词）：看、捡、抢、选、领、住、学、亲、带、讲、过、拔贡、去做、磕头、吃烟、欢喜、掌管、收去、敬重、居住、回去

非可控动词：相见、重逢、知道、死

非述人动词：烂

“给”字被动句中的V有：

可控动词：扳、救、住、打、打骂、误、作弄、诬害、笑、取笑、叫、说、求、卷、抱紧、戳进、上船、赶（上岸）、抢去、拣去、做去、偷娶去、钻谋去、定去、拐带、冤枉、魔弄、疑心、损坏

非可控动词：看见、碰见、听见、看破、迷倒、看得好

非述人动词：淹、吹（风）、冲（浪）、打翻、挂吊、败尽

如表4-15所示，琉球官话系列课本中的令致类使役的V都是可控动词（自主动词、非自主动词）；容任类使役的V相对广泛，既可以是可控动词（自主动词和非自主动词），也可以是述人的非可控动词和非述人动词，与被动范畴中主要动词的范围一致。当然，琉球官话系列课本中的V严格来说是个封闭类，但其出现的动词所在的类别则具有相当的普遍性。

“叫”表使役时多有吩咐、支使的意味，“让”表使役时更多的是用于容任类使役，这是语义滞留原则的体现，同时它们在从使役范畴向被动范畴过渡时，带上不同的语体色彩——“叫”多用于低语体，“让”多用于高语体。

使役范畴的V的动作是单向的，指向受事（客体），而被动范畴的V动作是双向的，既指向施事，又指向受事。

表4-15　不同范畴对动词类别的选择

范畴类别		动词类别			
		可控动词		非可控动词	非述人动词
		自主动词	非自主动词		
使役范畴	令致类	+	+	−	−
	容任类	+	+	+	+
被动范畴		+	+	+	+

虽然可控动词可以进入使役和被动范畴，但进入被动范畴的可控动词比使役范畴更加严格，前者必须是及物的，后者及物不及物均可。

以林杏光（1995）对动词所分的类为例，如表 4-16 所示：

表 4-16　格关系与动词的分类

动词类别	自主	非自主	涉及客体	不涉及客体
他动词	+	−	+	−
自动词	+	−	−	+
外动词	−	+	+	−
内动词	−	+	−	+

进入使役范畴的可以是自动词、内动词，也可以是他动词、外动词；进入被动范畴的只能是他动词、外动词。

从句子的语义特性看使役与被动范畴的关系

张国宪（2006）曾使用句位义来分析典型补语的语言线性特性表现，我们这里借鉴他的研究方法，分析使役和被动这两种语法范畴的语义特性：

从主观性角度，句子主语的期待值来看，沈家煊（1999：82）指出，在通常情况下，人们总是希望某件中性的事情（不带好坏偏向）能够实现，并区分了“正向期待”和“负向期待”。可以说令致类使役表达的是施动者的“正向期待”，是规约性的；被动表达的是施动者的“负向期待”，是偶发性的。

表 4-17　使役范畴和被动范畴的语义特性

考察类别	使役范畴		被动范畴
	令致类使役	容任类使役	
情　状	可控①	非可控	非可控
事　态	主观	主/客观	客观
时　制	未然	未/已然	已然

例如：

① 这里的“可控”与“非可控”是指句子中主语对宾语的控制而言，与上文谈到的动词的可控性没有关系。

我叫他打了。

结合表 4-17 进行分析，“我”使令“他”打，则“我”控制“他”，句子的主观性较强，由“我”的意志所左右，一般是未然；“我”容任“他”打，则“我”不控制“他”，句子的主观性减弱，客观性增强，可以是已然，也可以是未然时制；“我”被“他”打，则更不是由“我”所控制，句子陈述已然发生的事实。“让”由他动向自动转变，最终成为介词。“一个句子中，一旦同时出现两个或两个以上的动词短语，语言系统构造的主从关系原则就要发挥作用，对这些动词短语的语义地位予以区分，并使其中一部分动词短语语义降级。”（张旺熹，2004）降级后的“叫、让、给”表示被动关系，实现了从使役范畴向被动关系范畴的认知域转变。“叫、让”由他动动词向自动动词、再由自动动词向被动介词转变，实现了两次降级；“给”则由自动动词向被动介词转变，实现了一次降级。“从他动到自动的嬗变就是从可控到不可控的转变”（张国宪，2006），我们认为从可控到不可控的延伸也是从使役到被动的延伸。

刘永耕（2000b）：“从使令类到容任类，使令度是递减的，词义上所表现出来的行为目的的强制性也是递减的。”杉村博文（2003）将汉语被动句的原型句式义概括为以受事为视角（perspective）叙述意外事件的发生。张国宪（2006）进一步说明“无论是不希望出现还是意外事件，都不是施动者主观控制的结果”。换句话说，被动的结果都不是施动者可控的。

使役范畴与被动范畴是两个有相关语义内容的语义语法范畴；在北方方言中有相同语法形式，在南方方言中有相区别的语法形式。因为南方方言中，“叫、令、让”“给”及与其同形的词在使役范畴中的分工——表令致和容任，是较为明确的。使役者对被使役者的可控度为零，是二者范畴化的过程中的临界点。可控度大于零，则是令致类使役；可控度等于零，则是容任类使役；可控度小于零，则属于被动范畴。我们在此基础上，构拟出“叫”“给”的跨范畴模式（“让”的跨范畴模式将在后文中单独讨论），如下：

“叫”的跨范畴模式

范畴：　　　　　使役范畴 ——→ 被动范畴

可控度：　令致类使役 ＞0＝ 容任类使役　＞　被动

“给”的跨范畴模式

范畴：　给予范畴 ——→ 使役范畴 ——→ 被动范畴

可控度：　给予　＞　0＝　容任类使役　＞　被动

从以上语义特性我们可以看出，被动范畴与使役范畴的容任类使役语义特性更加近似，二者关系较被动和令致类使役的关系更为密切。

从语法化的扩展效应及窄化效应看使役与被动范畴的关系[①]

语法化项“实词性成分>虚词性成分”的演变是一个语义不断泛化（generalize）的过程，其结果必然是能够与之相结合的成分类型越来越多，即一种扩展（彭睿，2009）。同构项类型的扩展可以跨范畴而存在。容任类使役到被动属于同构项跨范畴的扩展，从语法化项所在的环境看，语法化域 V 的类别发生了扩展，数量增加，但同时也伴随了与其他成分关系的语法化项的窄化效应，即 V 在自主动词类别中的选择自由度变小，即原来在使役范畴可以使用的自主动词，在被动范畴中就不成立了。

从象似性原则看使役范畴的二分及与被动范畴的关系

令致类使役受动者与施动者结构关系紧密，停顿一般在受动者之后，容任类使役受动者与施动者结构关系不大紧密，而与之后的 V 结合更为紧密，因此停顿一般不在受动者而在施动者之后。黄锦章（2004）利用象似性原则指出：“在大部分情况下，两个句法成分之间结构关系

① 按照兰艾克（Langacker，1977）的定义，重新分析是不改变表层显示的对底层结构的改变。哈里斯（Harris）等学者认为，重新分析是改变一个句法结构内在关系的机制。句法结构内在关系的改变涉及的方面主要有：结构成分、结构层次、成分的词性、成分之间的语法关系、结构的整体特性。从使役范畴到被动范畴当然是重新分析，我们在此暂不讨论。

越紧密，形式距离便越近，能产性也越小；反之亦然。”从令致类使役到容任类使役，施动者与受动者两个句法成分之间的结构关系变得不大紧密，形式距离变大，导致的结果有二。一是能产性变大，因为与之相结合的 V 的类别范围在扩大——从可控动词到非可控动词、非述人动词。二是两种使役在否定的语法形式上也存在着明显的不同：否定式令致类使役的否定词多在后；而容任类使役与被动一样，否定词都在前。

关于“让”的问题

值得注意的是“让”的令致类使役的崛起。《小》之前的“让”多用为“谦让”“让请”义，即使出现在兼语句中也表现的是弱使役义，后面的动词多是“坐、吃”等。《小》的“让”超越了“叫”成为使役范畴的典型成员，与之相平行的是“让”的被动用法（25 例）也自《小》突飞猛进[①]。据此，可能“让”的被动用法与其令致类的用法有关。因为“让”出现为数不少的容任类使役时并没有出现被动用法，大量使用被动用法是从《小》开始的，并且此时令致类使役与容任类使役的比例接近 5∶1。被动的崛起可能与令致类使役的激增有关。

江蓝生（2000）、蒋绍愚（2003）均从汉语内部自身发展演变探讨使役与被动的关系，江蓝生认为与阿尔泰语系诸语言的影响没有关系；蒋绍愚则没有排除双语或多种语言接触的影响在这一演变过程中可能发生的推动作用。刘永耕（2000a）认为“让”的致使义是由容许义发展而来的。该文并没有提供“让”致使义来自容许义的证据，也没有从历史上考察两种意义的发展关系。我们考察了文献资料，在语言事实的基础上，认为其观点有一定的道理，江蓝生（2000：228）曾谈到“与”自先秦就从给予义引申出容许、许可义，又由容许义引申为让、使义，从而用如一个使役义动词。“让”也可能类化——由容许义发展出致使义。但和“与”不同的是，“与”表示被动的用例在先秦文献中少见，到唐以后才常见，而“让”的被动用法与其致使义的激增是平行的，与容任类使役相比，被动与令致的关系似乎更为密切，“让”的

① 据石毓智（2005）的考察，认为“让”的被动用法最早见于 20 世纪 40 年代老舍的小说中，这显然是不符合汉语的事实的。

被动很有可能不是如石毓智（2005）所说，从它在兼语式的“容任”用法直接发展而来的。另外从历史文献中，我们发现在其容许义已经相当成熟的时期，被动并没有出现，反而与其致使义的大量出现有关。即或许“让”的发展并非是对“教（叫）”发展过程的复制，因为二者最开始的语义基础并不一致。

“清代北京官话‘叫’的使役义出现频率远远高于被动义；‘让’的使役义用例在 18 世纪中期就已大量出现，其被动义用例则在 19 世纪末才出现，这说明了一个事实：‘叫、让’先有使役义，后有被动义。”（李炜、濑户口律子，2007）据我们的考察，“让”表被动出现之前是容任类使役占绝对的优势，表被动时令致类使役才取而代之，在使役范畴中占优势地位。为何被动没有在容任类使役发展成熟之际产生，而却与令致类的突增并进发展？

可能性一：

我们在阿尔泰语系诸语言中，发现有这样的现象，使役范畴的两个下位范畴使用不同的语法手段：表令致类的使役在阿尔泰语系诸语言中使用的是使动态，表容任类的使役在阿尔泰语系诸语言中使用的是祈使式，而表被动使用的是与使动态一致或相近的被动态形式。也就是说，阿尔泰语系诸语言中的令致类使役与被动的关系更为密切，容任类使役与被动几乎没什么关系。如：

锡伯语[①]表容任类使役的附加词尾成分是-kiə；表令致类使役的使动态和被动态的词干附加成分均是-və/-vu，如：

bi　audun　bitxə　ɑrkiə!

我　保证　书　写

让我写个保证书吧。

ʂanbau　tərəv　tua　tɛvxəi

善保　他　火　点

善保让他点上火儿。

χonin　yxud　ʥavəvχəi.

羊　狼　抓

① 锡伯语参考了李树兰、仲谦（1986：74-75，83-84）。

羊被狼抓了。

维吾尔语[①]表容任类使役用式的手段，附加词尾，单数后加-j/-ɑj/-εj，复数加-jli/-ɑjli/-εjli；令致类使役和被动都是使用态的手段，如：

søzlε-j

（让）我说吧

tεsir—tεsir-lεn—tεsir-lεn-dyr

影响　被影响　　使影响

蒙古语也是在表容任类使役时，使用的是祈使式手段，对词尾进行变化；而令致类使役和被动都是使用态的手段，对词干进行变化[②]。

满语的使动态与被动态的形式也是一致的。阿尔泰语系的蒙古语、满语、锡伯语、维吾尔语中的令致类使役与被动有密切的关系，而与容任类使役的关系不大，这与“让”表被动和令致类使役齐头并进的态势似乎存在着平行的关系。但是我们还需要更多的证据来证实我们的推测。

可能性二：

蒋绍愚（2005：82）提出了“相因生义”，即：

“相因生义”指的是甲词有 a、b 两个义位，乙词原来只有一个乙 a 义位，但因为乙 a 和甲 a 同义，逐渐地乙词也产生一个和甲 b 同义的乙 b 义位。

“叫”有致使义、命令义、容许义、听任义，还有被动义；“让”有致使义、命令义、容许义、听任义，其后由于“相因生义”，类推出被动义也不是没有可能。

4.4 小结

4.4.1 南北方言给予动词的类型学表现

南方方言表达给予义使用的是弱化动词而不是介词（即与给予动

① 维吾尔语参考了赵相如、朱志宁（1986：82-84，100）。

② 蒙古语参考了特图克（1997）。

词同形的词不可以作为介词），虽然有不同的形式——“拨、畀、分、拿、乞”等，但不管具体是哪个词，它们在功能及语序分布上表现出一致性——“拨（畀/分/拿/乞）+N_2”分布在主要动词之后，表达给予义，没有在主要动词之前的用法。而在表达与事范畴服务义和意志义时，使用的是另一个专表与事范畴三大类关系八小类意义的介词①,在不同的方言中使用不同的介词——“搭、同、共”等，在琉球官话课本中使用“替”，不使用“给”或与“给”同形的词。南方方言的“给”还有使役动词、被动介词的用法，这在学界已成为公认的事实。应当注意的是，闽吴粤客等南方方言都不存在用“给”表给予、使役和被动的用法，用“给”表给予、使役和被动是汉语南方共同语层面的用法（李炜，2004）。

南方少数民族语言在与给予动词同形的词兼表使役、被动方面与南方方言有着类型上的一致。而在以北京话为代表的北方方言中，S_3 中的“给”是个介词，表达的是给予义的终点，而给予义本身也可以看成是受惠义，因为主体得到受体本身就是一种受惠。朱德熙（1979）认为“在这类句子（即 S_3），给予的意义老是伴随着服务的意义一起出现，其中的 N’（即受物者 N_2）可以看成是受者，也可以看成服务的对象。……给予本身就可以看成一种服务”。李炜、和丹丹（2009）也认为“给 N_2”在动词之前时，应将“给”看作表服务义的介词，它同时能表达给予义则是其下位意义。我们同意朱德熙和李炜的看法，把给予义作为服务义的下位义。同时，服务的对象也可以看作是动作的对象，介词“给”除了可表达与事范畴的服务义和意志义，还可表达指涉关系，但不可表达相与关系。

在典型的给予句中，“给”作为终点标记位于主要动词后符合顺序的原则，但为何北方话的“给+间接宾语”破坏了这一原则，置于主要动词之前作受益介词和指涉介词呢？李炜、和丹丹（2009）将北方方言的 S_3 与阿尔泰诸语进行了比较，发现在蒙语、锡伯语、满语、维吾尔语中表示受益的格均位于主要动词之前，与北方方言的词序分布

① 不同方言中的与事介词形式各异，但在本方言内部均存在同一个介词通表与事范畴的受益关系、相与关系和指涉关系，见李炜、王琳（2011）。

有相似之处，表示受益的格形式也相当于汉语受益介词“给”之义，这是一种新兴的解释，为我们打开了新的视野。

因此，同样是“给”，在南北方却“花开两朵，各表一枝”。

北方方言的“给”：给予动词——弱化动词（作词内成分）——受益介词、指涉介词——助词

南方方言的“给”[①]：给予动词——弱化动词（作词内成分和分离式弱化动词）——使役动词——被动介词

然而，在以甘、宁、青、新为代表的西北方言中，“给”的用法则更为“泛化”，西北方言的“给”除了具有北方方言中受益介词、指涉介词的用法，另外还有主要动词后的不同于普通话的用法，李炜早在1987年就对兰州方言的“给”字句进行了研究，注意过特殊的“给”。王森、王毅（2003）列举了甘宁青新方言中“给”的9类18式，我们在他们分类的基础上，也对兰州方言、敦煌方言、西宁方言等西北方言进行了调查，整合归纳出两种有特殊用法的“给”。

第一组：加强主要动词有界性的“给”。

兰州方言的“给”用在主要动词后，且出现在有完成义的句子中，加强主要动词的有界性，如：

我把书给那给了。（我把书给他了。）

我给那取给了一百块钱。（我给他取了一百块钱。）

我给那炒给了几个鸡蛋。（我给他炒了几个鸡蛋。）

敦煌方言也有这样的“给”（刘伶，1988：221）：

钱给给咧没有？（钱给了他没有？）

给给一个耳光子！（打了一个耳光子！）

西宁方言也有这样的“给”（张成材、朱世奎，1987：284，286）：

牲口饮给了。（牲口饮过了。）

青稞种给了几百亩啊。（青稞种了几百亩。）

把肥料背给了几背篼。（把肥料背了几背篼。）

脚叫石头碰给了一挂。（脚被石头碰了一下。）

---

① 这里的“给”代表给予义动词，在不同方言中有不同的动词形式。

我们俩扎儿喧给了一挂。（我们俩在这儿聊了一会儿。）

东干话（林涛，2005）中也有平行的表现[①]：

他倒哩一盅子酒，给我给给哩。（他倒了一盅酒，给我了。）

他把回答给给哩。（他回答了。）

把卖油的叫一个人搂打给哩一棒。（卖油的被一个人打了一棒。）

为了方便称述，我们将以上划线部分的“给”称为“给 $_3$”。关于“给 $_3$”的性质一直存在着争议，龙果夫（1958：114）认为这样用法的“给 $_3$”是“半虚词性的派生动词”。杨欣安（1960）认为是介词，向若（1960）认为是助词，朱德熙（1979）认为是动词，施关淦（1981）认为还可分为动、助两类。

第二组：加强祈使句语气的“给”。

兰州方言的“给”还可以放祈使句主要动词之后，以加强祈使的语气，如[②]：

书桌子上放给！（书放在桌子上！）

箱子床底下塞给！（箱子塞到床底下！）

墙上挂给！（挂在墙上！）

盆子里头搁给！（扔到盆儿里！）

药凉下了，快些喝给！（药凉了，快点喝！）

敦煌方言也有这样的“给”（刘伶，1988：221）：

还有肉吗？割给些！（还有肉吗？割点儿！）

汤不酸，倒给些醋！（汤不酸，倒点儿醋！）

西宁方言也有这样的“给”（张成材、朱世奎 1987：284，286）：

把奈一本我哈接给个！（把那本书给我递一下！）

把家叫给！（叫他一下！）

把你麻烦给个！（麻烦你一下！）

你去喊给个煞！（你去叫一下吧！）

你我们哈帮助给个！（你帮帮我们吧！）

---

① 以下前四个例句转引自李炜（1987）。

② 除了西北方言，东干语中也有语法功能和语义分布极为泛化与西北方言表现一致的“给”，东干人从陕、甘西迁是 1876 年，说明至少在那时西北方言的“给”已经“泛化”了。

娃娃们明天休息给！（让孩子们明天休息！）

如何看待这些用法如此丰富的“给”？王森、王毅（2003）认为“给”的种种用法都是在句子的动态中呈现的，是句式、动词和语用的综合诱发使然，是动词“给”在共时条件下的一种泛化，不是历时条件下的虚化过程。他们认为由于“给”的后置导致了大量“把/给”字句（指 V 前有介词“把/给”的句子）的产生；同时又认为“把/给”字句的频繁使用又促使“给”自身再次分化，即由表示甲类“给予某物”向乙类、丙类引申，表示动作，再由此走向泛化。他的论证过程我们认为很有道理，但似乎无法解释除西北方言之外其他方言缘何没有泛化的“给”的问题。我们不妨换个角度来思考。

我们在阿尔泰语系诸语言中，发现了有相当于西北方言中泛化的“给”的成分。请看：

第一组：

我们在蒙古语、满语、锡伯语、维吾尔语中，发现了主要动词之后也有类似于西北方言中“给$_3$”的成分，如：

蒙古语[①]：

pi tʰəkun- tu nikə nɔm ok-pə.[②]

我 他-向位格 一 书 给-过去时

我给了他一本书。

pi tʰəkun- tu nikə nɔm xʊlʊkaila-ʧʊ ok-pə.

我 他-向位格 一 书 偷-并列连接式 给-过去时

我给他偷了一本书。

pi tʰəkun- tu nikə nɔkɔka xakʊr-ʧʰʊ ok-pə.

我 他-向位格 一 菜 炒-并列连接式 给-过去时

我给他炒了一盘菜。

① 少数民族的句例由中央民族大学的季永海教授、高莲花老师及新疆语委办的郭庆书记提供，谨致谢忱。

② 事实上，在我们所调查的蒙古语、满语、锡伯语、维吾尔语中，也存在与 S_2 结构平行的句子，即受者 N_2 分布在 N_3 之后。但调查者表示，与事宾语及与位格在前的更自然、更常用。

满语：

pi tərə tə əmu təptʰəlin pitʰxə pə puxə

我 他 一 本 书 给了

我给他送了一本书。

pi tərə tə əmu təptʰəlin pitʰxə pə χuɹχamə puxə

我 他 一 本 书 偷 给了

我给他偷了一本书。

pi tərə tə əmu aliqʰu soki pə tʂʰaulamə puxə

我 他 一 盘 菜 炒 给了

我给他炒了一盘菜。

锡伯语[①]：

tʰər mintʰ əm təvtʰəlin pitʰkəv puxw

他 给我 一 本 书 给了

他给我送了一本书。

tʰər mintʰ əm təvtʰəlin pitʰkəv χuɹʁuam puxw

他 给我 一 本 书 偷 给了

他给我偷了一本书。

tʰər mintʰ əm mor pətav urwvəm puxw

他 给我 一 碗 面 做熟 给了

他给我下了一碗面。

维吾尔语：

u maŋa bir kitap bɛrdi

他 我 一本书 给了

他给我送了一本书。

u maŋa bir kitap oʁrilap bɛrdi

他 我 一本书 偷 给了

他给我偷了一本书。

u maŋa bir qatʃa aʃ selip bɛrdi

他 我 一 碗 面 下 给了

① 口语语体的满语材料由于几近消亡而难以调查到，我们所能见到的满语材料又多为书面语语体，与口语语体有较大的差距。锡伯语则是满语口语的继承和发展（贺灵，2001）。

他给我下了一碗面。

每小组句子的“送”“偷”“炒（做）”分别代表了[+给予][+取得][+制作]三种类型的动词，在蒙古语、满语、锡伯语、维吾尔语中作为主要动词，它们的后面均有“给”。据我们的调查，蒙古语、满语、锡伯语、维吾尔语“说”类动词的后面也均有相当于“给”的成分，这与兰州方言、敦煌方言、西宁方言等西北方言主要动词之后有“给”的现象是完全平行一致的。

第二组：

我们在蒙古语、满语、锡伯语、维吾尔语中找到了与兰州方言、西宁方言平行的用于祈使句中加强祈使句语气的、与“给”音近的用法，是通过在动词后添加一定的附加成分来表示的。如：

蒙古语委婉的命令式用附加成分-aatag/-əətəg/-cctcg/-ootog 表示，如（道布，1983：48）：

nadad　taarmaariig　naaʂaa　og-ootog！

　我　　　适合　　　往这边　　**给**

请把我穿着适合的递过来吧！

表说话人劝阻听话人或第三者进行这个动作或进入这个状态。附加成分是-laggɷe/-ləggue/-lcggɷe/-loggue。如（道布，1983：51）：

tər　xund　og- loggue！

那　　人　　　给

用不着给那个人！

锡伯语（李树兰，仲谦 1986：85）在动词词干后接动词的附加成分-kiə 表示说话人自愿要求或请求听话人做某事，后接-kin 表示说话人命令进行某种行为。如：

məs landʐəutɕi gən-**kiə**

咱们　兰州　　去**给**

咱们到兰州去吧！

bəi　dirxid tə-**kiə**！

您　　　上　坐**给**

请您上坐！

minj bod dʑif tʂai œm-**kiə**

我　家 来　茶　喝**给**

请到我家来喝茶吧！

fə　utwkuv　utu-**kin**！

旧　衣服　　穿

（让他）穿旧衣服！

东乡语（刘照熊，1981：62）表达说话人希望别人来进行某项活动的标志是-giə。如：

hə　ənə　uiliəni　giə-**giə**！

他　这　事　　做！

让他做这件事情吧！

hə　ətʂɯ-**giə**！

他　　去！

让他去吧！

东部裕固语（照那斯图，1981：50）

danda odo　taŋsa　uvui　wai , tsə　danda　nive　tagsa　tal-dʒə　**og**.

我　现在 主意　没有　是　你　我　一个　主意　放　给

我现在没有主意，你给我出个主意。

东部裕固语（照那斯图，1981：33）

mulas　naad-**gani**！

孩子　　玩

让孩子们玩吧！

这刚好和西北方言分布于主要动词之后、意义泛化的“给”是平行一致的。而且这些语言主要动词之后的读音也是恰好与“给”在西北方言中的读音近似。

综上所述，汉语在使用“给”的类型上，可以分为以下三种：第一种是以西北方言为代表的，使用过度泛化“给”的类型；第二种是以北京话、中部方言为代表，在主要动词前表示受益、指涉的“给”的类型[①]；第三种是以南方方言为代表，使用与给予动词同形的词，

① 北京话的“给”虽然有处置、使役的用法，但不是主要用法，而且表使役的用法很可能是受到南方官话的影响（李炜，2002b）。

走“给予-使役-被动”语法链条的类型。西北方言的“给”不适合看作语言内部语法、语义泛化的结果，似应从语言接触的角度来考虑问题。有学者（张惠英 2005：111）针对南方方言“给予-使役-被动”的路径，提出过南方汉语与南方少数民族语言接触，我们认为也是一种思路。

据李炜、和丹丹（2010）的研究，北京话助词“给”语法化的句法环境依次应为：由动词“给”构成的给予句→由弱化动词“给”构成的给予句→与事介词“给”和其后的 N_2 在主要动词前→与事介词“给”和其后弱读的“它”在主要动词前→“给”（即助词）直接附着在主要动词前，语法功能是作焦点标记的。而琉球官话课本的“给”没有“给予义→服务义→指涉义”“受物对象→受益对象→关涉对象”的语法链，因此无从谈起用作助词的“给”。

北方方言的“给”：

语法意义的变化：给予义→服务义→指涉义

与事的变化：受物对象→受益对象→关涉对象

动作行为主动权的变化：$N_1 \rightarrow N_1 \rightarrow N_1$

南方方言与“给”同形的给予动词：

语法意义的变化：给予义→使役义（容让义）→被动义

受事的变化：实物→动作→结果

动作行为主动权的变化：$N_1 \rightarrow N_2 \rightarrow N_2$

“给”在清代大量使用，取代了“与”的给予动词及弱化动词用法，这在南北方是相同的；“给”在北方亦取代了“与”的受益介词用法，没有取代使役动词和被动介词的用法，这两种用法的“与”可由其他词来表示；“给”在南方取代了“与”作使役动词和被动介词的用法，但没有取代“与”受益介词的用法，受益代词“与”可由其他词来取代。这和“与”的多种语法功能和意义有关：“与”可以作动词、介词和连词，在相同的句法格式中可能会产生歧义，如“S_1+与+S_2+VP”，其语义有几种：既可以认为“与”是连词，VP 由 S_1 和 S_2 共同发出；也可以认为“与”是使役动词，VP 由 S_2 发出；还可以认为“与”是受益介词，VP 由 S_1 为了 S_2 而发出。当语言中一种语法形式承担太多的语义功能时，要么将部分功能转让给其他形式，自身还得以保留；

要么全部转让给其他形式，自身消解。南方方言走的是给予动词（包括弱化动词）、使役动词、被动介词的道路；北方方言走的是给予动词（包括弱化动词）、受益介词、指涉介词的道路，可谓“花开两朵，各表一枝”。因此可以说，“给”的词义虚化和“S_1+给+S_2+VP”句式结构的重新分析在南北方选择了不同的道路。在与事介词部分，我们已经谈到北方话与事范畴的表达不排除受到阿尔泰语系诸语言的影响，那么北方话使役兼表被动的情形呢？事实上，据李炜的考察及我们的统计，汉语北方话使役兼表被动的词主要是用“叫、让”[①]，一段时期内很少使用“给”。而北京话能在后来短短的几十年中迅速、大量产生“给”表被动的用法，应当与南方官话密切相关（李炜，2004）。

“给”在南北方走的是两条平行发展的路线。南方的“给”作主要动词表给予、使役义；居于主要动词之后作弱化动词，引进以“给予”为代表的动作对象。北方的“给”作主要动词和弱化动词，仅表给予义；居于主要动词之前作受益介词和指涉介词，引进动作的受益和指涉对象。从“给”的发展路线，结合处所成分、程度成分等其他重成分来看，南方方言引进对象成分的“给”也是其顺行结构的表现，置于动词之后表动作对象与北方方言的“给”置于动词之前表动作对象形成对立。

汉语使役兼表被动的结果从何而来？学界主要存在以下三种看法：以罗杰瑞（1995）、桥本万太郎（1987）为代表的学者认为汉语使役兼表被动是阿尔泰化的结果，因为至今在汉语南北方言中仍存在类型上的差异；以江蓝生（2000）为代表的学者认为是以动词兼表被动是汉语自身发展的结果，与阿尔泰语系诸语言的影响没有关系；以蒋绍愚（2003）为代表的学者从汉语内部自身发展规律来探讨汉语被动句是使役句的重新分析，是“功能扩展”的结果，但他没有排除这个过程受到外族语的影响和推动。以李炜为代表的学者认为汉语南北方

① 据李炜、濑户口律子（2007），《官》《白》《学》中已出现不少表使役义的“叫”（但没有出现表被动义的“叫”），出现次数分别为 13、18、22，超过了表使役义的“给”且呈递增趋势，我们考察了琉本《人》，发现也存在一定数量的使役“叫”。但二者的侧重有所不同：“叫”大多表支使（吩咐）义，少数表容许义和致使义，句前主语（一定是施事主语）常常出现；相反，“给”不表支使（吩咐）义，有些句子的容许义还混合着些许给予义，句前主语常常不出现且往往无法明确补出。“叫、让”表使役不在我们讨论的范围之内，容以后另文再谈。

使役、被动的表达有着类型学的差异，南北方汉语的发展是不均衡、不同步的，甚至在道路方向上存在差异。这里有个问题，蒋绍愚认为“给”字句是和“被”字句比照，类推为被动句的。但是我们发现“被”字句在南方方言中的用法并不像在北方话中常见，“被”是一种更为书面的表达，我们很难想象“给”与“被”之间的类推关系。我们认为这和“给”强大的语义适应性有关，并不一定是由“被”类推而来的。语义适应性是语义语法化的一部分，语法化不仅包括形式上的语法化，也包括语义上的语法化。例如图 4-1 所示：

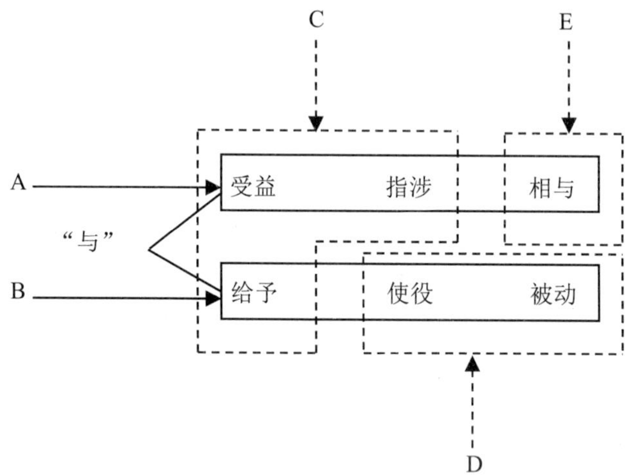

图 4-1　古汉语中“与”的语义图

A 代表琉球官话课本、南方方言、南方少数民族语言中的与事介词“替、搭、同、共”等的语义区域；

B 代表琉球官话课本、南方方言、南方少数民族语言中的给予动词“给、俾（畀）、分、互、度、传、乞”等的语义区域；

C 代表北方方言的“给”、阿尔泰语系的蒙古语、满语、锡伯语、维吾尔语的与位格的语义区域；

D 代表北方方言的“叫、让”、阿尔泰语系的蒙古语、满语、锡伯语、维吾尔语的使役、被动相关语义区域。

E 代表北方方言的“和、跟”、阿尔泰语系的蒙古语、满语、锡伯语、维吾尔语的造-联合格相关语义区域。

古汉语中“与”的第二路径在南方方言中被很好地保留了下来，被与“给予”义同形的词替代，第一条路径则被可兼作连词的介词替代。而“与”的第二条路径在北方方言中没有相应的表现，第一条在北方方言中也没有完全的继承，表示给予义的动词在北方方言中仅表受益和指涉。

4.4.2 从“给”再看“官话”的性质

在“给”的使用方面，据吕叔湘（2001：226-227），普通话既可以作给予动词弱化动词、受益介词、指涉介词、助词使用，同时也可以作使役动词和被动介词使用。因此，普通话的“给”是南北两种官话“叠加”或“杂糅”的结果，其结果明显地表现为：我们既能看到北方官话的成分——表给予、受益、指涉，甚至作助词使用；同时又能看到南方官话的成分——表给予、使役、被动。当然，普通话是以北方方言为基础方言的共同语，其北方官话的成分占有更多的比重，即在表给予、受益、指涉和助词方面，更显示出优势。由于存在强势的“让”字使役、被动句，“给”在普通话中通常充当“候选者”的角色。

第5章 结 论

5.1 主要结论

本书从具有多种语法语义功能的词“得”“替”“给”的角度对琉球官话课本语言性质、官话的性质进行了再认识，现将主要观点总结如下：

5.1.1 再次印证琉球官话课本的“南方官话”性质

琉球官话课本中的“得”既可以作实义动词、助动词，还可以作较为虚化的动相补语、动态助词以及程度/状态补语标记、能性补语、能性补语标记，体现出语法语义上的多功能性，保留了“得”在汉语史发展过程中的各个层次，这与当时北方官话、北京官话、中原官话、现代北方方言存在着不同，而与当时的江淮官话、现代南方方言“得”的情形相一致，因此，在“得”的语法语义多功能表现上，琉球官话课本体现出南方方言的特征。而且，在否定式的使用、宾语与补语的位置、强化式的使用方面，均与当时北方官话、北京官话、中原官话、现代北方方言存在着不同，而与当时的江淮官话、现代南方方言“得”的情形相一致，表现出南方方言特征。不仅如此，“得”所在的能性范畴在琉球官话课本中可以用“得”来通表，而在当时的北方官话、北京官话、中原官话中的“得”不可以或极少可以，因为后三者倾向性地使用助动词、能性述补结构等多种手段来表示，能性范畴的通表在现代南方方言中存在，因此，在能性范畴的下位义表现情形上，琉球官话课本也体现出南方方言特征。

琉球官话课本的“替”可以通表与事范畴三大类关系八小类意义，这与当时的北方官话、北京官话、中原官话、现代北方方言不同，而与当时有南方方言色彩的文献、现代典型的南方方言存在可通表与事范畴介词的情形相一致，因此，在与事范畴的通表性方面，琉球官话课本具有南方方言特征，但琉球官话课本没有选择现代南方方言所使用的各种不同的词形，可见“替”是高于各个方言词的官话层面的表达，是“南方官话”性质的表现。立足于此，联系汉语史语料及现代方言事实，对“替”的历时演变进行了重新的梳理，并对其语法化的过程提出新的拟测，即“受益—指涉—相与”，并对这一过程进行了论证。

琉球官话课本的“给”有给予、使役、被动的用法，与当时北方官话、北京官话、中原官话、现代北方方言存在着不同，而与当时的江淮官话、现代南方方言“给”的情形相一致，表现出南方方言特征。在前人研究的基础上，将南北类型语料中的“给”进行比较研究，进一步解释和论证“给”表“给予-使役-被动”的各个环节。认为有必要区分词汇义和句式义，指出复杂给予句的地域分布特点，在给予到使役环节起到的桥梁作用。在前人的研究基础上，进一步推进使役和被动的关系，将使役层面下位义进行分化，通过汉语史和方言事实证明容任使役是发展出被动的关键环节，并结合对动词的选择性、句子的语义特征、语法化的扩展效应、象似性原则等方面探讨使役范畴与被动范畴的关系。

5.1.2 三大范畴在南北方言及少数民族语言中存在类型差异

琉球官话课本和南方方言在“得”“替”“给”及其相关范畴的表现上与南方少数民族语言类型上一致，而与北方方言及阿尔泰语系诸语言的表现类型上存在差异，这为以往注重从语序类型学角度观察汉语事实的学界提供了一种语义类型的新视角。具体而言：

“得”的多种功能在北方方言及阿尔泰语系诸语言中用不同的语法手段及形式来表示，它们没有像古汉语、琉球官话课本、南方方言、南方少数民族语言一样，可用“得”来通表。“替”的多种功能在北方方言及阿尔泰语系诸语言中也是通过不同的语法手段及形式来表现的，不仅没有像古汉语、琉球官话课本、南方方言、南方少数民族语言一样，可用某个语法形式来通表，且北方方言及阿尔泰语系诸语言的与事范畴在语法功能、语义分布上表现出惊人的“平行性”。“给”的“给予-使役-被动”模式承自古汉语的“与”，在琉球官话课本、南方方言、南方少数民族语言中均存在，而“给”在北方方言尤其是西北方言及阿尔泰语系诸语言中，则表现为“给予—受益—指涉—终点格、实现体标记”的路径模式。

5.1.3 普通话兼具“最大公约数”与“最小公倍数”的性质

李丹丹（2008）将“官话”的性质概括为超地域性、地域性、模糊性，并将官话之间的共同特点称为“最大公约数”。由于“官话”是通行于某地区的共同语，因此，在相对一定的范围内具有超地域性，是“公约数”；同时，“公约数”的提取又体现出既定范围内的地域色彩，如南方方言的“得”、北方方言“了”等。那么我们将现代汉语共同语普通话称为“最大公约数”，是否符合普通话的实质呢？

“最大公约数”着眼点是“你”“我”的共同之处，如“替”在北方以表达受益为主，即使南方有其他的用法（表指涉关系等），但普通话也仅表达受益关系，而不表相与关系、指涉关系，这点可以说明其“最大公约数”的性质。但如果仅将普通话的性质概括为“最大公约数”，似乎有些限制了普通话。我们认为，“最小公倍数”则更能体现出“你中有我，我中有你”的包孕性，是“你”“我”在高层次的叠加，如在表达能性范畴方面，能性肯定义、否定义分别杂糅使用助动词、能性述补结构两种不同的手段；表达与事范畴方面，普通话杂糅使用了多在南方官话色彩语料中使用的“和、同”，以及多在北方官话色彩语料中使用的“跟”；“给”的使用方面，杂糅了表给予、受益、指涉、作助动词的北方官话成分和表给予、使役、被动的南方官话成分。“给”在现代汉语普通话中的用法实质上是南方官话与北方官话叠加的结果，如果是“最大公约数”，似乎就只能提取“给予”这一项了。因此，我们认为普通话应兼具“最大公约数”与“最小公倍数”双重性质，在一定范围内具有“最大公约性”,同时作为最高层次的共同语具有“最小公倍性”,这样的概括更能体现出普通话作为最高层次的官话兼收并蓄的实质。

5.2 展望

琉球官话课本中特殊的、能够反映语言类型差异的现象远非这三个词，但这三个词足以管中窥豹，呈现给我们南北语言的类型差异，促使我们对“官话”的地域性、层级性进行更进一步的认识。从语言类型学、语义地图的角度来研究琉球官话课本中的语言现象，这只是一个开始。

与表义的多功能性密切相关的是语言的属性。相比形合型的印欧语，汉语是意合型语言，这是从整体而言。然而汉语的意合性在南北方的表现并不一致，如本书所关注的琉球官话课本和南方方言中的“得”“替”“给”的表义功能是多样化的，其具体的意义多依靠具体的背景语境、上下文（所修饰的主要动词）来区分，说明琉球官话课本与南方方言的意合性有较强的一致性，同时再次证明了琉球官话课本的南方方言性质；北方方言表示同样的语法语义范畴时则用不同的形式加以区分，其意合性相对琉球官话课本和南方方言较弱。因此对汉语意合性的进一步研究也将是我们今后关注的一个重要方面。

参考文献

[1] 白维国. 近代汉语中表示动态的助词“得”（的）[C]. 近代汉语研究（胡竹安、杨耐思、蒋绍愚，编）. 北京：商务印书馆，1992：235-242.

[2] 北京大学中文系语言教研室. 汉语方言词汇[M]. 北京：语文出版社，1995.

[3] 贝先明，向柠. 浏阳方言的介词[C]. 湖南方言的介词（伍云姬，主编）. 长沙：湖南师范大学出版社，2009：46-59.

[4] 曹志耘. 金华汤溪方言的动词谓语句[C]. 动词谓语句（李如龙、张双庆，主编）. 广州：暨南大学出版社，1997：39-57.

[5] 曹志耘. 金华汤溪方言的介词[C]. 介词（李如龙、张双庆，主编）. 广州：暨南大学出版社，2000：60-77.

[6] 曹志耘. 汉语方言地图集（语法卷）[M]. 北京：商务印书馆，2008.

[7] 曹广顺. 近代汉语助词[M]. 北京：语文出版社，1995.

[8] 巢宗祺. 广东连南油岭八排瑶语言概要[M]. 上海：华东师范大学出版社，1990.

[9] 巢宗祺，余伟文. 连南八排瑶语[M]. 广州：中山大学出版社，1989.

[10] 陈晖. 涟源桥头河方言的介词[C].《湖南方言的介词》（伍云姬，主编）. 长沙：湖南师范大学出版社，2009：200-212.

[11] 陈满华. 安仁方言[M]. 北京：北京语言学院出版社，1995.

[12] 陈前瑞，王继红. 南方方言“有”字句的多功能分析[J]. 语言教学与研究，2010（4）：47-55.

[13] 陈章太，李行健. 普通话基础方言基本词汇集[M]. 北京：语文出版社，1996.

[14] 陈泽平. 福州方言的介词[C]. 介词（李如龙、张双庆，主编）. 广州：暨南大学出版社，2000：101-121.

[15] 陈泽平. 试论琉球官话课本的音系特点[J]. 方言，2004（1）：47-53.

[16] 崔山佳. 近代汉语语法历史考察[M]. 武汉：崇文书局，2004.

[17] 崔振华. 益阳方言的介词[C].《湖南方言的介词》（伍云姬，主编）. 长沙：湖南师范大学出版社，2009：156-168.

[18] 戴浩一. 时间顺序和汉语的语序[J]. 当代语言学，1988（1）：10-20.

[19] 道布. 蒙古语简志[M]. 北京：民族出版社，1983

[20] 丁加勇. 隆回方言的介词[C]. 湖南方言的介词（伍云姬，主编）. 长沙：湖南师范大学出版社，2009：213-230.

[21] 丁声树. 现代汉语语法讲话[M]. 北京：商务印书馆，1980.

[22] 邓永红. 桂阳土话的介词[C]. 湖南方言的介词（伍云姬，主编）. 长沙：湖南师范大学出版社，2009：70-84.

[23] 董秀芳. 现实化：动词重新分析为介词后句法特征的渐变[C]. 语法化与语法研究（四）（吴福祥、崔希亮，主编）. 北京：商务印书馆，2009：23-35.

[24] 董正谊. 攸县方言的介词[C]. 湖南方言的介词（伍云姬，主编）. 长沙：湖南师范大学出版社，2009：34-45.

[25] 范晓. 论“致使”结构[C]. 语言研究和探索（十）（《中国语文》杂志社，编）. 北京：商务印书馆，2000：135-151.

[26] 范晓蕾. 语义地图的解析度及表征方式——以“能力义为核心的语义地图”为例[J]. 世界汉语教学，2017：194-214.

[27] 方平权. 岳阳方言的介词“尽”与“驾”[C]. 湖南方言的介词（伍云姬，主编）. 长沙：湖南师范大学出版社，2009：144-155.

[28] 冯春田. 近代汉语语法研究[M].济南：山东教育出版社，2000.

[29] 符昌忠. 海南村话[M].广州：华南理工大学出版社，1996.

[30] 符昌忠. 村语动词的虚化和体标记[J]. 民族语文，2006（6）：24-28.

[31] 傅书灵.《歧路灯》“叫”字句考察[J]. 周口师范学院学报，2007（4）：120-124.

[32] 高名凯. 汉语语法论[M]. 北京：商务印书馆，1986.

[33] 葛剑雄. 简明中国移民史[M].福州：福建人民出版社，1993.

[34] 龚千炎. 由“V 给”引起的兼语句及其变化[J].中国语文，1983（4）：241-249.

[35] 谷峰. 古汉语副词“方”的多义性及其语义演变[J]. 语言科学，2008（6）：580-589.

[36] 郭必之，林华勇. 廉江粤语动词后置成分“倒”的来源和发展——从语言接触的角度为切入点[J]. 语言暨语言学，2012（2）：289-320.

[37] 何元建，王玲玲. 论汉语使役句[J].汉语学习，2002（4）：1-9.

[38] 何忠东，李崇兴. 汉语“使役”“被动”规律性演变的方言佐证——汉寿方言中的“等”字被动句[J].武汉理工大学学报（社会科学版），2004（2）：262-265.

[39] 洪波，赵茗. 汉语给予动词的使役化及使役动词的被动介词化[C].语法化与语法研究（二）（沈家煊，主编）. 北京：商务印书馆，2005：36-52.

[40] 洪材章. 粤语“捭”类兼语句试析[C]. 广州话研究与教学（郑定欧，主编）. 广州：中山大学出版社，1993：35-44.

[41] 侯精一. 现代汉语方言概论[M]. 上海：上海教育出版社,2002.

[42] 胡明扬. 语义语法范畴[C]. 语法研究入门（吕叔湘，主编）. 北京：商务印书馆，1999：195-199.

[43] 胡云晚. 洞口方言能性“得”字研究[J]. 南昌大学学报（人文社会科学版），2005a（3）：144-149.

[44] 胡云晚. 洞口方言非能性“得”字研究[J]. 山西大学学报

（哲学社会科学版），2005b（2）：105-109.

[45] 黄伯荣. 汉语语法类编[M]. 青岛：青岛出版社，1996.

[46] 黄锦章. 汉语中的使役连续统及其形式紧密度问题[J]. 华东师范大学学报（哲学社会科学版），2004（5）：100-105.

[47] 黄婷婷. 丰顺（三汤）客家方言助词研究[D]. 广州：中山大学，2009.

[48] 江蓝生. 被动关系词"吃"的来源初探[J]. 中国语文，1989（5）：370-377.

[49] 江蓝生. 近代汉语探源[M]. 北京：商务印书馆，2000.

[50] 蒋冀骋，吴福祥. 近代汉语纲要[M]. 长沙：湖南教育出版社，1997.

[51] 蒋绍愚. 近代汉语研究概况[M]. 北京：北京大学出版社，1994.

[52] 蒋绍愚. 近十年间近代汉语研究的回顾与前瞻[J]. 古汉语研究，1998（4）：37-44.

[53] 蒋绍愚. 抽象原则和临摹原则在汉语语法史中的体现[J]. 古汉语研究，1999（4）：2-5.

[54] 蒋绍愚."给"字句、"教"字句表被动的来源——兼谈语法化、类推和功能扩展[C]. 语法化与语法研究（一）（吴福祥、洪波，主编）. 北京：商务印书馆，2003：202-223.

[55] 蒋绍愚. 近代汉语语法史研究综述[M]. 北京：商务印书馆，2005.

[56] 蒋绍愚. 从助动词"解""会""识"的形成看语义的演变[J].汉语学报，2007（1）：2-10.

[57] 柯理思[法]. 北方官话里表"可能"的动词词尾"了"[J]. 中国语文，1995（4）：267-278.

[58] 柯理思[法]. 从普通话里跟"得"有关的几个格式去探讨方言类型学[J]. 语言研究，2001（2）：7-18.

[59] 濑户口律子[日].『白姓官话』两种における比较.語学教育研究论丛，1992a（9）：116-129.

[60] 濑户口律子[日]. 白姓官话全訳. 東京：明治书院，1994a.

[61] 濑户口律子[日]. 琉球官话课本研究. 香港:吴多泰中国语文研究中心，1994b.

[62] 濑户口律子[日]. 琉球官话课本『广应官话』の言语[J]. 東洋研究. 東京：大东文化大学東洋研究所，1994c（114）：37-54.

[63] 濑户口律子[日]. 琉球官话课本の言语——课本の中の福州话[J]. 南岛史学. 南岛史学会，1994d（44）：24-37.

[64] 濑户口律子[日]. 日本琉球的中国语课本《广应官话》[J]. 中国语文，1996（4）：283-287.

[65] 濑户口律子[日]. 学官话全訳[M]. 東京：榕树书林，2003.

[66] 濑户口律子[日]、李炜. 琉球官话课本编写年代考证[J]. 中国语文，2004（1）：77-84.

[67] 濑户口律子[日]. 琉球《官话问答便语》及其语言的考察[J]. 中国语言学报，2008（13）：241-247.

[68] 黎锦熙. 汉语语法教材（第二编）[M]. 北京：商务印书馆，1959.

[69] 李崇兴.《元曲选》宾白中的介词“和”“与”“替”[J]. 中国语文，1994（2）：149-154.

[70] 李丹丹. 清琉球官话课本《人中画》语法研究——兼论“南方官话”及其相关问题[D]. 广州：中山大学，2008.

[71] 李丹丹. 从《人中画》两个版本看兼语句中的“给”. 未刊稿.

[72] 李国华. 邵阳方言的介词[C]. 湖南方言的介词（伍云姬，主编）. 长沙：湖南师范大学出版社，2009：271-279.

[73] 李慧敏.《红楼梦》中使役动词“叫”“让”的社会语言学分析[D]. 广州：中山大学，2009.

[74] 李剑影. 现代汉语能性范畴研究[D]. 长春：吉林大学，2007.

[75] 李启群. 凤凰方言的介词[C]. 湖南方言的介词（伍云姬，主编）. 长沙：湖南师范大学出版社，2009：295-308.

[76] 李泉. 敦煌变文中的助词系统[J].语言研究，1992（1）：37-52.

[77] 李荣. 现代汉语方言大词典[M]. 南京：江苏教育出版社，2002.

[78] 李如龙，张双庆. 客赣方言调查报告[M]. 厦门：厦门大学出版社，1992.

[79] 李如龙. 前言[C]. 动词谓语句（李如龙、张双庆，主编）. 广州：暨南大学出版社，1997a：4-7.

[80] 李如龙. 泉州方言的动词谓语句[C]. 动词谓语句（李如龙、张双庆，主编）. 广州：暨南大学出版社，1997b：121-135.

[81] 李如龙. 闽南方言的介词[C]. 介词（李如龙、张双庆，主编）. 广州：暨南大学出版社，2000：122-138.

[82] 李如龙. 汉语方言学[M]. 北京：高等教育出版社，2001.

[83] 李树兰，仲谦. 锡伯语简志[M]. 北京：民族出版社，1986.

[84] 李思明.《祖堂集》中"得"字的考察[J]. 古汉语研究，1991（3）：88-91.

[85] 李思明. 晚唐以来可能性动补结构中宾语位置的发展变化[J].古汉语研究，1992（4）：47-52.

[86] 李泰洙[韩].《老乞大》四种版本语言研究[M]. 北京：语文出版社，2003.

[87] 李炜. 兰州方言给予句中的"给"——兼谈句子给予义的表达[J]. 兰州大学学报（社会科学版），1987（3）：121-128.

[88] 李炜. 兰州话、河州话两种混合语及其关系——兼谈西北话的阿尔泰化[C]. 双语双方言（一）（陈恩泉，主编）. 广州：中山大学出版社，1989：67-78.

[89] 李炜. 句子给予义的表达[J]. 中山大学学报（社会科学版），1995（2）：121-128.

[90] 李炜. 清中叶以来的"给"字及其相关句式[D]. 广州：中山大学，2002a.

[91] 李炜. 清中叶以来使役"给"的历时考察与分析[J]. 中山大学学报（社会科学版），2002b（3）：62-66.

[92] 李炜. 从《红楼梦》《儿女英雄传》看"给"对"与"的取

代[J]. 兰州大学学报（社会科学版）2002c（4）：135-140.

[93] 李炜. 清中叶以来北京话的被动“给”及其相关问题[J]. 中山大学学报（社会科学版），2004（3）：35-40.

[94] 李炜. 琉球官话课本中的与事介词“替”[C]. 中山人文学术论丛（七）（中山人文学术论丛编审委员会，主编）. 澳门：澳门出版社，2006：38-49.

[95] 李炜，和丹丹. 汉语给予句式“N_1+V+N_3+给+N_2”与“N_1+给+N_2+V+N_3”的方言类型分布与历时考察[C]. 第五届现代汉语语法国际学术研讨会论文，2009，未刊稿.

[96] 李炜，和丹丹. 助词“给”的语法化. 2010，未刊稿.

[97] 李炜，濑户口律子[日]. 琉球官话课本中表使役、被动义的“给”[J]. 中国语文，2007（2）：144-148.

[98] 李炜，李丹丹. 从版本、语言特点考察《人中画》琉球写本的来源和改写年代[J]. 中山大学学报（社会科学版），2007（6）：71-75.

[99] 李炜，李丹丹. 清中后期两种北京话口语材料中含“给”字的给予式及其给予义的表达[J]. 兰州大学学报（社会科学版），2008（2）：72-76.

[100]李炜，王琳. 琉球写本《人中画》的与事介词及其相关问题——兼论南北与事介词的类型差异[J]. 中国语文，2011（5）：419-426.

[101]李小华. 永定客家方言“得”字能性述补结构[C]. 客家方言研究（李如龙、邓晓华，主编）. 福州：福建人民出版社，2009：477-490.

[102] 李新魁，等. 广州方言研究[M]. 广州：广东人民出版社，1995.

[103] 李云兵. 中国南方民族语言语序类型研究[M]. 北京：北京大学出版社，2008.

[104] 李宗江. “V 得（不得）”与“V 得了（不了）”[J]. 中国语文，1994（5）：375-381.

[105] 梁敏. 侗语简志[M] 北京：民族出版社，1980a.

[106] 梁敏. 毛难语简志[M].北京：民族出版社，1980b.

[107] 梁银峰. 汉语动补结构的产生与演变[M]. 上海：学林出版社，2006.

[108] 林寒生. 闽东方言词汇语法研究[M]. 昆明：云南大学出版社，2002.

[109] 林华勇. 广东廉江方言助词研究[D]. 广州：中山大学，2005.

[110] 林华勇. 廉江方言言说义动词“讲”的语法化[J].中国语文，2007（2）：151-159.

[111] 林俐. 粤语能性述补结构的研究[D]. 广州：暨南大学，2006.

[112] 林立芳. 梅县方言的动词谓语句[C]. 动词谓语句（李如龙、张双庆，主编）. 广州：暨南大学出版社，1997：195-211.

[113] 林连通，陈章太. 永春方言志[M]. 北京：语文出版社，1989.

[114] 林焘. 北京官话溯源[J]. 中国语文，1987（3）：161-169.

[115] 林涛. 东干语的语法特点[J]. 汉语学报，2005（2）：40-48.

[116] 林新年.《祖堂集》动态助词研究[M]. 上海：上海三联书店，2006.

[117] 林杏光. 以格关系划分汉语动词次类[J]. 汉语学习.1995（4）：22-23.

[118] 刘丹青. 东南方言的体貌标记[C]. 动词的体（张双庆，主编）.香港：香港中文大学中国文化研究所、吴多泰中国语文研究中心，1996a：9-33.

[119] 刘丹青. 苏州方言的体范畴系统与半虚化体标记[C]. 汉语方言体貌论文集（胡明扬，主编）. 南京：江苏教育出版社，1996b：21-46.

[120] 刘丹青. 苏州方言的动词谓语句[C]. 动词谓语句（李如龙、张双庆，主编）. 广州：暨南大学出版社，1997：1-20.

[121] 刘丹青. 语法化中的更新、强化与叠加[J]. 语言研究，2001（2）：71-81.

[122] 刘坚，江蓝生，白维国，曹广顺，等.近代汉语虚词研究[M]. 北京：语文出版社，1992.

[123] 刘伶. 敦煌方言志[M]. 兰州：兰州大学出版社，1988.

[124] 刘晓梅，李如龙. 东南方言语法对普通话的影响四种[J]. 语

言研究，2004（4）：61-64.

[125] 刘一之. 关于北方方言中第一人称代词复数包括式和排除式对立的产生年代[C]. 语言学论丛（第 15 辑）（北京大学中文系《语言学论丛》编委会，编）. 北京：商务印书馆. 1988：92-140.

[126] 刘永耕. 使令类动词和致使词[J]. 新疆大学学报（社会科学版），2000a（1）：93-96.

[127] 刘永耕. 使令度和使令类动词的再分类[J]. 语文研究，2000b（2）：8-13.

[128] 刘月华. 可能补语用法的研究[J]. 中国语文，1980（4）：246-257.

[129] 刘月华. 实用现代汉语语法（增订本）[M]. 北京：商务印书馆，2001.

[130] 刘照熊. 东乡语简志[M]. 北京：民族出版社，1981.

[131] 刘子瑜. 试论粤方言“V 到 C”述补结构的语法化及其与“V 得 C”述补结构的互补分布[J]. 语言研究，2006（3）：50-56.

[132] 龙果夫. 现代汉语语法研究[M]. 北京：科学出版社，1958.

[133] 鲁国尧.“颜之推谜题”及其半解（上）[J]. 中国语文，2002（6）：536-549.

[134] 罗杰瑞. 汉语概说[M]. 北京：语文出版社，1995.

[135] 吕叔湘. 释《景德传灯录》中在、著二助词[C].《汉语语法论文集》（增订本）. 北京：商务印书馆，1944.

[136] 吕叔湘. 现代汉语八百词[M]. 北京：商务印书馆，1980.

[137] 吕叔湘. 汉语语法论文集（增订本）[M]. 北京：商务印书馆，1984.

[138] 吕叔湘. 中国文法要略[M]. 北京：商务印书馆，1942/1990.

[139] 吕叔湘. 现代汉语八百词（增订本）[M]. 北京：商务印书馆，1999.

[140] 吕叔湘. 吕叔湘集[M]. 北京：中国社会科学出版社，2001.

[141] 马贝加. 近代汉语介词[M]. 北京：商务印书馆，2002.

[142] 马贝加. 瓯语介词“代”的功能及其来源[J]. 汉语学报，

2006（3）：35-42.

[143] 马庆株. 自主动词与非自主动词[J]. 中国语言学报，1988（3）：157-180.

[144] 毛秉生. 衡山方言（前山话）的介词[C]. 湖南方言的介词（伍云姬，主编）. 长沙：湖南师范大学出版社，2009：259-270.

[145] 梅祖麟. 梅祖麟语言论文集[M]. 北京：商务印书馆，1981.

[146] 梅祖麟.《朱子语类》和休宁话的完成态“著”字[C]. 语言学论丛（第 20 辑）（北京大学中文系《语言学论丛》编委会，编）. 北京：商务印书馆，1998：69-98.

[147] 木津祐子[日].『新刻官話匯解釋義音注』から『新刻官話匯解便覽』へ[J]. 明清時代の音韻學，京都：京都大學人文科學研究所. 2001：65-87.

[148] 木津祐子[日]. 赤木文库藏《官话问答便语》校[J]. 冲绳文化研究，2004a（31）：543-657.

[149] 木津祐子[日]. 琉球编纂の唐话课本に见る『未曾』『不曾』『沒有』——その課本間差異が意味すること[J]. 中国語学，2004b（251）：35-55.

[150] 木津祐子[日]. 清代福建的官话——以琉球官话课本的语法特点为例[C]. 第五届国际古汉语语法研讨会暨第四届海峡两岸语法史研讨会论文集（II）. 台北：“中研院”语言学研究所，2004c：1-11.

[151] 木津祐子[日]. 清代乾隆年间琉球久米村通事的学门和官话[C]. 第 4 回国际シンポじウム第 2 回世界汉语教育史研究学会大会“16－19 世纪西方人的汉语研究”. 大阪：关西大学アジア文化交流研究センター，2007.

[152] 潘秋平. 从方言接触和语法化看新加坡华语里的“跟”[C]. 语法化与语法研究（四）（吴福祥、崔希亮，主编）. 北京：商务印书馆，2009：247-283.

[153] 潘秋平，张敏. 语义地图模型与汉语多功能语法形式研究[J]. 当代语言学，2017（4）：510-545.

[154] 潘悟云. 温州方言的动词谓语句[C]. 动词谓语句（李如龙、

张双庆，主编）. 广州：暨南大学出版社，1997：58-75.

[155] 潘悟云. 温州方言的介词[C]. 介词（李如龙、张双庆，主编）.广州：暨南大学出版社，2000：49-59.

[156] 彭逢澍. 娄底方言的介词[C]. 湖南方言的介词（伍云姬，主编）. 长沙：湖南师范大学出版社，2009：169-183.

[157] 彭兰玉. 衡阳方言的介词[C]. 湖南方言的介词（伍云姬，主编）. 长沙：湖南师范大学出版社，2009：240-258.

[158] 彭利贞. 论使役语义的语法表现层次[J]. 杭州大学学报，1996（4）：101-106.

[159] 彭睿. 语法化“扩展”效应及相关理论问题[C].语法化与语法研究（四）（吴福祥、崔希亮，主编）. 北京：商务印书馆，2009：284-314.

[160] 彭小川. 广州话的“V 得（O）”结构[J]. 方言，1998a（1）：53-57.

[161] 彭小川. 广州话的“唔打得烂”与“打唔烂”[C]. 广州话研究与教学（第三辑）（郑定欧、蔡建华，主编）. 广州：中山大学出版社，1998b：147-152.

[162] 戚晓杰. 明清山东方言背景白话文献特殊句式研究[M]. 北京：中国社会科学出版社，2007.

[163] 钱乃荣. 上海话语法[M]. 上海：上海人民出版社，1997.

[164] 钱乃荣. 上海方言中的介词[C]. 介词（李如龙、张双庆，主编）. 广州：暨南大学出版社，2000：32-48.

[165] 钱乃荣. 北部吴语研究[M]. 上海：上海大学出版社，2003.

[166] 钱曾怡. 山东方言研究[M]. 济南：齐鲁书社，2001.

[167] 乔全生. 晋方言语法研究[M]. 北京：商务印书馆，2000.

[168] 桥本万太郎[日]. 语言地理类型学[M]. 北京：北京大学出版社，1985.

[169] 桥本万太郎[日]. 汉语被动式的历史区域发展[J]. 中国语文，1987（1）：36-49.

[170] 覃远雄. 南宁平话的介词[J]. 广西民族学院学报（哲学社会

科学版），1999（2）：80-82.

[171] 覃远雄. 南宁平话的介词[C]. 介词（李如龙、张双庆，主编）.广州：暨南大学出版社，2000：227-235.

[172] 杉村博文[日]. V得C、能VC、能V得C[J]. 沙野，译. 汉语学习，1982（6）：23-33.

[173] 杉村博文[日]. 汉语的被动概念[C]. 汉语被动表述问题国际研讨会，2003，未刊稿.

[174] 邵宜. 赣语宜丰话“得”的研究[J]. 语文研究，2007（1）：48-52.

[175] 沈家煊.“语法化”研究综观[J]. 外语教学与研究，1994（4）：17-24.

[176] 沈家煊.“有界”与“无界”[J]. 中国语文，1995（5）：367-380.

[177] 沈家煊. 不对称和标记论[M]. 南昌：江西教育出版社，1999.

[178] 沈家煊. 也谈能性述补结构“V得C”和“V不C”的不对称[C]. 语法化与语法研究（二）（沈家煊，主编）. 北京：商务印书馆，2005：185-207.

[179] 施关淦. “给”的词性及与此相关的某些语法现象[J]. 语文研究，1981（2）：31-38.

[180] 石崎博志[日]. 漢語資料による琉球語研究と琉球資料による官話研究について[J]. 日本東洋文化論集，2001（7）：55-98.

[181] 石汝杰. 吴语读本——明清吴语和现代苏州方言[M]. 東京：好文出版，1996.

[182] 石汝杰. 高淳方言的动词谓语句[C]. 动词谓语句（李如龙、张双庆，主编）. 广州：暨南大学出版社，1997：21-38.

[183] 石汝杰. 苏州方言的介词体系[C]. 介词（李如龙、张双庆，主编）. 广州：暨南大学出版社，2000：1-22.

[184] 石汝杰. 明清吴语和现代方言研究[M]. 上海：上海辞书出版社，2005.

[185] 石毓智. 被动标记“让”在当代汉语中的发展[C].语言学论丛（第 31 辑）（林焘，主编）. 北京：商务印书馆. 2005：301-322.

[186] 矢放昭文[日]. 琉球官话集の反切について[J]. 地域研究，1982：25-30.

[187] 苏俊波. 丹江方言语法研究[D]. 武汉：华中师范大学，2007.

[188] 孙利萍. 北方方言中表可能的“了”的历时演变[J]. 华侨大学学报（哲学社会科学版），2008（2）：116-121.

[189] 太田辰夫[日]. 中国语历史文法[M].北京：北京大学出版社，1958.

[190] 太田辰夫[日]. 汉语史通考[M]. 重庆：重庆出版社，1991.

[191] 谭景春. 使令动词和使令句[C]. 语法研究和探索（七）（中国语文杂志社，编）. 北京：商务印书馆，1995：129-138.

[192] 特图克. 蒙古语基本语法范畴[J]. 内蒙古民族师院学报（哲社版），1997（2）：13-19.

[193] 唐钰明. 唐至清的“被”字句[J]. 中国语文，1988（6）：459-468.

[194] 唐钰明. 定量方法与古文字资料的词汇语法研究[J]. 海南师范学院学报，1991（4）：106-109.

[195] 唐钰明. 古汉语语法研究中的“变换”问题[J]. 中国语文，1995（3）：211-220.

[196] 欧阳觉亚，郑贻青.黎语简志[M]. 北京：民族出版社，1980.

[197] 汪国胜. 可能式“得”字句的句法不对称现象[J]. 语言研究，1998（1）：23-29.

[198] 汪如东. 通泰方言的吴语底层及历史层次[J]. 东南大学学报（哲学社会科学版），2003（2）：101-105.

[199] 王健. 江淮方言若干语法特点说略[C]. 开篇 • 中国语学研究（《开篇》编辑部，编）. 東京：好文出版社，2006，25.

[200] 王健. 江苏常熟练塘话的准体标记“开”[J]. 方言，2008（4）：318-324.

[201] 王均，郑国乔. 仫佬语简志[M]. 北京：民族出版社，1980.

[202] 王均，等. 壮侗语族语言简志[M]. 北京：民族出版社，1983.

[203] 王力. 中国现代语法[M]. 北京：商务印书馆，1985.

[204] 王森. 甘肃临夏话作补语的“下”[J]. 中国语文，1993(5)：374-376.

[205] 王森. 东干话的若干语法现象[J]. 语言研究，2000（4）：66-73.

[206] 王森，王毅. 兰州话的“V+给”句——兼及甘宁青新方言的相关句式[J]. 中国语文，2003（5）：410-418.

[207] 王秀玲.《歧路灯》中的代词、助词和副词[D]. 广州：中山大学，2007.

[208] 王衍军.《醒世姻缘传》中的“VC 了”式能性述补结构试析[J].暨南学报（哲学社会科学版），2009（3）：117-123.

[209] 王众兴. 平江城关方言的介词[C]. 湖南方言的介词（伍云姬，主编）. 长沙：湖南师范大学出版社，2009：24-33.

[210] 吴福祥. 南方方言几个状态补语标记的来源(一)[J]. 方言，2001（4）：344-354.

[211] 吴福祥. 能性述补结构“V 得/不 C”的语法化[J]. 中国语文，2002a（1）：29-40.

[212] 吴福祥. 能性述补结构琐议[J]. 语言教学与研究，2002b（5）：19-27.

[213] 吴福祥. 南方方言能性述补结构“V 得/不 C”带宾语的语序类型[J]. 方言，2003（3）：243-254.

[214] 吴福祥.《朱子语类辑略》语法研究[M]. 开封：河南大学出版社，2004.

[215] 吴福祥. 南方民族语言处所介词短语位置的演变和变异[J]. 民族语文，2008（6）：3-18.

[216] 吴福祥. 从“得”义动词到补语标记——东南亚语言的一种语法化区域[J]. 中国语文，2009（3）：195-211.

[217] 吴启主. 常宁方言的介词[C]. 湖南方言的介词（伍云姬，主编）. 长沙：湖南师范大学出版社，2009：12-23.

[218] 伍铁平. 词义的感染[J]. 语文研究，1984（3）：57-58.

[219] 伍云姬. 湖南方言中表被动之介词所引起的思索[C]. 湖南方言的介词（伍云姬，主编）. 长沙：湖南师范大学出版社，1998：1-11.

[220] 香坂顺一[日]. 水浒词汇研究（虚词部分）[M]. 北京：文津出版社，1992.

[221] 香坂顺一[日]. 白话语汇研究[M]. 北京：中华书局，1997.

[222] 项梦冰. 连城方言的动词谓语句[C]. 动词谓语句（李如龙、张双庆，主编）. 广州：暨南大学出版社，1997：168-194.

[223] 项梦冰. 连城客家话语法研究[M]. 北京：语文出版社，1997.

[224] 辛永芬. 浚县方言语法研究[D]. 广州：中山大学，2006.

[225] 邢公畹. 红河上游傣雅语[M]. 北京：语文出版社，1989.

[226] 邢向东. 神木方言研究[M]. 北京：中华书局，2007.

[227] 徐通锵. 历史语言学[M]. 北京：商务印书馆，1991.

[228] 雅洪托夫[俄]. 汉语的动词范畴[M]. 北京：中华书局，1958.

[229] 杨敬宇，李炜. 南宁平话的“乞”及相关句式[J]. 汉语学报，2004（4）：136-141.

[230] 杨敬宇. 清末粤方言语法及其发展研究[M]. 广州：广东人民出版社，2006.

[231] 杨平. “动词+得+宾语”结构的产生和发展[J]. 中国语文，1989（2）：126-136.

[232] 杨平. 助词“得”的产生和发展[C]. 语言学论丛（第23辑）（北京大学中文系《语言学论丛》编委会，编）. 北京：商务印书馆，2001：122-144.

[233] 杨欣安. 说“给”[J]. 中国语文，1960（2）：66-68.

[234] 杨月蓉. 谈重庆方言中表示能愿的“得”类词语[J]. 重庆社会科学，2006（1）：126-128.

[235] 杨永龙.《朱子语类》完成体研究[M]. 开封：河南大学出版社，2001.

[236] 叶祥苓. 苏州方言志[M]. 南京：江苏教育出版社，1988.

[237] 游汝杰. 温州方言的语法特点及其历史渊源[J]. 复旦大学学报，1981（1）：107-123.

[238] 于江. 近代汉语“和”类虚词的历史考察[J]. 中国语文，1996（6）：457-464.

[239] 余霭芹. 粤语研究的当前课题[J]. 中国语言学报，1995（1）：1-41.

[240] 余霭芹. 粤语的否定式——一个历史的考察. “中国东南部方言比较研究计划”研讨会论文，2001，未刊稿.

[241] 俞光中，植田均[日]. 近代汉语语法研究[M]. 上海：学林出版社，1999.

[242] 喻翠容，罗美珍. 傣语简志[M]. 北京：民族出版社，1980.

[243] 袁家骅. 汉语方言概要[M]. 北京：文字改革出版社，1960.

[244] 袁毓林. 祈使句式和动词的类[J]. 中国语文，1991（1）：10-20.

[245] 岳辉.《华音启蒙谚解》和《你呢贵姓》的语言基础[J]. 吉林大学社会科学学报，2006（4）：149-154.

[246] 岳俊发.“得”字句的产生和演变[J]. 语言研究，1984（2）：10-30.

[247] 曾常红. 绥宁方言的介词[C]. 湖南方言的介词（伍云姬，主编）. 长沙：湖南师范大学出版社，2009：60-69.

[248] 曾毅平. 石城（龙岗）方言的介词[C]. 介词（李如龙、张双庆，主编）. 广州：暨南大学出版社，2000：205-226.

[249] 曾毓美. 湘潭方言语法研究[M]. 长沙：湖南大学出版社，2001.

[250] 张成材，朱世奎. 西宁方言志[M]. 西宁：青海人民出版社，1987.

[251] 张大旗. 长沙话“得”字研究[J]. 方言，1985（1）：46-63.

[252] 张国宪. 典型补语的非可控句位义[J]. 中国语言学报，2006（12）：1-17.

[253] 张华文. 昆明方言“得”字用法[J]. 方言，1991（2）：133-137.

[254] 张惠英. 语言现象的观察与思考[M]. 北京：民族出版社，2005.

[255] 张均如. 水语简志[M]. 北京：民族出版社，1980.

[256] 张美兰.《祖堂集》语法研究[M]. 北京：商务印书馆，2003.

[257] 张敏. 语义地图模型及其在汉语多义语法形式研究中的应用. 第五届汉语语法化问题国际学术讨论会论文，2009，未刊稿.

[258] 张双庆. 香港粤语的动词谓语句[C]. 动词谓语句（李如龙、张双庆，主编）. 广州：暨南大学出版社，1997：247-262.

[259] 张万禾. 汉语动词的意愿范畴及其句法表现——对自主范畴的再认识[J]. 西北师大学报（社会科学版），2008（1）：86-90.

[260] 张旺熹. 汉语介词衍生的语义机制[J]. 汉语学习，2004（1）：1-11.

[261] 张晓勤. 宁远方言的介词[C]. 湖南方言的介词（伍云姬，主编）. 长沙：湖南师范大学出版社，2009：97-114.

[262] 张振兴. 现代汉语方言语序问题的考察[J]. 方言，2003（2）：108-126.

[263] 赵金铭.“我唱给你听”及相关句式[J]. 中国语文，1992（1）：1-11.

[264] 赵日新. 绩溪方言的介词[C]. 介词（李如龙、张双庆，主编）.广州：暨南大学出版社，2000：78-93.

[265] 赵相如，朱志宁. 维吾尔语简志[M]. 北京：民族出版社，1986.

[266] 赵元任. 汉语口语语法[M]. 北京：商务印书馆，1979.

[267] 赵元任. 中国话的文法[M]. 丁邦新，译. 香港：香港中文大学出版社，1982.

[268] 照那斯图. 东部裕固语简志[M]. 北京：民族出版社，1981.

[269] 郑宏. 近代汉语表被动的“吃”“叫”“给”及其在方言中的分布[D]. 广州：中山大学，2007.

[270] 郑宏. 近代汉语“与”字被动句考察[J]. 语文研究，2009（3）：18-21.

[271] 郑庆君. 常德方言的介词[C]. 湖南方言的介词（伍云姬，主编）. 长沙：湖南师范大学出版社，2009：85-96.

[272] 周清海，周长楫. 新加坡闽语与华语[N]. 新加坡《联合早报》副刊，1998-10-20.

[273] 朱德熙. 与动词“给”相关的句法问题[J]. 方言，1979（2）：15-18.

[274] 朱德熙. 语法讲义[M]. 北京：商务印书馆，1982.

[275] 朱德熙. 包含动词“给”的复杂句式[J]. 中国语文，1983（3）：161-166.

[276] 朱德熙. 语言地理类型学·序[C]. 语言地理类型学（桥本万太郎著）. 北京：北京大学出版社，1985.

[277] 祝敏彻.“得”字用法演变考[J]. 西北师大学报（社会科学版），1960（1）：49-61.

[278] 庄初升. 闽语平和方言的介词[C]. 介词（李如龙、张双庆，主编）. 广州：暨南大学出版社，2000：139-156.

[279] 庄初升，黄婷婷. 一百多年前新界客家方言中带“得”的可能式[J]. 中国语言学集刊，2008（2）：149-172.

[280] Chao,Y. A Grammar of Spoken Chinese[M]. Berkeley &Los Angeles: University of California Press,1968.

[281] Comrie, B. Language Universals and Linguistic Typology[M]. Oxford: Blackwell,1981.

[282] Geeraerts, D. Diachronic Prototype Semantics[M]. Oxford: Oxford University Press, 1997.

[283] Kortmann, B. Adverbial Subordination: A Typology and History of Adverbial Subordinators based on European Languages[M]. Berlin: Mounton de Gruyter, 1997.

[284] Lakoff, G. Women, Fire and Dangerous Things[M]. Chicago: The University of Chicago Press,1987.

[285] Lien, Chinfa. Grammatical function words 乞，度，共，甲，将 and 力 in Li4 Jing4 Ji4 荔镜记 and their development in south Min. In Dahan Ho（ed.） Dialect Variations in Chinese[M]. Taipei: Institute of Linguistics, Academia Sinica. 2002: 179-216.

[286] Martin Hasperlmath. The geometry of grammatical meaning: Semantic maps and cross-linguistic comparison[J]. Tomasello,Michael（ed.） The new psychology of language, vol.2. Mahwah, NJ: Lawrence Erlbaum 2000: 1-30.

附　录①

附录一：

由“替”介引受益关系修饰的动词：到、出、拿、去、访、寻、辞、收、拣、脱、题、圈、改、换、定、走（开）、相、绣、担、选、起、带信、禀、写、赔、还、看、扳、想、点、回、讲、说、买、卖、娶、解忧、取进、合拢、买卖、看病、调治、营为、做主、做（媒）、做亲、定亲、会亲、说亲、完亲、查访、谋干、顶缸、报仇、伸冤、留心、留意、上心、劳心、保全、周全、援例、告诉、周旋、圆谎、欢喜、心酸、讲论、讲究、夸口、维持、饯行、办事、料理、备办、修理、修拾、转求、转禀、转言、道谢、道罪、问候

附录二：

由“替”介引相与关系修饰的动词：缠、分辨、商议、商量、搁得好、做夫妻、做对头、认做、比才、相争、相议、相知、相识、相熟、相比、相会、相见、相逢、相对、相厚、相与、盘桓、私会、称呼、议论、做伴、投机、做亲、成亲、结亲、结拜、对拜、对坐、对吃、有约、倡和、来往、往来、交际、算计；完、站、看见、是、有、来、死、下水、住、进、拜、上、下去、讲、睡、吃、说、认出、游玩、辞、闲走、贺喜、搬；一样、相同、无二、各样、不同、差不多；无缘、何干、不相干、好朋友、一面之交、同年、同乡、相隔、是（……关系）、有（……关系）

---

① 附录四和附录五括号内出现的数字表示前面的动词在琉球官话课本中出现的次数。

附录三：

由“替”介引指涉关系修饰的动词：讲、讲话、讲情、说、说明、说知、贺喜、行礼、磕头、拱手、拜寿、见教、见礼、笑、退亲、买、找、要、求

附录四：

啸本/琉本《人》“与/给”前的动词：递（14/16）、送（6/7）、卖（6/6）、嫁（3/9）、娶（1/1）、许嫁（1/4）、出嫁（0/1）、拿（3/7）、付（3/2）、交付（2/3）、许（1/5）、配（0/6）、许配（2/1）、说（2/2）、献（2/0）、交明（1/1）、交（1/1）、传（1/1）、换（1/1）、兑换（1/1）、呈（1/0）、退（1/0）、让（1/1）、报（0/3）、托（1/3）、揔承（0/1）、失身（0/1）、失节（0/1）、通（1/2）、寻（1/1）、写（4/4）、分（1/1）、绣（0/3）；

《官》《白》《学》“给”前的动词：相让（1）、烧（1）、祭祀（1）、转寄（1）、寄还（1）、送（5）、卖（1）、赏（2）、准（1）、梢（1）、做（1）、打（1）、降（1）。

附录五：

琉球官话课本复杂给予句中的主要动词：递（4）、呈（1）、送（4）、送来（1）、拿（11）、拿来（2）、拿进去（1）、说（3）、读（3）、讲（6）、讲出来（1）、报（4）、转报（1）、断（2）、赌（2）、传（4）、发（1）、付（2）、解（1）、通（1）、绣（2）、盖（1）、交（1）、赏（1）、写（1）、点（1）、打（1）、授（1）、泡（1）、许（2）、定（1）、寻（2）、出（1）、借（1）、透（1）、设（1）、指（1）、过继（1）、窝盘（1）、收拾（4）、安排（1）、舀来（1）、汇来（1）

后 记

2005年，我有幸考入中山大学中国语言文学系，在美丽的中大校园度过了六年刻骨铭心的求学生涯。此书是我六年来读博成果的总结，写作过程承载了我过多的感动。

首先要感谢的是培育我的恩师李炜教授，斯人已乘黄鹤去，但他的音容笑貌永远留在我的心中。他不仅是我们“传道、授业、解惑”的学问引路人，更为我们做人树立了榜样。是李老师改变了我的人生方向，他是我一生的恩人。他带我走进了研究琉球官话材料的神圣殿堂。为了开阔我们的研究视野，让我们获得一手资料，他率领我们三个徒弟，远赴西北调研。为了让我们更好地写论文、交流，他常常请我与和丹丹“吃谈”，蒲园餐厅成了我们开小灶的场地，我们享受的不仅是饭桌上的美餐，更是精神上的盛宴。多少次，李老师为让我们明白问题而忘食；多少次，李老师为跟我们讨论问题而激情澎湃到跃跃欲跳。无论在哪里，一谈学问就兴奋的李老师，总带给我们畅游学术世界如沐春风的快感；无论在什么时候，只要有问题请教他，他不管手头的事情有多么重要，都会放到一边，给我们耐心讲解。导师把珍贵的语料交给我并让我参与他的国家社科基金项目，我深知它们的分量，导师对我的信任和对我的期望使我时刻都不敢懈怠，更不忍草草了事，应付毕业，于是我基于导师良好的科研平台，很幸运地申请到“中山大学优秀博士论文培育项目”的资助，延期一年好好打磨论文。他豁达的心胸、幽默的语言、机智的头脑、对学术的执着和热爱、严谨的学术态度、刚正的人格魅力，使我在冥思苦想之际，亦乐此不疲。

感谢中山大学中文系的唐钰明教授和林华勇教授，在我困惑于对材料“无从下口”之际给予我方向上的指引，在我人生道路遇到不解之际给予我启示性的指导和鼓励。感谢庄初升教授、刘街生教授、杨敬宇老师对我的支持与厚爱。

感谢已在暨南大学华文学院工作的李丹丹师姐，她无私地奉献给我亟需的资料，总是在我困顿之际，给予我精神上的鼓励、支持和安慰，给予我家庭般的温暖，让我在心情最灰暗的时候看到黎明的光辉。感谢分别在广州大学、华南师范大学、广东技术师范学院、深圳职业技术学院、广东教育学院、河南大学工作的王秀玲师姐、秦晓华师兄、胡海琼师姐、郑宏师姐、徐志林师兄、辛永芬师姐、段亚广兄对我学习、生活上的关心、鼓励和照顾。

感谢和丹丹，我们一起切磋琢磨学术难题，一起在饭堂吃饭，一起在中大操场跑步……在中大的每一个角落几乎都能看到我们形影不离的身影，她是我最好的学伴，也是我的交心之友。感谢另一交心好友吕珍珍赴日留学期间带给我日本材料。

最后我要感谢时时刻刻在千里之外给予我最大支持的父母、爱人和其他亲人们。在教育的道路上，父母支持了我二十四年。在爱的不等价天秤上，我欠他们太多。涌泉之恩，滴水未报，实在是惭愧。

谁言寸草心，报得三春晖。我发现自己无法为培育我六年的母校、敬爱的老师们尤其是李老师以及关爱我的父母回报些什么，唯一能够表达我敬意、谢意的就是这本倾注了极大心血而尚显稚嫩的书，希望能报之万一，也以此告慰李老师的在天之灵。

王　琳

2020 年 11 月于北京